GUIA POLITICAMENTE INCORRETO DA AMÉRICA LATINA

LEANDRO NARLOCH E DUDA TEIXEIRA

GUIA POLITICAMENTE INCORRETO DA AMÉRICA LATINA

GLOBOLIVROS

Copyright da presente edição © 2019 by Editora Globo S.A.
Copyright © 2011 by Leandro Narloch
Todos os direitos reservados.

Texto fixado conforme as regras do Acordo Ortográfico da Língua
Portuguesa (Decreto Legislativo n. 54, de 1995).

Nenhuma parte desta edição pode ser utilizada ou reproduzida —
em qualquer meio ou forma, seja mecânico ou eletrônico, fotocópia,
gravação etc. — nem apropriada ou estocada em sistema de banco de
dados sem a expressa autorização da editora.

Preparação: Lígia Alves
Revisão: Ariadne Martins, Patricia Calheiros e Adriana Moreira Pedro
Capa, projeto gráfico e diagramação: Cris Viana – Estúdio Chaleira

CIP-BRASIL. CATALOGAÇÃO NA PUBLICAÇÃO
SINDICATO NACIONAL DOS EDITORES DE LIVROS, RJ

Narloch, Leandro, 1978-
Guia politicamente incorreto da América Latina / Leandro Narloch, Duda Teixeira. – 2ª ed. – São Paulo : Globo, 2019.

Inclui bibliografia e índice
ISBN 978-85-250-6719-7

1. América Latina – História – Miscelânea. I. Teixeira, Duda.
II. Título. III. Série.

	CDD: 981
19-57263	CDU: 94(81)

Vanessa Mafra Xavier Salgado – Bibliotecária – CRB-7/6644

2ª edição, 2019

GLOBOLIVROS

Direitos de edição em língua portuguesa para o Brasil
adquiridos por Editora Globo S.A.
Rua Marquês de Pombal, 25
20230-240 – Rio de Janeiro – RJ – Brasil
www.globolivros.com.br

À LARINHA

E AO LUISINHO.

A MELHOR COISA A FAZER NA AMÉRICA [LATINA] É IR EMBORA.

SIMÓN BOLÍVAR

SUMÁRIO

INTRODUÇÃO	**11**
CHE GUEVARA	**15**
ASTECAS, INCAS, MAIAS	**65**
SIMÓN BOLÍVAR	**113**
HAITI	**137**
PERÓN E EVITA	**171**
PANCHO VILLA	**205**
SALVADOR ALLENDE	**227**
EPÍLOGO	**267**
NOTAS, BIBLIOGRAFIA E ÍNDICE	**275**

INTRODUÇÃO

COMO DEIXAR DE SER LATINO-AMERICANO

Foram os franceses os primeiros a usar a expressão "América Latina". Por volta de 1860, o imperador Napoleão III tentava aumentar sua influência no México, na época um país tumultuado por revoltas e guerras entre políticos liberais e conservadores. Um bom jeito de aproximar culturalmente os dois países era destacando o que eles tinham em comum, como a mesma origem do idioma. Tanto o francês quanto o espanhol e o português são línguas derivadas do latim – essa semelhança não só deixava a influência francesa mais natural como isolava os imperialistas britânicos e seu idioma anglo-saxão.[1]

"América Latina" se tornou assim uma ideia tão vazia quanto abrangente. Reúne sujeitos e povos dos mais diversos: o que há em comum entre ribeirinhos amazônicos, vaqueiros gaúchos, executivos da Cidade do México, índios das ilhas flutuantes do lago Titicaca e haitianos praticantes de vodu? Eles falam línguas derivadas do latim, mas... e daí? Colocar todos no mesmo saco não seria o equivalente a igualar sujeitos tão diferentes quanto um xeque radical egípcio, um fazendeiro branco da África do Sul e um pigmeu do Congo? São todos africanos, é certo, mas pouca gente fala em uma única identidade para a África.

Talvez a principal semelhança entre os latino-americanos não seja algo que venha de nossos longínquos antepassados, como a língua, e sim um traço recente, forjado lentamente ao longo de séculos. Bolivianos, mexicanos, brasileiros e todos os demais, quando vislumbram o próprio passado, contam exatamente a mesma história.

É como se ingredientes de sabores, cores e tamanhos diferentes entrassem todos numa grande batedeira para criar uma massa homogênea; e é como se essa massa fosse recortada por um mesmo molde de biscoito, dando origem a seres graciosos com o mesmo formato e o mesmo discurso. Tão parecidas são suas narrativas, e tão importante é a história para a identidade de um povo, que é possível tirar dessa massa algumas regras para ser um típico habitante da nossa região. Na receita para se preparar um bom latino-americano, parece ser necessário:

1. Lamentar. Todo latino-americano nutre uma obsessão por episódios tristes de sua história: o massacre dos índios, os horrores da escravidão, a violência das ditaduras. Além dessas histórias de opressão, nada de bom aconteceu.

2. Encarar a cultura local como uma forma de resistência. Fica proibido ligar na tomada instrumentos musicais típicos e populares e passa a ser um requisito moral usar ponchos e saias coloridas – ou pelo menos desfilar com um colar de artesanato indígena.

3. Condenar o capitalismo. O latino-americano que honra o nome acredita que o comunismo foi uma ideia boa, só que mal implantada. E, se já não luta para implantar esse falido modelo por aqui, ao menos defende sistemas mais "sociais", "solidários", "justos" e "comunitários".

4. Denunciar a dominação externa. Se a responsabilidade pelos problemas do continente não pode ser atribuída à Espanha, à França ou a Portugal, então certamente tem alguma mão da Inglaterra ou dos Estados Unidos. Ou, como prega o livro *As Veias Abertas da América Latina*, clássico desse pensamento simplista, "a cada país dá-se uma função, sempre em benefício do desenvolvimento da metrópole estrangeira do momento".

5. Cultuar heróis perversos. Quanto mais bobagens eles falarem e quanto mais sabotarem seu próprio país, mais estátuas equestres e estampas em camisetas serão feitas em sua homenagem.

Tudo neste livro é contra essas regras tão batidas para se contar a história da América Latina. Não nos sentimos representados por guerrilheiros ou por indignados líderes andinos e suas roupas coloridas. Não há aqui destaque para veias abertas do continente, mas para feridas devidamente tratadas e curadas com a ajuda de grandes potências. Conhecemos bem as tragédias que nossos antepassados índios e negros sofreram, mas, honestamente, estamos cansados de falar sobre elas. E acreditamos que todos os povos passaram por desgraças semelhantes, inclusive aqueles que muitos de nós adoramos acusar. Por isso, quando vítimas da história aparecerem nesta obra, é para revelarmos que elas também mataram e escravizaram – e como elas se beneficiaram com ideias e costumes vindos de fora.

Figuras ilustres da América Latina também passam neste livro, mas longe de nós mostrar somente que elas não são tão admiráveis quanto se diz. Na história de quase todo país, é comum abrilhantar as palavras de figuras públicas e até inventar virtudes de seu caráter – e não passa de chatice ficar insistindo numa realidade menos interessante. Acontece que na América Latina se vai além: escolhem-se como heróis justamente os homens que mais atrapalharam a política, mais arruinaram a economia, mais perseguiram os cidadãos. Não importam as tragédias que Salvador Allende, Che Guevara e Juan Perón tenham desencadeado. Importantes são o carisma, o rosto fotogênico, a morte trágica, os discursos inflamados contra estrangeiros. Por isso, não há como escapar: é ele, o falso herói latino-americano, o principal alvo deste livro.

CHE GUE VARA

UM OLHAR MATADOR

Não tem como negar: na América Latina e mesmo fora dela, Che é o cara. Seu nome e seu retrato estão em álbuns de rock, na capa de livros, no estepe externo de carros esportivos. O guerrilheiro argentino dá nome a dezenas de espaços públicos com funções bonitinhas, como o Centro Urbano de Cultura e Arte (Cuca) Che Guevara, no Ceará, ou a Cooperativa de Trabalho Ernesto Che Guevara de Córdoba, na Argentina, além de ruas e praças em todo o continente. É possível estudar na "Escola Che Guevara" tanto em Quito, no Equador, quanto na Argentina ou em Monte do Carmo, no interior do Tocantins. O guerrilheiro foi homenageado pela escola de samba Unidos da Ilha da Magia, campeã do Carnaval de 2011 de Florianópolis. A filha dele, Aleida, desfilou em um carro alegórico no formato de um tanque de guerra.[1] A torcida Máfia Azul, do Cruzeiro, time de Minas Gerais, já pintou a imagem de seu rosto em bandeiras e camisetas. Os nossos cineastas retratam Che como um mochileiro camarada, um jovem audacioso e sonhador. Qualquer sindicato que se preze tem uma bandeira com Che. Um livro didático para aulas de espanhol, distribuído pelo governo do Paraná em 2008, reproduz versos sobre "aquele guerrilheiro louco que mataram na Bolívia e como depois daquele dia tudo parece mais feio". Em São Paulo, onde moram os autores deste livro, há postos de saúde com o nome de Che, dichavadores de maconha com o rosto de Che à venda no posto de gasolina. Se não há mais camisetas com a imagem de Che, é porque elas saíram de moda por saturação.

Quem exibe a imagem ou o nome de Che tem seus motivos para admirá-lo. Dizem que, diante de um mundo tão voltado à competição, ao sucesso individual e ao dinheiro, é bom se lembrar de alguém que deu a vida por uma sociedade diferente. Se não se pode mudar o sistema por completo, pelo menos se pode fazer um pequeno ato de protesto, estampando o rosto de um jovem aventureiro que, argumentam alguns, renunciou ao próprio bem-estar em prol de uma ideia, libertou-se da vida convencional para defender os oprimidos e apostar no sonho de um mundo melhor. Che é para essas pessoas um símbolo de tudo o que dizem defender: a paz entre os povos, a tolerância, a defesa dos direitos dos mais fracos e dos trabalhadores e o fim da exploração econômica.

Mas Che Guevara lutou contra as bandeiras que os seus fãs mais defendem. Como se verá a seguir, há quatro grandes contradições entre sua vida e a admiração que ela inspira. As informações a seguir vêm das principais biografias do guerrilheiro e de instituições das mais puritanas: órgãos de direitos humanos e associações de familiares de mortos e desaparecidos políticos. Mas a principal fonte é o próprio Che Guevara. Suas palavras, registradas em livros, manifestos, diários e no depoimento de seus colegas, deixam claro que, nos dias de hoje, quem nutre sentimentos politicamente corretos em favor da paz, dos direitos humanos e do bem-estar dos mais pobres precisa manter o guarda-roupa o mais longe possível do rosto de Che Guevara.

CHE E A LIBERDADE ARTÍSTICA E SEXUAL

Antes de mergulhar nas crenças e nas ações do famoso revolucionário, é preciso fazer uma viagem à Cuba da década de 1950, pouco antes de Che e os outros guerrilheiros comandados por Fidel Castro tomarem o poder. O passeio é cheio de turbulência. Quem ainda hoje é a favor do regime comunista costuma descrever a ilha dos tempos pré-revolucionários como um bordel dos americanos, um playground para marmanjos repleto de prostitutas, mafiosos e cubanos miseráveis. Já aqueles que se opõem ao regime tratam de destacar o progresso da Cuba anterior à revolução e alguns números de qualidade de vida da época bem melhores que a média latino-americana.

É mais complicado que isso. Como qualquer grande cidade turística da América, Cuba tinha prostitutas, corruptos, ricos e pobres, é verdade. Havana formava com Las Vegas e Miami um triângulo de negócios de turismo que envolvia cassinos administrados por mafiosos, shows internacionais e grandes hotéis. Os mafiosos que inspiraram o filme *O Poderoso Chefão* tinham negócios em Cuba – não é à toa que o protagonista, Michael Corleone, visita a ilha no segundo filme da trilogia. Charles "Lucky" Luciano, líder da máfia siciliana de Nova York, se escondeu em Havana depois de ser deportado pelos Estados Unidos para a Itália; em Cuba ele se reunia com outros chefões, como o judeu Meyer Lansky e Vito Genovese. Esses figurões mantinham negócios com o ditador Fulgencio Batista, ninguém menos que o presidente e ditador de Cuba.

No entanto, como também é de esperar de qualquer lugar com o turismo em ascensão, Cuba vivia um surto de crescimento e otimismo. Na década de 1950, a economia mundial se recuperava e o uso dos aviões a jato se difundia. O turismo de massa ganhou assim um belo impulso – e a ilha caribenha foi um dos primeiros destinos dos novos turistas americanos. "Combinado com os baixos custos da viagem depois da Segunda Guerra, Havana de repente se tornou um destino exótico de escolha de

---

Ao interromper o turismo para Cuba, a revolução deu impulso a outros polos turísticos, que passaram a atender aos americanos interessados no Caribe. Nos anos 1970, grandes empresas hoteleiras, muitas das quais tinham sido expulsas de Havana, se instalaram a duzentos quilômetros de Cuba, numa praia mexicana até então deserta – Cancún.

centenas de milhares de americanos excitados para ver a terra de Babalu", afirma o historiador Peter Moruzzi no livro *Havana Before Castro*.[2] A maior vantagem competitiva era a de ser um destino internacional a apenas 150 quilômetros dos Estados Unidos. "Excitante, exótica. Cuba: onde o passado encontra o futuro", dizia um anúncio de 1957 da Comissão Cubana de Turismo, similar às propagandas de qualquer cidade turística que deseja atrair visitantes e movimentar a economia. Havia na época 28 voos diários entre cidades cubanas e americanas – e muitos americanos viajavam para Cuba de carro, por meio de um serviço diário de ferryboat a partir da Flórida.

Essa expansão dava dinheiro não só a mafiosos, prostitutas e magnatas, mas também a donos de restaurantes, garçons, chefs de cozinha, guias de turismo, empresas de *city tour*, enfim, todos os trabalhadores e empresários envolvidos com o turismo. O crescimento levava mais cubanos à classe média e aquecia outros setores da economia, como a construção civil. Prédios e casas cheios de novidades arquitetônicas se espalhavam por Havana e atraíam atenção internacional. "A recuperação da economia durante a Segunda Guerra e o crescimento do turismo tiveram um efeito estimulante no setor de construção, levando a um *boom* que encorajou a pesquisa de formas e novas tecnologias", afirma o arquiteto Eduardo Luis Rodríguez.[3] As cidades, onde vivia 66% da população,[4] se beneficiavam ainda do dinheiro vindo da alta

---

"Babalu" é uma música cubana que virou hit das rádios e dos canais de TV dos Estados Unidos nos anos 1940. A letra é uma homenagem a Babalu Aye, deusa da santería cubana, o equivalente ao candomblé. "Me dá dezessete velas, para pôr lá na cruz, e me dá um pedaço de tabaco e um jarro de aguardente", diz a música, em tradução livre.

Se hoje os cubanos fogem de seu país, na década de 1950 acontecia o contrário: imigrantes se mudavam para Cuba. Entre 1933 e 1953, mais de 15 mil judeus, 74 mil espanhóis e 7.500 alemães se instalaram lá. Sobre essa época, até mesmo Che Guevara afirmou que Cuba tinha um "padrão de vida relativamente elevado".[5]

do preço da cana-de-açúcar, principal produto de exportação de Cuba. Engenheiros e arquitetos ligados ao modernismo transformavam Havana construindo arranha-céus e edifícios de linhas retas e longas curvas – os mesmos que marcariam a arquitetura modernista latino-americana. Com três revistas especializadas em arquitetura, a ilha abrigava encontros internacionais – era quando profissionais de todo o mundo visitavam obras de arquitetos formados na Universidade de Havana no começo dos anos 1940, como Nicolás Arroyo e Mario Romañach. Em 1955, com um grupo de profissionais experientes, Havana criou um plano urbanístico que previa ruas só para pedestres e edifícios modernistas, espaço especial para pequenas lojas nas ruas do centro histórico, limite de altura aos prédios situados fora do centro financeiro, aumento de áreas verdes e recreativas pela cidade.[6]

Se Havana era um playground dos americanos, o movimento inverso também acontecia. Os cubanos ricos e da crescente classe média adoravam se divertir nos Estados Unidos. Existia entre os dois países um turismo bilateral, assim como o de brasileiros nas ruas de Buenos Aires e de argentinos nas praias brasileiras. Não eram números desprezíveis. Em meados dos anos 1950, havia mais cubanos em férias nos Estados Unidos que americanos em Cuba.[7] A classe média cubana era um grupo consumidor tão importante nos Estados Unidos que "as lojas de departamento da Califórnia, de Nova York e da Flórida frequentemente anunciavam promoções nos jornais de Havana", conforme descreve o historiador Louis A. Pérez Jr. no livro *Cuba and the United States: Ties of Singular Intimacy*. Assim como os americanos investiam em Cuba, empresas cubanas apostavam nos vizinhos. Pouco antes da revolução, o investimento do imperialismo cubano nos Estados Unidos ultrapassava meio bilhão de dólares.[8]

Já o investimento americano em Cuba tinha o dobro do tamanho: em 1958 ultrapassou 1 bilhão de dólares. Tendo em vista o tamanho dos países, o investimento cubano nos Estados Unidos é muito mais impressionante.[9]

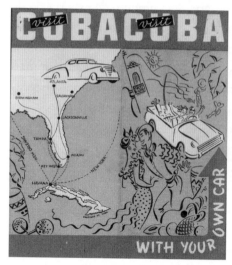

Antes da revolução, havia 28 voos diários entre cidades americanas e cubanas e até mesmo um serviço de ferryboat, para as famílias que quisessem viajar de carro ao país vizinho.

O entretenimento era outro setor desenvolvido. "Os cubanos tinham mais televisores, telefones e jornais per capita que qualquer outro país da América Latina, e estavam em terceiro no ranking de rádios per capita (atrás do México e do Brasil)", afirma Deborah Pacini Hernandez, no livro *Rockin' las Américas*. "Em 1950, quase 90% das residências cubanas tinham um rádio que podia sintonizar mais de 140 estações."[10] A indústria fonográfica também impressionava: havia sete gravadoras que distribuíam discos para multinacionais como a Odeon e a EMI. Além das radiolas caseiras, as músicas eram reproduzidas em cerca de 15 mil jukeboxes instaladas em cabarés e bares do país.[11]

A ilha vivia uma efervescência musical que daria à luz clássicos da música latino-americana. Compositores e intérpretes de bolero, rumba, mambo e chá-chá-chá estouravam nas rádios da Argentina aos Estados Unidos, difundindo esses ritmos pelo continente. Artistas cubanos eram celebridades da Broadway e da TV americana, como Xavier Cugat, conhecido como o "Rei da Rumba", e Desi Arnaz, que eternizou a música "Babalu" no seriado *I Love Lucy*, da década de 1950. A música cubana atraía turistas à ilha – e os turistas atraíam a música. Em 1955, o canal americano NBC transmitiu um programa ao vivo no Tropicana, o principal cabaré de Cuba. Carmen Miranda, Frank Sinatra, Nat King Cole e boa parte dos artistas mais famosos da época se apresentavam nos teatros e nos cabarés de Havana. "Éramos o que é Las Vegas hoje", contou, muitos anos depois, a cantora Olga Guillot, a "Rainha do Bolero". "Não, muito mais! Éramos Las Vegas e a Broadway misturadas – e o mundo todo ia a Havana para nos assistir."[12]

Assim como o turismo, que uniu duas populações de culturas diferentes, mas próximas geograficamente, o intercâmbio musical foi recíproco e intenso. Se os americanos se encantavam com os ritmos caribenhos, os cubanos se apaixonaram pelo rock. Os cinemas de Havana exibiam filmes como *Rock Around the Clock*; as rádios tocavam os sucessos de Elvis Presley, Little Richard e Chuck Berry. Cuba foi um dos primeiros países a se contagiar por esse ritmo, a ter pelas ruas jovens cabeludos com calças jeans justíssimas e também as primeiras bandas de rock fora do eixo Estados Unidos-Inglaterra, como Los Llópis, Los Armónicos e os Hot Rockers.

Os cubanos também ficavam mais escolarizados. Havia a Universidade de Havana, com aulas de medicina, farmácia, biologia e direito (onde Fidel Castro estudou) e uma escola de belas-artes. O Colégio de Belém, inaugurado em 1854 sob o comando de padres jesuítas, era a principal referência na educação secundária. Foi lá que Raúl Castro se formou. Na década de 1920, um novo prédio foi construído, onde também passou a funcionar um colégio técnico. Em toda a ilha, havia 1.700 escolas privadas e

---

Na época da revolução, Cuba tinha seiscentas salas de cinema. O ingresso era barato e havia salas espalhadas por todos os bairros de Havana. Sob a meta de popularizar o cinema, um dos objetivos da revolução, foi construída uma sala – em cinco décadas. As que já existiam estão abandonadas.

22 mil públicas. O país dedicava 23% de seu orçamento à educação – quantia de dar inveja nos governos atuais.[13]

Não é o cenário que se imagina encontrar em um bordel, não? O problema estava na política. O presidente Fulgencio Batista, depois de assumir o poder pela segunda vez, em 1952, passou a impor uma ditadura que tornou frequentes em Cuba atos de tortura, desaparecimento de opositores e prisões arbitrárias. Batista proibiu em alguns momentos a circulação de jornais e o direito de greve e retaliava empresários que não o apoiavam. Em resposta, estudantes, professores, advogados, padres e pastores protestantes montavam passeatas, distribuíam panfletos e agiam como "bombistas", nome dado às pessoas que espalhavam pequenas bombas em órgãos públicos. Entre quinze acusados de bombismo presos em agosto de 1957 havia estudantes, trabalhadores das docas, vendedores e senhoras proprietárias de apartamentos.[14] Fidel Castro, então o mais conhecido inimigo do ditador, canalizou esse clima de descontentamento. Ganhou apoio até mesmo de grandes empresários e agricultores insatisfeitos com a instabilidade política, como os Bacardi, a mais tradicional família de empresários de Cuba. "O movimento de simpatia para com Castro aumentava mesmo entre a opulenta classe média; e durante 1957 mesmo o maior barão do açúcar, Julio Lobo, entregou à oposição 50 mil dólares", conta o historiador inglês Hugh Thomas no livro *Cuba ou Os Caminhos da Liberdade*, a principal referência sobre a história política da ilha.[15] Ao viajar para a cidade de Santiago de Cuba, o jornalista americano Jules Dubois se espantou com o apoio de gente endinheirada aos rebeldes. "Os homens mais ricos e proeminentes

---

Pepín Bosch, executivo-chefe da destilaria Bacardi, deu 38 mil dólares ao grupo de Fidel (que hoje valeriam cerca de 280 mil dólares). Já Daniel Bacardi, um dos donos da destilaria, liderou uma greve de empresários da cidade de Santiago contra Fulgencio Batista em 1957.[16]

de Santiago, dos quais a maioria nunca se envolveu com política, estão apoiando o rebelde Fidel Castro como um símbolo de resistência a Batista", escreveu ele no *Chicago Tribune*.[17] O apoio era possível porque os rebeldes pareciam a todos uma opção pela democracia. O movimento rebelde que Fidel ajudou a fundar, o 26 de Julho, tinha entre seus participantes diversos políticos moderados e mesmo anticomunistas. Fidel viajava aos Estados Unidos para arrecadar fundos para a luta política e negava veementemente ser comunista ou favorável a ditaduras (*veja quadro nas páginas 26-7*).

No início de 1959, tanto os guerrilheiros moderados quanto os empresários e os trabalhadores comemoraram a mudança de governo. Graças à pressão exercida por estudantes revoltosos, por soldados que lutaram na cidade e no campo, por empresários que financiaram ações rebeldes e por políticos, Fulgencio Batista enfim foi deposto. O ditador, depois de perder o apoio dos Estados Unidos e vendo os guerrilheiros chegarem a Havana, fugiu de avião com sua corte durante o Réveillon de 1959. A maior parte dos cubanos saiu às ruas para festejar. Livre da tirania de Batista, a população estava ansiosa por participar da política e confiante para construir uma democracia. A política, até então a maior pedra no caminho dos cubanos, tinha se tornado motivo de esperança. A destilaria Bacardi publicou anúncios nos jornais saudando o país por poder voltar a usar seu slogan. "Obrigado ao povo de Cuba e à Revolução Cubana. Por causa de seus esforços e de seu sacrifício, podemos dizer uma vez mais 'Que sorte tem o cubano!'."[18]

O nome do movimento vem do dia 26 de julho de 1953, quando Fidel e outros 165 jovens tentaram tomar o quartel-general de Moncada, em Santiago. O ataque não deu certo: quase todos os guerrilheiros foram ou mortos, ou presos. Fidel ficou na cadeia até 1955, quando se exilou no México, onde conheceria Che.

Um líder político organiza um golpe de Estado, toma o poder de Cuba, impõe regras trabalhistas mais severas, intervém nas indústrias e nas fazendas e ganha o apoio do Partido Comunista. Não, não estamos falando de Fidel Castro, mas de Fulgencio Batista, ele próprio, o ditador do país até a Revolução Cubana.

FULGENCIO, O COMUNISTA,

Duas décadas antes de ser derrubado por Che e Fidel, Fulgencio ganhou o apoio dos comunistas locais. Em 1933, participou da Revolta dos Sargentos, que derrubou o ditador da época, Gerardo Machado. Conquistou, assim, o cargo de chefe das Forças Armadas e passou a governar informalmente o país. Logo anunciou reformas da lei trabalhista e ações de controle estatal de produtores e empresários. "As indústrias do açúcar e do tabaco passariam a sofrer uma intervenção maior do Estado; os trabalhadores recebe-riam seguro, férias pagas e outras vantagens", afirma o historiador Hugh Thomas.[19] Essas medidas à esquerda atraíram a simpatia dos comunistas. Em 1938, Fulgencio aprovou a legalidade do Partido Comunista, que tratou de elogiá-lo. "As pessoas que trabalham para afastar Batista não estão mais a atuar em defesa do povo cubano", lia-se no prin-cipal jornal do partido naquela época.[20]

26 GUIA POLITICAMENTE INCORRETO DA AMÉRICA LATINA

Quando voltou à presidência de Cuba na década de 1950, Fulgencio já tinha se afastado desses aliados. Mas ainda nessa época foi acusado de ser simpatizante dos vermelhos. Pelo próprio Fidel Castro. Em 3 de julho de 1956, o homem que seria o mais longo ditador comunista do século 20 acusa seu opositor de ser... comunista. "Qual é o direito moral que o senhor Batista tem de falar em comunismo, quando ele era o candidato presidencial do Partido Comunista nas eleições de 1940, quando seus slogans eleitorais se escondiam atrás da foice e do martelo, quando meia dúzia dos seus atuais ministros e colaboradores confidenciais são importantes membros do Partido Comunista?", escreveu Fidel à revista *Bohemia*.[21]

E FIDEL, O CAPITALISTA

Se Fulgencio começou vermelho e aos poucos mudou de cor, Fidel tomaria o rumo contrário. Até declarar que levaria Cuba para o rumo de Moscou, um ano depois de tomar o poder, ele se dizia grande inimigo dos socialistas. Numa entrevista ao *The New York Times* em abril de 1959, disse: "Eu não concordo com o comunismo. Nós somos democráticos. Somos contra todo tipo de ditadores. É por isso que somos contra o comunismo". Para o cubano Huber Matos, um dos guerrilheiros da Sierra Maestra hoje exilado em Miami, Fidel não era mesmo comunista. "O irmão dele, Raúl, e Che que eram marxistas. Fidel cedeu à influência deles porque percebeu que o comunismo era um bom meio de controlar o poder de Cuba e eliminar adversários."[22]

Mas aquela jogada deu azar. Logo após a queda de Batista, teve início um violento embate entre a classe média e o grupo de guerrilheiros que havia conquistado uma enorme popularidade lutando contra o exército na Sierra Maestra, uma região de montanhas no sudeste da ilha. Sorrateiramente, os integrantes desse grupo, liderados por Fidel Castro, dominaram o governo provisório recém-instalado, expulsaram todos os que pensavam de forma diferente e declararam-se abertamente marxistas-leninistas. Os aliados mais moderados e democráticos foram logo presos ou expulsos do país pelo próprio governo de Fidel. Um dos principais revolucionários isolados pela nova ordem do 26 de Julho foi Huber Matos, até então amigo de Che. Por ser contra a ditadura comunista que dava as caras, ele foi capturado pelos próprios companheiros e jogado em prisões, onde permaneceria por vinte anos. Exilado em Miami até o fim da vida, Huber Matos contou :

> O Movimento 26 de Julho não era comunista. Nós lutávamos para restaurar a democracia pluripartidária que tinha sido extinta com o golpe de Fulgencio Batista em 1952. Nos primeiros seis meses depois de tomarmos o poder, acreditávamos que os partidos e as eleições voltariam. Mas então os Castro e Che levaram a revolução para uma ditadura comunista. Logo percebemos que tínhamos caído numa ilusão. Muitos guerrilheiros que pensavam como eu ficaram quietos, acabaram ganhando cargos menores no governo e vivendo sob a chantagem de Fidel. Aqueles que, como eu, se pronunciaram contra o comunismo foram pouco a pouco eliminados. Che e os Castro ficaram cinco dias decidindo se deveriam me fuzilar ou não. Acabaram só me deixando preso, com medo do protesto dos colegas.[23]

Em 1957, Fidel Castro comandava dezoito homens mal armados, que cuidavam de se esconder dos policiais e dos soldados de Batista na Sierra Maestra. A maioria da população cubana achava que ele sucumbira após ataques das tropas legalistas. Foi quando Herbert Matthews, repórter e editorialista do *New York Times*, recebeu um convite para uma exclusiva com Castro. Os três artigos que Matthews publicou, e que foram reproduzidos em Cuba clandestinamente, diziam que Castro estava vivo.

COMO O *NEW YORK TIMES* CRIOU FIDEL

Até aí, tudo bem. Mas Matthews foi muito além. Para ele, Fidel era dono de uma personalidade irresistível. "Foi fácil perceber que seus homens o adoram e também ver por que ele seduz a imaginação da juventude cubana em toda a ilha. Ali estava um fanático instruído, dedicado, um homem de ideais, de coragem e de notáveis qualidades de liderança."

O americano escreveu ainda que o programa do "señor Castro" era "radical, democrático e, portanto, anticomunista". "Tem ideias enérgicas sobre liberdade, democracia, justiça social, a necessidade de restaurar a Constituição, de realizar eleições", escreveu. Disse ainda que os rebeldes estavam divididos em colunas de até quarenta homens cada, armados com cinquenta rifles de mira telescópica — uma gigantesca mentira contada por Fidel.

A propaganda gratuita do *New York Times* alçou Fidel à condição de herói nacional, eclipsando todos os demais grupos de oposição. Muitos jovens se uniram ao grupo "radical e democrático" depois disso. Meses depois da queda da ditadura, já com Fidel expropriando terras, fuzilando inimigos e se assumindo publicamente como marxista-leninista, Matthews virou motivo de chacota dos colegas. Pelos serviços prestados à revolução, o jornalista ganhou uma medalha "Missão de Imprensa da Sierra Maestra", das mãos do próprio Fidel Castro. Uma foto sua está até hoje na parede do Hotel Sevilla, onde o americano se instalou antes de seguir para a entrevista. Segundo Castro disse, apontando para Matthews: "Sem a sua ajuda e a do *New York Times*, a revolução em Cuba jamais teria acontecido".[24]

Sem consultar a população ou mesmo a maioria de seus colegas, esse grupo de homens armados fez uma revolução comunista dentro da revolução democrática. Ou seria uma contrarrevolução? De qualquer forma, foi nesse momento que Che Guevara, um médico argentino que integrou o bando de rebeldes na Sierra Maestra, ganhou importância decisiva.

Para aqueles cidadãos de Cuba que trabalharam, tiveram ideias empreendedoras, arriscaram seu dinheiro em novos negócios, prosperaram com o turismo e a exportação de açúcar e lutaram pela democracia, o recado de Che era claro: "Jurei ante um retrato do velho camarada [Josef] Stálin não descansar até ver aniquilados estes polvos capitalistas".[25]

Diante de promessas como essa, não demorou para empresários, compositores, cantores de mambo, roqueiros e arquitetos irem embora de Cuba. O arquiteto Ricardo Porro, que desenhou a Escola de Belas-Artes de Havana e outros edifícios a pedido de Fidel Castro, se exilou na França nos anos 1960. O compositor Osvaldo Farrés, autor do clássico bolero "Quizás, Quizás, Quizás", deixou Cuba em 1962 e nunca mais pôde voltar. Frank Dominguez, famoso pela música "Tú Me Acostumbraste", gravada no Brasil por Caetano Veloso e Emílio Santiago, foi viver em Mérida, no México. Celia Cruz, a maior cantora cubana, saiu da ilha logo que Che e Fidel tomaram o poder. Expulsa do próprio país, a "Rainha da Salsa" expressou sua revolta em músicas de exílio. A famosa canção "Cuando Salí de Cuba" lembra composições que lamentam outras ditaduras militares da América do Sul:

> " Nunca podré morirme,
> mi corazón no lo tengo aquí.
> Alguien me está esperando,
> me está aguardando que vuelva aquí.

> Cuando salí de Cuba,
> dejé mi vida dejé mi amor.
> Cuando salí de Cuba,
> dejé enterrado mi corazón.

O novo governo logo limitou a liberdade artística e passou a perseguir hippies e roqueiros. Nos anos 1960, o cantor e compositor Silvio Rodriguez foi demitido de seu trabalho no Instituto de Rádio e Televisão de Cuba por citar os Beatles como uma de suas influências.[26] Ele continuou no país, resignando-se a cantar apenas inofensivas músicas tradicionais. Diversos jovens cubanos identificados como perigosos reprodutores do imperialismo cultural americano foram enviados para campos de reabilitação por tocar em bandas de rock e cometer atos tão imorais quanto o de andar pela rua com cabelos compridos.[27]

Rua Netuno, em Havana: o crescimento do turismo e a alta do preço da cana-de-açúcar na década de 1950 faziam a classe média aumentar e enriqueciam as maiores cidades da ilha.

Muitos jovens seguiram ouvindo rock às escondidas. Sintonizavam clandestinamente rádios americanas do Arkansas e de Miami – em volume baixo, para não causar problema. As bandas locais entraram na clandestinidade. "Sem o apoio do Estado para obter instrumentos e a instrução disponível aos músicos dos estilos aprovados pelo governo, os roqueiros de Cuba tinham que improvisar", conta a historiadora Deborah Pacini Hernandez em seu compêndio sobre o rock na América Latina. "Ensinaram a si próprios como tocar guitarras eletrônicas e frequentemente tinham que construir seus próprios equipamentos, usando fios de telefone para cordas de baixo e montando tambores de bateria com pedaços de metal ou filmes de raio X."[28] Oficialmente, a proibição ao rock durou pouco. Com o sucesso dos Beatles pelo mundo e o espírito de revolução associado a esse tipo de música, ficou difícil proibi-lo, a ponto de o próprio Fidel Castro homenagear John Lennon em 2000. Mas o estilo continuou marginalizado em Cuba. Ainda hoje, bandas que tocam um som digno de nota (e que corajosamente atacam a ditadura) poderiam ser contadas com os dedos de uma única mão. Já os adeptos de ritmos tradicionais cubanos rodam o mundo em shows patrocinados pelo governo. Para os turistas que passam por Havana, a cena musical cubana

---

Mesmo os músicos tradicionais se deram mal. Em 2007, um projeto cultural criado em parceria com a Universidade Federal de Pernambuco levou músicos cubanos da banda Los Galanes para cantar no Recife. Logo depois das apresentações, metade dos músicos se recusou a ir embora. Ao pedir asilo político ao Brasil, disseram ser perseguidos em Cuba e impedidos de tocar certas músicas.[29]

A mais ousada banda cubana de rock chama-se Porno Para Ricardo (procure no YouTube). É punk rock com letras anticomunistas: "Você sabe como ferrar um comunista? Ponha rock para tocar e prenda-o num porão do Buena Vista".

Assim como as orquestras e os grupos de balé de inquestionável qualidade técnica que serviam como propaganda da União Soviética, a célebre banda Buena Vista Social Club espalhou a simpatia pelo regime cubano tocando as mesmas músicas por cinco décadas. O presidente Hugo Chávez, da Venezuela, usava como propaganda a Orquestra Sinfônica

atual se resume aos trios folclóricos que tocam nos restaurantes para estrangeiros, inacessíveis para um cubano comum. Um CD com um punhado de canções, incluindo "Guantanamera, guajira guantanamera", custa em dólares o salário mensal de um cubano.

Por trás da perseguição de jovens, músicos e artistas estava a ideia de fazer todos os cubanos se parecerem entre si como soldadinhos de chumbo. "Para construir o comunismo, tem de se fazer o homem novo", escreveu Che.[30] A expressão, que ele repetia diversas vezes em discursos e escritos, tem uma longa história. Vem da crença dos filósofos iluministas de que a natureza humana é maleável, que o homem é uma tábula rasa em que se pode gravar diferentes comportamentos, dependendo da educação, do espírito revolucionário ou da influência da sociedade. O homem altruísta e bondoso, que deveria deixar de lado interesses individuais e colocar-se à disposição do governo, era um princípio que norteava ideias não só de Che, mas de todos os comunistas. Na prática, essa busca resultou na perseguição de todos aqueles que pareciam não se encaixar na moldura do tal homem novo.

Em discursos, entrevistas e falas em reuniões, Che deixou claro que esperava dos jovens disciplina e obediência. Numa das poucas vezes que falou de música, disse que as pessoas deveriam trabalhar "ao som de cânticos revolucionários".[31] A ideia central era desviar-se de interesses individualistas e se concentrar no trabalho, no estudo e no fuzil, além de obedecer aos mais velhos. No discurso *O Que Deve Ser um Jovem Comunista*, de 1962, Che pede para os jovens se acostumarem a "pensar como massa e atuar com as iniciativas que nos oferece a classe trabalhadora e as iniciativas dos nossos dirigentes supremos".[32] Sim, ele usa mesmo a expressão "dirigentes supremos".

Jovem Simón Bolívar. Em 2017, um em cada três de seus integrantes já tinha deixado a Venezuela por causa da crise.

Essas ideias foram transmitidas pelo próprio Che aos policiais e aos soldados que agiam nas ruas e nas vilas cubanas. Logo após a revolução, uma das principais missões do guerrilheiro foi capacitar as Forças Armadas, um dos maiores pilares do regime de Fidel Castro. Em 1959, quando Fidel ainda não havia declarado oficialmente que adotaria um governo comunista, as escolas de instrução militar de Che já doutrinavam os soldados para impor uma ditadura do proletariado. "Em pouco tempo, ele inaugura vários cursos rápidos para formação de oficiais e da tropa", conta o biógrafo Jorge Castañeda. "Os colaboradores comunistas de Che na Sierra [Maestra] ou na invasão [da baía dos Porcos, em 1961] e outros, como o hispano-soviético Angel Ciutah, formam o núcleo dos instrutores."[33]

Che montou o primeiro campo de trabalho forçado de Cuba, na região de Guanahacabibes, a mais oriental da ilha, em 1960. A ideia era reeducar pelo trabalho pessoas consideradas imorais pela revolução. "A Guanahacabibes mandamos aqueles que não devem ser presos, aqueles que cometeram faltas contra a moral revolucionária de maior ou menor grau", disse ele numa reunião do Ministério da Indústria de 1962. O campo serviu de modelo para as Unidades Militares de Ayuda a la Producción (Umaps), que abrigaram cerca de 30 mil jovens em menos de uma década. O caso foi denunciado pela Comissão Interamericana de Direitos Humanos (a mesma organização que denunciava crimes de outras ditaduras da América Latina). Um relatório divulgado pela comissão em 1967 diz o seguinte:

Rebeldia juvenil? Só se dentro do quartel. Che adorava uniformes do exército e seus símbolos. Em abril de 1959, então chefe de instrução das Forças Armadas Revolucionárias, ele fundou a revista *Verde Olivo*, de assuntos militares. Em 1963, ajudou a aprovar a maior inimiga dos jovens: a lei do serviço militar obrigatório. Ironicamente, o próprio Che tentou escapar do serviço militar da Argentina, em 1946, quando completou 18 anos.

> " Os jovens são recrutados à força por simples disposição da polícia, sem que se faça nenhum julgamento nem seja permitido o direito de defesa. Logo depois de presos são enviados a alguma granja estatal para serem incorporados na Unidade Militar de Ajuda à Produção. Em muitas ocasiões os familiares só são notificados semanas ou meses depois da detenção. Os jovens recrutados são obrigados a trabalhar gratuitamente na granja estatal por mais de 8 horas diárias e recebem um tratamento igual ao que se dá em Cuba aos presos políticos. [...] Esse sistema cumpre dois objetivos: a) Facilitar a mão de obra gratuita do Estado. b) Castigar os jovens que se negam a participar das organizações comunistas.[34]

Os campos de concentração cubanos abrigaram todos aqueles que não se encaixavam na ideia de "homem novo": gays, católicos, testemunhas de Jeová, alcoólatras, sacerdotes do candomblé cubano e, mais tarde, portadores de HIV. "Como poderia o homem novo se libertar do capitalismo? Essa era a questão central para os líderes revolucionários da época, principalmente Che Guevara, um insistente proponente da ideia de homem novo e um dos mais convictos líderes homofóbicos do período", afirma o escritor cubano Emilio Bejel no livro *Gay Cuban Nation*.[35] O pensamento corrente entre os revolucionários, ideia que chegou a ser defendida num artigo de jornal pelo intelectual comunista Samuel Feijóo, era a de que o homossexualismo em Cuba logo terminaria. Afinal, o socialismo tinha o poder de "curar comportamentos e doenças sociais". Elementar.

É verdade que, nos anos 1960, eram raros os países que respeitavam os direitos dos homossexuais. Mas em poucos lugares houve uma perseguição oficial de cidadãos por causa de sua opção sexual. Até gays favoráveis ao regime se deram mal. O poeta e dramaturgo Virgilio Piñera, por exemplo, tinha sido exilado político da ditadura anterior, a de Fulgencio Batista. Em 1961, foi preso durante a "Noite dos três P". Amigo e colega de trabalho de Virgilio, o escritor Guillermo Cabrera Infante explicou o episódio no livro *Mea Cuba*. "Um departamento especial da polícia, chamado de Esquadrão da Escória, se dedicara a deter, à vista de todos, na área velha da cidade, todo transeunte que tivesse um aspecto de prostituta, proxeneta ou pederasta", escreveu Infante.[36] Virgilio conseguiria escapar da prisão, mas não do preconceito de Che Guevara. Anos depois, Che viajou para a Argélia e visitou a embaixada cubana local. Ao dar uma olhada nos livros da estante da embaixada, deparou-se com o *Teatro Completo de Virgilio Piñera*. "Como é que você pode ter o livro dessa bicha na embaixada?", disse ao embaixador enquanto atirava o livro na parede. O embaixador desculpou-se e jogou a obra no lixo.[37]

As denúncias internacionais fizeram o governo cubano deixar, em 1968, de mandar gays para campos de trabalho forçado. Não que os problemas deles tenham sido resolvidos. Durante o Congresso de Educação e Cultura de 1971, uma resolução proibiu homossexuais de ocupar cargos públicos que pudessem converter a juventude. Só em 1979 a sodomia foi retirada do código criminal cubano. Por fim, beijos homossexuais em público davam cadeia por atentado ao pudor até 1997.

Completa-se assim a primeira grande contradição entre Che Guevara e seus fãs. O mesmo homem que incentivou perseguições por motivos artísticos e sexuais teve entre seus admiradores justamente artistas que criaram famosas canções de resistência e que diziam lutar pela liberdade individual. Um exemplo é a argentina Mercedes Sosa, que foi presa pelos militares durante um show de 1979. "Se o cantor se cala, a vida se cala", advertia a cantora. Apesar daquelas roupas estranhas, quem não concordaria com ela? Talvez ela própria. Mercedes Sosa interpretou a composição "Hasta Siempre Comandante", em homenagem à morte de Che, e passou a vida elogiando o compatriota.

CHE, A PAZ E O AMOR

Em 4 de março de 1960, um cargueiro com mais de setenta toneladas de armas belgas explodiu no porto de Havana. O acidente provocou a morte de 75 operários e instalou na ilha a suspeita de que o episódio teria sido fruto de sabotagem promovida pelos Estados Unidos. No dia seguinte, Fidel Castro e sua cúpula encabeçaram o cortejo fúnebre pelas ruas de Havana. Na hora de encerrar a cerimônia, o líder cubano subiu com seus colegas numa pequena varanda e, de lá, fez um discurso inflamado, acusando agentes americanos pela tragédia. Cabia ao fotógrafo oficial de Fidel, Alberto Korda, registrar o chefe ao microfone, assim como a presença de convidados ilustres que o acompanhavam. Os entusiasmados filósofos franceses Jean-Paul Sartre e Simone de Beauvoir estavam passando uns dias em Cuba para conhecer a experiência socialista. Korda tirou diversas fotos de Fidel e do casal de intelectuais, mas foi outra imagem daquele dia que o tornaria célebre. Entre o grupo que acompanhava Fidel, Korda conseguiu enquadrar o rosto de Che Guevara. O guerrilheiro foi fotografado de baixo para cima, olhando ao longe com uma incrível aparência de dor e determinação. Nascia ali o conhecido retrato de Che, a foto mais famosa e mais reproduzida em todo o século 20.

O retrato de Che permaneceu pouco difundido até 1967, quando o editor italiano Giangiacomo Feltrinelli adquiriu cópias

---

▪ Logo depois de Cuba, o famoso casal de intelectuais franceses desembarcaria no Brasil. Durante dois meses, os dois foram à Amazônia, às cidades históricas mineiras e até ao interior de São Paulo. Numa palestra na cidade de Araraquara, Sartre foi recebido por um professor da USP então com 29 anos: Fernando Henrique Cardoso, décadas depois presidente do Brasil.

▪ O próprio Feltrinelli se envolveria no terrorismo anti-imperialista na Itália. Em 1972, ele foi encontrado morto ao lado de uma torre de alta-tensão nos arredores de Milão. Foi provavelmente vítima dos explosivos que tentava instalar na torre elétrica.

dele e começou a distribuir a imagem pela Europa. Em agosto daquele ano, o retrato estaria na revista francesa *Paris Match*. Dois meses depois, logo após a morte de Che, um pôster com a foto foi visto pela primeira vez num protesto de rua, em Milão. A imagem então se espalhou. Pelo menos 2 milhões de pôsteres de Che Guevara foram vendidos no continente europeu entre 1967 e 1968. O rosto de Che estava nas barricadas do Maio de 68 contra os generais franceses, em protestos de anarquistas holandeses, nas comunidades hippies da Califórnia, entre as passeatas contra a Guerra do Vietnã de diversas cidades dos Estados Unidos. A foto contribuiu para que Che se tornasse um ícone da paz e do amor ao lado de Gandhi e Madre Teresa de Calcutá.

Pois considere as seguintes palavras, escritas pelo mesmo homem daquela foto:

> **❝** O ódio como fator de luta, o ódio intransigente ao inimigo, que impulsiona para além das limitações naturais do ser humano e o converte em uma efetiva, violenta, seletiva e fria máquina de matar. Nossos soldados têm de ser assim; um povo sem ódio não pode triunfar sobre um inimigo brutal.
>
> Há que levar a guerra até onde o inimigo a leve: à sua casa, a seus lugares de diversão, torná-la total. Há que impedi-lo de ter um minuto de tranquilidade, de ter um minuto de sossego fora dos quartéis, e mesmo dentro deles: atacá-lo onde quer que se encontre; fazê-lo sentir-se uma fera acossada onde quer que esteja.[38]

Ícone dos pacifistas dos anos 1960, Che adorava armas. Em 1959, quando o oficial da KGB Nikolai Leonov visitou Cuba, soube bem o que escolher na hora de presentear os líderes cubanos. "Para o Che, que gostava de armas, compramos duas, uma excelente pistola e uma pistola de modelo esportivo de alta precisão, com munição. Para Raúl comprei um jogo de xadrez, pois era muito bom enxadrista."[39]

> Estou imaginando o orgulho daqueles companheiros que estavam numa 'quatro bocas', por exemplo, defendendo sua pátria dos aviões ianques e de repente têm a sorte de ver que suas balas atingiram o inimigo. Evidentemente, é o momento mais feliz da vida de um homem. É uma coisa que nunca se esquece. Nunca o esquecerão os companheiros que viveram essa experiência.[40]

É preciso dizer mais alguma coisa?

É. Che Guevara, ídolo dos jovens rebeldes e pacifistas, não só considerava o ódio um sentimento nobre como agiu para que houvesse uma guerra nuclear na América. Em 1961, ele viajou à Rússia para fechar com o líder soviético Nikita Kruschev um acordo da instalação dos mísseis com ogivas nucleares em Cuba. Em discursos e entrevistas, Che não teve pudor ao afirmar que, sim, queria armar um pesadelo atômico nos Estados Unidos. E, sim, sabia que isso desencadearia uma reação americana (maior potência nuclear do mundo) no mesmo nível sobre as cidades cubanas.

Essa postura ficou bem clara logo após a Crise dos Mísseis, em 1962, um dos momentos em que o mundo mais esteve perto de uma Terceira Guerra Mundial. Em outubro daquele ano, aviões de espionagem americanos fotografaram instalações militares de Cuba. Mostraram que mísseis nucleares de médio alcance (apontados para os Estados Unidos) estavam sendo instalados no oeste da ilha. Tratava-se de 42 mísseis soviéticos – vinte deles com ogivas nucleares – e mais meia dúzia de lança-mísseis também armados com ogivas. O presidente dos Estados Unidos, John Kennedy, criou um bloqueio marítimo à ilha e exigiu a retirada imediata dos armamentos. Graças à diplomacia entre as duas superpotências, os soviéticos acabaram cedendo – nem Moscou nem Washington achavam uma boa ideia começar uma guerra de armas atômicas. Mas o governo de Havana, sim. A retirada dos mísseis foi uma decisão dos soviéticos que deixou os líderes cubanos revoltados e irritados. Fidel Castro chamou o russo Nikita Kruschev de "filho da puta, cagão e bunda-mole".[41] "Fidel ficou puto da vida, e eu também", disse Che ao seu amigo Ricardo Rojo. "Para descarregar a tensão que havia se acumulado, Fidel deu uma volta de 180 graus e soltou um pontapé na parede."[42]

Che não conseguiu esconder sua decepção com a moderação e a prudência dos russos. Sonhava com uma guerra nuclear e disse isso em voz alta durante entrevistas que se seguiram à crise. "Se os mísseis tivessem ficado em Cuba, usaríamos todos, apontando-os para o coração dos Estados Unidos, inclusive Nova York, para nos defendermos da agressão", disse ao *London Daily Worker*, o jornal do Partido Comunista da Inglaterra. Ele sabia que os americanos revidariam o ataque, provocando um massacre nuclear em Cuba e o sacrifício de centenas de milhares de cubanos. Mas era isso mesmo que desejava, conforme escreveu meses depois: "[Cuba] é o exemplo tremendo de um povo disposto ao autossacrifício nuclear, para que suas cinzas sirvam de alicerce para uma nova sociedade".[43]

Se um sujeito quer dedicar sua vida ao autossacrifício em nome de um ideal, é seu direito. Deve ter a liberdade de fazer o que bem desejar com a própria vida. Mas não pode, por mais fotogênico que seja e por mais belo que considere seu ideal, obrigar milhões de outros indivíduos a tomar o mesmo caminho. A instalação de mísseis em Cuba havia sido decidida em sigilo por Fidel e Raúl Castro, Che e outros três líderes cubanos. Apenas seis pessoas.[44] Os milhões de cidadãos cubanos não sabiam, mas seu admirado líder Che Guevara tinha decidido levá-los a um holocausto nuclear.

Para quem considerava o homem não um fim em si mesmo, mas um meio para a revolução, matar ou sacrificar pessoas era perfeitamente racional e correto. Rebeldes como Che acreditavam que revoluções anteriores tinham fracassado porque seus líderes hesitaram em agir em nome de um ideal. Como em tantos casos do século 20, foi o desejo radical de mudar o mundo que nutriu a barbárie.

Prevendo ataques americanos, os líderes da revolução logo se preocuparam em perguntar ao embaixador soviético, Alexander Alexeyev, se havia espaço no abrigo antiaéreo da embaixada soviética em Cuba.[45] Não tiveram a mesma preocupação com o restante dos cubanos.

CHE E OS DIREITOS HUMANOS

Continente que amargou tantas ditaduras militares, a América Latina tem hoje diversos movimentos de reparação a torturas, assassinatos e outras perseguições políticas. Na batalha para fazer os carrascos militares pagarem por seus crimes, organizações como Tortura Nunca Mais, do Brasil; Madres de La Plaza de Mayo, da Argentina; Verdade e Justiça, do Paraguai; ou as comissões de verdade e reconciliação do Chile e do Peru são geralmente as fontes mais acessadas de relatórios de mortes, dados das vítimas e depoimentos de sobreviventes. Lutam também contra a pena de morte e os abusos praticados por policiais nos dias de hoje.

Che na Assembleia Geral da ONU, em 1964: "Nosso regime é um regime à morte".

Do mesmo modo, o Projeto Verdade e Memória, da organização Arquivo Cuba, reúne dados de cubanos que foram perseguidos desde 10 de março de 1952, quando o ditador Fulgencio Batista suspendeu os direitos políticos da ilha, até hoje. Segundo essa instituição, o argentino Ernesto Guevara de la Serna se envolveu em pelo menos 144 mortes entre 1957 e 1959, período que compreende a guerrilha pela tomada de poder em Cuba e o primeiro ano de governo revolucionário. Entre as vítimas, há colegas do grupo guerrilheiro, policiais mortos na frente dos filhos, menores de idade e principalmente opositores políticos executados no presídio montado dentro do Forte de La Cabaña.

Mais uma vez, as palavras de Che confirmam o que se diz sobre suas ações. Bem antes de o argentino sonhar em ser líder de uma revolução, já descrevera seu ímpeto assassino. Em 1952, quando viajou de moto pela América do Sul, registrou a viagem num diário. As anotações viraram o livro *Diários de Motocicleta* e o filme homônimo é baseado nele, em que Che aparece como um personagem mais camarada que Jesus Cristo. O filme deixou de fora passagens menos simpáticas dos seus escritos que mostram sua obsessão com a violência justificada em nome de um ideal. É interessante imaginar o ator mexicano Gael García Bernal, que interpreta Che no filme do brasileiro Walter Salles, dizendo estas palavras:

> Estarei com o povo, e sei disso porque vejo gravado na noite que eu, o eclético dissecador de doutrinas e psi-

---

Nos *Diários de Motocicleta*, Che revela também um pouco de seu racismo. Da Venezuela, escreve que os negros "mantiveram sua pureza racional graças ao pouco apego que têm em tomar banho". Comparando negros e portugueses, escreve que "o desprezo e a pobreza os unem na luta cotidiana, mas o diferente modo de encarar a vida os separa completamente; o negro, indolente e sonhador, gasta seu dinheiro em qualquer frivolidade, o europeu tem a tradição de trabalho e economia".[46]

> canalista de dogmas, uivando como um possesso, atacarei de frente as barricadas ou trincheiras, banharei minha arma em sangue e, louco de fúria, cortarei a garganta de qualquer inimigo que me cair nas mãos. [...] Sinto minhas narinas dilatadas pelo cheiro acre da pólvora e do sangue do inimigo morto. Agora meu corpo se contorce, pronto para a luta, e eu preparo meu ser como se ele fosse um lugar sagrado, de modo que nele o uivar bestial do proletariado triunfante possa ressoar com novas vibrações e novas esperanças. [47]

Che chegou a Cuba no fim de 1956. Era um dos 81 guerrilheiros que acompanhavam Fidel Castro na travessia do México à ilha de Cuba a bordo do *Granma*, o iate que depois daria nome ao jornal oficial cubano. O grupo sofreu um ataque do Exército, obrigando os poucos sobreviventes a se esconder na Sierra Maestra. Foi ali que Che começou a realizar seus desejos. Logo de início, revelou traços típicos dos piores ditadores comunistas: o controle extremo da conduta individual, a paranoia com a traição e o fato de considerar o ideal da revolução acima de qualquer regra de convivência. "Poucos homens estavam imunes ao olhar desconfiado de Che", conta o biógrafo John Lee Anderson, que completa:

> **"** Havia um nítido zelo calvinista na perseguição movida por ele aos que se desviavam do 'caminho correto'. Che abraçara fervorosamente la Revolución como corporificação definitiva das lições da História e como o caminho correto para o futuro. Agora, convencido de que estava certo, olhava em volta com os olhos implacáveis de um inquisidor em busca daqueles que poderiam pôr em perigo a sobrevivência da Revolução.[48]

O primeiro cubano morto diretamente por Che Guevara foi Eutimio Guerra, um camponês que servia de guia aos guerrilheiros na Sierra Maestra. Acusado de ser informante das Forças Armadas, ele teve a pena de morte autorizada por Fidel em fevereiro de 1957. A identidade do executor de Eutimio ficou em segredo por quarenta anos. Só em 1997, depois que o biógrafo John Lee Anderson conseguiu com a viúva de Che o original de seu diário, foi possível saber quem o matou. O guerrilheiro conta que, no momento de sua execução, um forte temporal caía sobre a serra. Como ninguém se dispunha a cumprir a ordem, ele tomou a iniciativa. Repare na frieza da narrativa:

> **"** Era uma situação incômoda para as pessoas e para [Eutimio], de modo que acabei com o problema dando-lhe um tiro com uma pistola calibre 32 no lado direito do crânio, com o orifício de saída no temporal direito. Ele arquejou um pouco e estava morto. Ao tratar de retirar seus pertences, não consegui soltar o relógio, que estava preso ao cinto por uma corrente e então ele [ainda Eutimio] me disse, numa voz firme, destituída de medo: 'Arranque-a fora, garoto, que diferença faz...'. Assim fiz, e seus bens agora me pertenciam. Dormimos mal, molhados, e eu com um pouco de asma.[49]

No diário de Che, não há sinal de culpa ou de alguma inquietação quanto à execução. Horas depois da morte do camponês, seus interesses já eram outros. "Se Che ficou perturbado com o ato de executar Eutimio, no dia seguinte não havia qualquer sinal disso", escreve Anderson. "No diário, comentando a chegada à fazenda de uma bonita ativista do 26 de Julho, escreveu: '[Ela é uma] grande admiradora do Movimento, e a mim parece que quer foder mais do que qualquer outra coisa'."[50]

Segundo o Arquivo Cuba, foram pelo menos 22 execuções na Sierra Maestra entre 1957 e 1958. Quase todas as vítimas eram membros do próprio grupo rebelde de Fidel Castro e Che Guevara – três acusados de querer abandonar o grupo, oito considerados suspeitos de colaborar com o Exército e os outros onze mortos por cometer crimes ou por razões desconhecidas.

No dia a dia de paranoias e crises de confiança entre os guerrilheiros da Sierra Maestra, Fidel Castro tinha de segurar a onda de Che Guevara. O argentino com frequência sugeria acabar com companheiros diante da menor desconfiança. Depois que os guerrilheiros ganharam comida na casa de uma família de camponeses e passaram mal, Che disse a Fidel para que voltassem lá para tirar satisfações – Fidel o deteve. A pressa em resolver as coisas à bala recaía até mesmo sobre companheiros antigos, como José Morán, "El Gallego", um veterano do *Granma*. Diante da suspeita de que Morán traía o grupo, Che queria logo executá-lo. "É muito difícil saber a verdade sobre o comportamento do Gallego, mas para mim trata-se simplesmente de uma deserção frustrada", escreveu em seu diário. "Aconselhei que ele fosse morto ali mesmo, mas Fidel descartou o assunto." Fidel acabaria se tornando o líder do regime não democrático mais duradouro do século 20. Imagine se Che tivesse assumido esse posto.

Che também foi tirano com seus companheiros na Bolívia. Segundo o brasileiro Cláudio Gutierrez, participantes do grupo de Che "foram executados pelos próprios companheiros de esquerda incrivelmente pelo consumo escondido, e solitário, de latas de leite condensado". Entre os mortos estaria Luís Renato Pires de Almeida, que até hoje consta na lista de vítimas da ditadura militar brasileira...[51]

É uma história horripilante e difícil de acreditar, mas foi divulgada pela Comissão Interamericana de Direitos Humanos, a mesma entidade que denunciava os crimes das ditaduras militares da América do Sul e que até hoje pressiona os governos para punir os carrascos daquela época. No item E do relatório divulgado pela organização em 7 de abril de 1967, há a denúncia da extração de sangue de condenados à morte em Cuba. Pouco antes de fuzilar os condenados, os algozes do presidio de La Cabaña retiravam o sangue das vítimas.

OS VAMPIROS REVOLUCIONÁRIOS

"No dia 27 de maio, 166 cubanos civis e militares foram executados e submetidos aos processos de extração de sangue, a uma média de 7 pintas por pessoa [cerca de 3 litros]", afirma o relatório. "Este sangue é objeto de venda no Vietnã comunista por 50 dólares a pinta, com o objetivo duplo de prover-se de dólares e contribuir com o esforço do vietcongue." Com tanto sangue extraído, as vítimas eram levadas ao paredão já desmaiadas ou inconscientes. Conforme a Comissão, hematólogos cubanos e soviéticos trabalhavam no presidio de La Cabaña para analisar o material colhido e conservar sua qualidade. Como até hoje o governo cubano não foi submetido a investigações internacionais, não se pode atestar se a denúncia é ou não fundamentada na realidade. Mas a história do mundo mostra que, em se tratando de regime comunista, tudo é possível.[52]

Fidel, porém, às vezes se distanciava, deixando Che sozinho com seu pelotão. Em 1958, o argentino liderou a tomada da cidade de Santa Clara, o maior obstáculo entre os guerrilheiros e Havana. De acordo com a organização Arquivo Cuba e dezenas de dissidentes cubanos, a invasão foi seguida por uma onda incontrolável de execuções. Policiais da cidade e moradores acusados de colaborar com o governo de Fulgencio Batista foram mortos na rua. Che ficou dois dias e meio na cidade e logo seguiu caminho para Havana. Antes de ir embora, ordenou diversas execuções a serem cumpridas por seus subordinados. Matou ou ordenou que matassem dezessete moradores. A decisão de tantas mortes não foi baseada em julgamento nem houve qualquer possibilidade real de defesa. Domingo Álvarez Martínez, do serviço de inteligência das Forças Armadas, cuja sentença de morte foi assinada por Che em 4 de janeiro de 1959, foi morto na frente do filho de 17 anos.

Logo depois, em janeiro de 1959, Che foi nomeado comandante do presídio do Forte de La Cabaña e chefe dos Tribunais Revolucionários que aconteciam ali. Eram enviados para aquele presídio militares, políticos anticomunistas, companheiros rebeldes que divergiram da cúpula da revolução, cidadãos que oferecessem resistência à nova ordem revolucionária e até mesmo parentes de opositores que haviam fugido da ilha. Os números de mortos do período em que La Cabaña era chefiada por Che variam muito. O Arquivo Cuba lista o nome de 104 vítimas. Já os cubanos que foram presos ou trabalharam no presídio falam em até oitocentas mortes até o fim de 1959. Para o cargo de juiz dos Tribunais Revolucionários, Che designou Or-

---

Até então, a pena de morte era proibida. Só tinha sido praticada contra um espião alemão, capturado em Cuba durante a Segunda Guerra. A Constituição criada por Che e Fidel, em fevereiro de 1959, fez a pena capital, prática tão odiada pelos admiradores de Che, voltar à ilha.

lando Borrego, um rapaz de 23 anos sem qualquer formação em direito. José Vilasuso, que tinha acabado de se formar advogado, virou assistente na preparação das sentenças. É bom preparar o estômago antes de ler o que Vilasuso, décadas depois, lembra daquela época:

> Muitas pessoas se reuniam no escritório de Che Guevara e participavam de agitadas discussões sobre a Revolução. No entanto, as falas de Che costumavam ser cheias de ironia – ele nunca mostrava nenhuma alteração de temperamento ou dava atenção a opiniões diferentes. Ele dava reprimendas em particular e em público, chamando a atenção de todos: 'Não demorem com esses julgamentos. Isso é uma revolução: provas são secundárias. Temos que agir por convicção. Eles são uma gangue de criminosos e assassinos'.
>
> As execuções aconteciam nas primeiras horas da manhã. Assim que uma sentença era transmitida, os parentes e amigos caíam em prantos horríveis, suplicando piedade para seus filhos, maridos etc. Diversas mulheres tinham que ser tiradas de lá à força. Aconteciam de segunda a sábado, e em cada dia um a sete prisioneiros eram executados, às vezes mais. Casos de pena de morte tinham carta branca de Fidel, Raúl ou Che e eram decididos pelo tribunal ou pelo Partido Comunista. Cada membro do esquadrão da morte ganhava quinze pesos por execução. Os oficiais, vinte.
>
> Em frente ao paredão, cheio de buracos de balas, eram abandonados os corpos agonizantes, amarrados em paus, banhados em sangue e imóveis em posições indescritíveis, com mãos convulsivas, expressões tenebrosas de choque, mandíbulas fora do lugar, um buraco onde antes havia um olho. Alguns dos corpos, por causa do tiro de misericórdia, tinham o crânio destruído e o cérebro exposto.

Testemunhar tal carnificina é um trauma que vai me acompanhar a vida toda – e é minha missão tornar esses fatos conhecidos. Durante aquelas horas as paredes daquele castelo medieval abrigavam ecos dos passos das tropas, o ruído dos rifles, as vozes de comando, o ressoar dos tiros, o gemido dos moribundos e os gritos dos oficiais e guardas depois dos tiros de misericórdia. Um silêncio macabro que consumia tudo.

Nem menores de idade ficavam de fora da pena de morte instituída por Che Guevara. No fim de 1959, um garoto de 12 ou 14 anos chegou ao presídio de La Cabaña sob a acusação de ter tentado defender o pai antes que os revolucionários o matassem. Dias depois, o garoto foi levado ao paredão com outros dez prisioneiros. "Perto do paredão onde se fuzilava, com as mãos na cintura, caminha Che Guevara de um lado para o outro", escreveu Pierre San Martín, um dos prisioneiros de La Cabaña. "Deu a ordem para trazer antes o garoto e o mandou se ajoelhar diante do paredão. O garoto desobedeceu à ordem com uma valentia sem nome e ficou de pé. Che, caminhando por trás do garoto, disse: 'Que garoto valente'. E deu um tiro de pistola na nuca do rapaz."

Outro jovem assassinado ali foi Ariel Lima Lago, que tinha sido colaborador da própria guerrilha de Che Guevara. Captu-

---

A Fortaleza de San Carlos de La Cabaña, em Havana, pode ser facilmente visitada por turistas. Construída no século 18, ela sedia todas as noites, às 20h30, o cañonazo, em que homens vestidos de soldados espanhóis simulam um tiro de canhão. Antes de Guevara, os ditadores Gerardo Machado e Fulgencio Batista também a usaram como prisão.

Assassinos de renome internacional ajudaram Che e Fidel nos expurgos. O americano Herman Marks, condenado por assalto, roubo e estupro, virou um dos principais atiradores de La Cabaña. Os revolucionários também abrigaram o comunista espanhol Ramón Mercader – ele mesmo, o homem que em 1940 matou León Trótski, no México.

rado pelos policiais de Fulgencio Batista em 1958, foi torturado e forçado a dizer onde seus companheiros estavam. Para fazê-lo falar, os policiais levaram à prisão a mãe do rapaz, deixaram-na nua e disseram ao rapaz que iam estuprá-la caso ele não desse as respostas. Ariel não teve alternativa. Sua mãe foi liberada, mas ele seguiu preso. Quando a revolução tomou o poder, Ariel passou da prisão de Batista para a prisão comunista de La Cabaña. Sua mãe implorou ao próprio Che Guevara para que não o condenassem à morte, sem sucesso.[53]

É claro que se pode questionar essas informações – talvez sejam mesmo só boatos, mentiras e intrigas daqueles cubanos que se viram em desvantagem com o golpe de Fidel Castro. Do mesmo modo, há quem considere pura invenção os relatos de mortes e torturas cometidas pelo regime militar do Brasil ou da Argentina. Acontece que o próprio Che Guevara pregava a necessidade das execuções, dava detalhes sobre elas em seu diário e admitia as mortes em público sem o menor pudor. Além das declarações acima, há a mais evidente de todas. Anos depois da Revolução Cubana, já guerrilheiro famoso com a tomada de poder em Cuba, Che rodou o mundo propagandeando o comunismo. Participou em 1964 da Conferência das Nações Unidas, em Nova York. Durante o discurso, disse: "Fuzilamentos? Sim, temos fuzilado. Fuzilamos e seguiremos fazendo isso enquanto for necessário. Nossa luta é uma luta à morte".

Como se vê, os paredões e as execuções sumárias cometidas por Che Guevara não são novidade. Ele deixou claro ter

---

Não caia na roubada de perguntar a um gari em Havana se era mesmo em La Cabaña que Che realizava seus fuzilamentos. "Che nunca matou ninguém", gritou o funcionário para um dos autores deste livro em 2010. Logo em seguida, comunicou o fato a um guarda, que ficou no encalço do arrependido jornalista.

diversos argumentos racionais para a violência, não sofria com dilemas morais ao matar e até se orgulhava de ter cometido assassinatos de motivação política. Essas frases e histórias estão disponíveis a qualquer pessoa que se interesse pela vida do guerrilheiro tanto em vídeos de seus discursos na internet quanto nos seus diários. Até mesmo as biografias mais adulatórias deixam passar um pouco de sua psicopatia. Por isso não dá para entender por que Che Guevara, um homem envolvido em pelo menos 144 mortes, segundo o maior banco de dados sobre as ditaduras da direita e da esquerda em Cuba, é reverenciado justamente por ativistas que fazem protestos politicamente corretos contra a pena de morte, a tortura, a redução da maioridade penal e a perseguição política. O movimento Madres de La Plaza de Mayo, que tenta promover o julgamento e a condenação de assassinos políticos na Argentina, inclui a íntegra de textos de Che numa de suas publicações, dá cursos sobre ele e divulga livros sobre as boas intenções do guerrilheiro. O grupo Tortura Nunca Mais, que pede a punição de pessoas responsáveis por mortes e desaparecimentos durante a ditadura militar do Brasil, deu a Che Guevara, em homenagem póstuma no ano de 1997, a Medalha Chico Mendes de Resistência. Segundo o grupo, o mérito é concedido (sem ironia) a pessoas que lutaram ou lutam pelos direitos humanos. Contradições assim sugerem o seguinte: ou esses ativistas não sabem quem foi Che Guevara, ou não são realmente contrários aos assassinos e aos torturadores. São contrários apenas a assassinos e torturadores com quem não concordam.

CHE E OS TRABALHADORES

Seria uma cena um tanto curiosa e divertida se, durante a reunião de algum sindicato de trabalhadores na região do ABC, em São Paulo, um dos participantes pedisse a palavra e fizesse três audaciosas propostas:

1. Companheiros! Não é correto aumentar o salário de quem trabalha mais. É preciso – isso sim – cortar o salário daqueles que menos produzem.
2. É essencial continuarmos na fábrica durante as férias mesmo sem ganhar mais por isso. Os nossos dirigentes precisam agir com mais ênfase quando nos pedem para fazer trabalho voluntário nas férias.
3. O governo, companheiros, precisa castigar aqueles trabalhadores que não cumprem seu dever. Aqueles que se mostram mais preguiçosos precisam passar por uma reeducação ideológica.

São propostas tão fora de contexto que os dirigentes sindicais provavelmente nem fariam reprimendas – apenas olhariam perplexos para o estranho sujeito. "Como poderia um companheiro ter tão pouca noção e vir à sede do sindicato defender propostas tão estúpidas e contrárias aos legítimos interesses dos trabalhadores?", alguém pensaria. Claro que aquele homem não seria aplaudido nem ganharia opiniões a favor, mesmo que tivesse barba, fumasse charutos, usasse uma boina preta e se chamasse Che Guevara.

No fim de 1959, Che deixou a direção do presídio do Forte de La Cabaña. Passou a ocupar o cargo de presidente do Banco Nacional e, logo depois, o de ministro da Indústria de Cuba.

Durante quatro anos, coube a ele repensar todo o sistema monetário da ilha, as recompensas aos trabalhadores e o critério para definir o preço de milhões de produtos. Durante essa experiência administrativa, o guerrilheiro produziu textos impagáveis sobre economia. Estão lá as três propostas mencionadas na página anterior. Contrário ao uso de incentivos materiais aos trabalhadores, para ele herança maldita do capitalismo, Che tentava achar um meio de incentivar os cubanos a trabalhar e desenvolver seu conhecimento profissional. Os modos que sugere para resolver esse problema são o controle, a punição e o castigo. "O importante é destacar o dever social do trabalhador e castigá-lo economicamente quando não o cumprir", escreveu ele na *Nota sobre o Manual de Economia Política da Academia de Ciências da URSS*. "O não cumprimento da norma significa o não cumprimento de um dever social; a sociedade castiga o infrator com o desconto de uma parte de seus rendimentos. Aqui é onde devem se juntar a ação do controle administrativo com o controle ideológico."

Em diversas passagens, Che atribui à educação o papel fundamental de fazer as pessoas se disciplinarem e encararem o trabalho como um sacrifício, sem se importarem com interesses individuais. Segundo ele, a sociedade socialista "deve exercer a coerção dos trabalhadores para implantar a disciplina, mas fará isso auxiliada pela educação das massas até que a disciplina seja espontânea".[54] A disciplina deveria ser a ponto de fazer os trabalhadores abrirem mão das férias e voltarem à fábrica sem ganhar mais por isso. Numa reunião administrativa de outubro de 1964, o governante disse aos seus companheiros que "é necessário estabelecer uma campanha para o trabalho nas fábricas durante as férias, instrução que já foi dada aos diretores".

As regras econômicas estabelecidas por um governo não são brincadeira: determinam o poder dos cidadãos de pagar suas contas em dia e ter mais ou menos acesso a coisas que consideram seu bem-estar. Dependendo das decisões econômicas do governo, um pai de família pode levar os filhos para a primeira viagem de avião ou perder o emprego. Liderar a economia de um país, portanto, é um trabalho que exige responsabilidade. Quem não tem experiência ou conhecimento na área não deve, por respeito aos habitantes, aceitar ser ministro ou chefe de instituições financeiras. Che Guevara não teve esse cuidado. Depois de aceitar ser chefe do Banco Central de Cuba é que foi ter aulas de matemática e princípios básicos de diplomacia e economia.[55] Não deu certo.

Nos quinze meses em que foi diretor do Banco Nacional, Che ia trabalhar vestido com seu uniforme militar verde-oliva e revólver na cintura. É difícil imaginar um chefe mais arrogante. Ele fazia convidados e subordinados esperarem horas para serem atendidos e os recebia com a prepotência dos pés sobre a mesa de trabalho.[56] Ignorava as tarefas de seus funcionários, reduziu os ganhos de quase todos eles e convocou espiões para perseguir as pessoas das quais desconfiava. Uma delas foi o economista José Illan, ex-vice-ministro de Finanças do governo provisório de Cuba. "Che era um médico que tinha a presunção de saber tudo, mas não era minimamente preparado para os cargos aos quais foi nomeado", afirma ele. Logo depois de assinar um decreto que desagradou Che, o economista Illan foi ameaçado de prisão e precisou fugir da ilha com a família. Assim como ele, mais da metade dos funcionários abandonou o banco em menos de um ano. "Não me importa, podem ir, traremos estivadores e canavieiros para fazer aqui o trabalho do campo", disse Che ao subdiretor do banco, Ernesto Betancourt.[57]

Na mesma época, Che foi diretor do Departamento de Indústria do Instituto Nacional da Reforma Agrária. Teve ali a ideia de diversificar a economia cubana reduzindo a área cultivada de cana-de-açúcar. A dependência da economia cubana das exportações de açúcar incomodava os cubanos havia décadas: 80% das exportações vinham dos canaviais. O resultado da tática, porém, foi o colapso da indústria de açúcar sem o crescimento de outras atividades. A safra de cana costumava ultrapassar 6 milhões de toneladas antes da revolução – em 1963, já tinha diminuído para 3,8 milhões. Até então, Cuba vendia açúcar com ágio para os americanos, ou seja, acima da média do preço mundial. A medida, que fazia mais dólares chegarem à ilha, vinha de um acordo com os Estados Unidos para proteger os produtores americanos de açúcar de beterraba. Levando adiante seu anti-imperialismo, Che preferiu vender mais barato, proibindo o ágio e reduzindo o volume de exportação para os americanos. Não deu certo.

Seus planos de incentivo aos trabalhadores também fracassaram. Em 1961 e 1962, simplesmente metade da produção de frutas e verduras apodreceu no pé porque não havia trabalhadores no lugar certo para fazer a colheita. Como consequência, Che instituiu o documento que infernizaria a vida dos cubanos a partir de então: o carnê de racionamento para combater a escassez de alimentos. Menos de dois anos depois da revolução, já faltavam na ilha de Cuba arroz, feijão, ovos, leite, todos os tipos de carnes e óleo. Foi como se os projetos econômicos de Cuba tivessem sido traçados por alguém sem a menor noção de economia.

Quando alguém oferecia Coca-Cola a Che Guevara, ele costumava recusar com veemência: considerava-se diante da água negra do imperialismo.[58] Durante o tempo em que foi ministro da Indústria, Che logo tratou de estatizar a fábrica da bebida instalada em Cuba. Para sua decepção, porém, a coca-cola socialista que passou a ser produzida nas fábricas estatais cubanas ficava muito longe da original. Irritado com o gosto de água suja do refrigerante estatal, ele resolveu visitar a fábrica para perguntar aos administradores por que produziam algo tão ruim. A resposta foi óbvia e clara: o próprio Che tinha expulsado do país os chefes da indústria, que levaram com eles a fórmula do refrigerante.[59]

ÁGUA NEGRA DO IMPERALISMO

Muitos anos depois, na Venezuela, o presidente Hugo Chávez foi mais precavido. No início de seu governo, diante de greves em todo o país, Chávez mandou militares à fábrica da Coca-Cola. Não para invadir a empresa e nacionalizá-la. Mas para impedir que a produção do refrigerante fosse interrompida.[60] Durante seu governo, que acabou com sua morte em 2013, protestos organizados por sindicalistas chavistas até podiam parar a produção de vez em quando. Estavam autorizados a fazer isso, contanto que não impedissem os caminhões de sair do armazém repletos de garrafas cheias.

Mas Che não se deu por vencido. Em 1961, chegou ao ponto máximo de poder: tornou-se ministro da Indústria. Completou nesse cargo as atitudes infalíveis para provocar a ruína econômica de um país. Suas ordens passaram a influenciar 150 mil funcionários de 287 empresas estatizadas, incluindo toda a indústria açucareira e as companhias elétrica e telefônica. Assumiu o cargo dando ideias e anunciando projetos: determinou uma meta de crescimento de Cuba de 15% ao ano e previu a autossuficiência do país em alimentos e matérias-primas agrícolas, a produção de 9,4 milhões de toneladas de açúcar e o aumento do consumo de alimentos em 12% ao ano. Decidiu ainda importar uma fábrica obsoleta da Checoslováquia para produzir geladeiras e cafeteiras e ordenou a produção de ferramentas, sapatos e lápis.

De novo, não deu certo. Com menos dólares provenientes da exportação de açúcar, o país ficou sem dinheiro para investir na industrialização. Como os grandes empreendedores já tinham ido embora, sido expulsos ou presos pelo regime, não havia pessoal qualificado para tocar as fábricas nem matéria-prima para a produção. Mesmo as fábricas que permaneceram abertas deixaram de produzir como antes por falta de matéria-prima ou de interesse dos administradores. Che deparou-se com esse problema ao perceber que a fábrica estatizada de refrigerantes não fazia produtos tão bons quanto a Coca-Cola (*veja quadro na página anterior*). Itens industrializados básicos, como sabão em pedra, detergente, sapatos e pasta de dente, viraram raridade.

Não só Fidel e Che, mas outros líderes da América Latina tomaram o que chamamos de As Três Atitudes Infalíveis para a Ruína Econômica: 1) Estatizar empresas e atrapalhar a vida de agricultores e empresários locais, dificultando a produção de bens. 2) Confiscar propriedades, espantando investimentos nacionais e estrangeiros. 3) Com a baixa da arrecadação causada pelos itens 1 e 2, imprimir mais dinheiro para cobrir os gastos crescentes, criando inflação.

Já naquela época os líderes cubanos criaram a ladainha de responsabilizar o embargo imposto pelos Estados Unidos pelo lamaçal da economia cubana. Em julho de 1960, depois de ter notícia dos fuzilamentos em La Cabaña e de assistir a refinarias de petróleo, lojas e terras de americanos serem confiscadas sem o pagamento de indenizações, o governo dos Estados Unidos rompeu relações com Cuba e deixou de fazer as habituais compras de açúcar. Nos meses seguintes, interromperia todos os acordos econômicos com a ilha. Esta decisão fragilizou ainda mais a já destruída economia cubana, mas não se pode dizer que Che e Fidel Castro não imaginassem que isso aconteceria – e que não tenham agido deliberadamente para cortar relações com os Estados Unidos. "Che provocou o embargo", afirma o escritor cubano-americano Humberto Fontova, autor da biografia *O Verdadeiro Che Guevara*.[61] Em diversas passagens de seus textos, o guerrilheiro deixou evidente que não esperava manter relações com o vizinho:

> Os países socialistas têm o dever moral de pôr fim à sua cumplicidade tácita com os países exploradores do Ocidente.[62] [...]
>
> Ao focar a destruição do imperialismo, há que identificar sua cabeça, que outra coisa não é senão os Estados Unidos da América do Norte.[63] [...]
>
> Toda a nossa ação é um grito de guerra contra o imperialismo e um clamor pela unidade dos povos contra o grande inimigo da espécie humana: os Estados Unidos da América do Norte.[64]

Com o passar dos anos, a virulência e o otimismo dos discursos do ministro da Indústria deram lugar a explicações e pedidos de paciência ao povo cubano. Ficou claro para todos, como o próprio Che disse num discurso na TV cubana, que ele havia traçado "um plano absurdo, desligado da realidade, com metas inatingíveis e prevendo recursos que não passavam de um sonho".[65] A partir de 1963, as divagações sobre a catástrofe da economia se tornaram frequentes. "Para um país com a economia baseada na monocultura, querer 15% de crescimento era simplesmente ridículo", disse. "Cometemos o erro fundamental de desprezar a cana-de-açúcar." Os problemas vinham de longe: já em 1961 ele se mostra perdido na crença de que uma pessoa poderia controlar a produção de tudo:

> Agora há pouco, vocês me receberam com um aplauso forte e caloroso. Não sei se foi como consumidores ou simplesmente como cúmplices. Acho que foi mais como cúmplices. Cometeram-se erros nas indústrias que resultaram em falhas consideráveis no abastecimento da população. [...] Atualmente há escassez de pasta de dentes. É preciso saber por quê. Há quatro meses, houve paralisação da produção. Mas ainda havia algum estoque. Não foram adotadas as medidas urgentes que eram necessárias justamente porque o estoque era grande. Mas logo o estoque começou a baixar, e as matérias-primas não chegaram. Até que chegou a matéria-prima, um sulfato de cálcio fora das especificações.[66]

Quem sustentou a ineficiente economia da ilha e ajudou a prolongar o sistema por décadas foi a União Soviética. O bloco socialista passou a comprar a produção de açúcar, criando um mercado garantido no longo prazo, e deu um crédito quase infinito para Cuba reorganizar suas contas externas – e comprar pasta de dente. Com a mesada vinda do leste, os planos de industrialização ficaram para trás. Che, que reclamava da dependência econômica dos Estados Unidos, teve de aturar a dependência econômica da URSS. Tratava os oficiais soviéticos com pavio curto – chegou a estender uma pistola a um intérprete soviético e sugerir que ele se suicidasse[67] – e insistia em acreditar que resolveria os problemas econômicos discursando aos trabalhadores nas fábricas. Isolado do governo, passou a viajar cada vez mais e, em 1965, foi para a África tentar implantar outra revolução comunista.

Se a economia cubana ficou às moscas naquela época, piorou muito nos anos 1990, com o fim do comunismo no Leste Europeu. A produção de açúcar, antes da revolução uma das mais dinâmicas do mundo, não conseguia mais competir com a agricultura modernizada dos vizinhos. Um detalhado estudo de 1998 mostrou que Cuba foi um dos raros países da América Latina onde o consumo de alimentos diminuiu em quatro décadas. Em 1950, de acordo com dados da Organização das Nações Unidas, Cuba estava em terceiro no ranking da América Latina de consumo per capita de calorias. A partir de então, enquanto o consumo entre os colombianos passou de 2 mil para 2.800 calorias diárias, os cubanos passaram de 2.700 para 2.300 calorias. Também caiu o consumo de cereais e verduras por habitante, e o de carnes teve uma queda assustadora de 33 para 23 quilos por ano. Foi assim em toda a economia. Enquanto novos membros da classe média do restante da América Latina financiavam o primeiro carro zero, Cuba foi o único país em que o número de carros por habitantes caiu.[68]

Ainda hoje o problema persiste. As calorias de produtos animais caíram quase pela metade em relação aos níveis de 1980.[69] Se na época de Che Guevara reclamava-se que Cuba tinha de importar produtos industrializados, hoje a ilha precisa comprar de fora até mesmo alimentos. Cerca de 80% do que os cubanos comem vem de fora. O grande vilão imperialista, os Estados Unidos, fornece 30% dos alimentos que chegam à mesa dos cubanos. A despeito do embargo econômico, só em 2009 foram 490 milhões de dólares em produtos agrícolas exportados por americanos para Cuba.

Para quem se preocupa com a prosperidade dos cidadãos, fazendo a opção politicamente correta de ficar do lado dos pobres, e se importa com o acesso das pessoas a comida e itens básicos para o bem-estar, esses números e essas histórias mostram que é preciso se opor radicalmente a Che Guevara, suas ideias e suas ações. Países vizinhos do Caribe obtiveram avanços nas áreas da saúde e da educação e tiraram milhões de pessoas da pobreza sem que o governo precisasse manter por tantas décadas um sistema que barra a diversidade de opiniões, impede os cidadãos de sair do país e divide famílias.

É claro que não se pode culpar só as trapalhadas do ministro Che Guevara pela tragédia da economia cubana. Em nenhum lugar do mundo socialismo ou comunismo (segundo Fidel Castro, é tudo a mesma coisa) levaram a um modelo econômico eficiente, melhoraram as condições de vida da população ou levaram a um sistema político democrático. Sempre falham em seus objetivos porque têm como princípio acabar com os motores mais básicos da economia, como a possibilidade de ter um ganho individual e o direito de propriedade. A prosperidade de um país depende, entre outros fatores, da segurança de proprietários, geradores de riqueza e investidores de que não verão os frutos de seus esforços ameaçados ou confiscados pelo governo. Do contrário, se sentem sua riqueza em perigo, deixam de investir e poupar dentro do país. Foi o que aconteceu em todo o continente nos últimos séculos. "A persistência em violar os direitos de propriedade na América Latina, que em alguns casos dura até hoje, cria condições de insegurança permanente para a poupança e investimentos e estimula a fuga de capitais em busca do domínio da lei", afirma o economista Jorge Domínguez no livro *Ficando para Trás*, uma reunião de artigos que tenta explicar as origens do atraso latino-americano em relação aos Estados Unidos. Sem segurança de direito de propriedade, rompe-se todo o caminho que leva países à riqueza: investimentos de longo prazo, lucro e aumento dos níveis de poupança, mais acesso das pessoas ao crédito barato, mais investimentos, aumento da oferta de emprego e do salário, concorrência entre as empresas, que leva a reduções de preços e à melhora de serviços, aumento do poder de compra dos trabalhadores e o fim da pobreza.

O processo é lento, mas traz ganhos duradouros e não tira a liberdade dos cidadãos. Che Guevara, no entanto, dificilmente adotaria essa regra básica de prosperidade. Ela implica reconhecer que pequenos, médios e grandes empresários e geradores de riqueza não são todos vilões – pelo contrário, eles são, em geral, peça importante para tirar os pobres da miséria. Che era orgulhoso demais para admitir coisas assim – e movido não tanto pelo desejo de aliviar as dores dos latino-americanos, mas pelo ódio a indivíduos e países enriquecidos. De fato, cumpriu seu objetivo: fez um estrago danado entre as famílias prósperas de Havana. Mas deu o mesmo rumo para o restante dos cubanos.

É uma pena Che ter deixado Buenos Aires em 1953 para iniciar sua segunda viagem pela América (viagem que o levaria a Cuba). Se ficasse mais alguns anos na Argentina, o guerrilheiro teria a chance de ouvir uma célebre série de palestras sobre princípios básicos de economia e liberdade. No fim de 1958, o economista austríaco Ludwig von Mises passou por Buenos Aires e fez seis conferências a centenas de jovens argentinos – conferências que se tornariam um de seus melhores livros. Se desse a sorte de estar por ali, Che descobriria, no segundo dia de palestras de Mises, como tentar melhorar o mundo sem impor um ideal de felicidade:

> **❝** Liberdade significa realmente liberdade para errar. Podemos ser extremamente críticos com relação ao modo como nossos concidadãos gastam seu dinheiro e vivem sua vida. Podemos considerar o que fazem absolutamente insensato e mau. Numa sociedade livre, todos têm, no entanto, as mais diversas maneiras de manifestar suas opiniões sobre como seus concidadãos deveriam mudar seu modo de vida: eles podem escrever livros; escrever artigos; fazer conferências. Podem até fazer pregações nas esquinas, se quiserem – e faz-se isso, em muitos países. Mas ninguém deve tentar policiar os outros no intuito de impedi-los de fazer determinadas coisas simplesmente porque não se quer que as pessoas tenham a liberdade de fazê-las.[70]

Pensando bem, na próxima vez que você se deparar com Che Guevara numa camiseta, na capa de um álbum de rock ou no biquíni de uma modelo, veja ali uma boa notícia. A imagem é uma prova de que você vive em um sistema mais livre que o defendido por Che. No bom, velho e tão criticado capitalismo democrático, as pessoas estão livres para fazer da vida o que acharem melhor, inclusive errar. Podem ver filmes ruins (não só aqueles aprovados pelo governo), deixar de pentear o cabelo ou trabalhar dezesseis horas por dia para comprar um carro novo. Podem até mesmo sair por aí vestindo a camiseta com a imagem de um dos assassinos mais patéticos do século 20.

ASTE CAS INCAS MAIAS

OS ÍNDIOS CONQUISTADORES

Repare nas seguintes afirmações:

> " Quero dizer a vocês, sobretudo aos irmãos indígenas da América concentrados aqui na Bolívia: a campanha de quinhentos anos de resistência indígena, negra e popular não foi em vão. [...] Não vamos permitir mais humilhações e dores para o nosso povo. Faz mais de quinhentos anos que esperamos a verdadeira liberdade.[1]
>
> **Evo Morales, presidente da Bolívia**

> " O corpo nu dos índios não ofereceu resistência ao aço afiado dos europeus; com suas espadas a infantaria espanhola enfim conseguiu deter aquela torrente humana.[2]
>
> **William H. Prescott, historiador americano do século 19**

> " Depois da queda e do extermínio das sociedades nativas, veio a hora dos colonos europeus e a da apropriação das terras dos nativos e dos recursos naturais.[3]
>
> **BBC, rede de comunicação inglesa**

As frases que abrem este capítulo refletem a ideia da conquista espanhola que boa parte das pessoas tem em mente. Segundo esse modo de contar a história, os europeus agiram na América como homens a um degrau da onipotência. Seus cavalos, suas "armas, germes e aço", como no título de um famoso livro que, entre diversos temas, fala sobre a conquista, deram a eles a capacidade de dominar hordas de nativos indefesos. Tirando proveito dos conflitos locais, os espanhóis conseguiram ajudantes e guerreiros para destruir, sem piedade, as grandes cidades indígenas e capturar seus soberanos. A partir de então, a conquista estava estabelecida; os recém-chegados trataram de escravizar, retirar o ouro e a prata, sugar os recursos naturais americanos. Aos índios, vulneráveis por terem contraído doenças trazidas pelos europeus e com armas inferiores, não houve alternativa senão obedecer aos espanhóis ou resistir em vão ao seu domínio.

Com uma ou outra variação, é assim que se conta a vitória de Hernán Cortés contra o líder dos astecas, Montezuma, e a de Francisco Pizarro contra o inca Atahualpa, no Peru. A conquista aparece como uma sequência de batalhas travadas entre dois grupos bem definidos. De um lado, há os espanhóis; de outro, os índios, sempre derrotados ou subservientes.

Pois experimente ver a conquista espanhola de um jeito diferente. Mais ou menos assim:

Há séculos, índios do mesmo grupo étnico e linguístico lutam entre si. Uma cidade-Estado ora batalha sozinha, ora se alia a outra para derrotar inimigos que também formaram uma aliança. Todos sabem o destino dos perdedores: pagar pesados tributos em forma de mercadorias, ser obrigados a migrar para regiões inóspitas e ver familiares serem enviados para sangrentos rituais de sacrifício. Os vencedores ainda reúnem guerreiros entre os derrotados para prosseguir com a conquista e construir um império. De repente, há uma novidade. Surgem indivíduos com barba, roupas estranhas, animais nunca antes vistos e armas mais ágeis – os espanhóis. As cidades que tentam escapar do império vizinho veem nesses homens estranhos aliados potenciais. Oficializam uma união com os recém-chegados e voltam à guerra. Acontece assim uma reviravolta. Depois de combinarem juntos as rotas e as estratégias, os novos aliados dominam o poderoso império opressor e, como mandava o costume nativo, reúnem guerreiros entre os derrotados para dominar outros povos. Os índios, antes ameaçados, agora têm orgulho de serem amigos dos espanhóis e de se intitularem "índios conquistadores".

Alguém poderá dizer que essa segunda versão é puro revisionismo dos dias atuais, uma tentativa politicamente incorreta de varrer fatos há tanto tempo conhecidos e atenuar as atrocidades sobre os povos nativos da América. A versão, porém, não é nova. Foi registrada há mais de quinhentos anos pelos próprios índios do México. Como se verá adiante, relatos como esse estão disponíveis em cânticos, altares, pedras, cartas e pinturas de tradição milenar – as mesmas obras que descrevem epopeias anteriores à chegada dos europeus.

A ideia dos espanhóis como guerreiros épicos e dos índios como ajudantes em segundo plano nasceu com os próprios exploradores europeus, no século 16. Para prestar contas de seus serviços de colonização, os conquistadores escreviam longas cartas para o rei espanhol. As *relaciones* ou *probanzas de mérito* detalhavam as batalhas e as descobertas com o objetivo disfarçado de fazer o rei conceder títulos de posse das terras conquistadas, cargos ou pensões reais. Havia ainda a expectativa de ver as cartas publicadas por alguma gráfica europeia, o que tiraria o autor do anonimato. Era preciso, portanto, ser fiel ao estilo de epopeia, atribuir a conquista à genialidade dos próprios atos e à ajuda divina; enfim, buscava-se tornar o cotidiano mais heroico (tarefa nada difícil em se tratando da descoberta de um continente e de um novo tipo de ser humano). Os relatos de Hernán Cortés dirigidos ao rei Carlos V se tornaram sucessos editoriais. Esses textos, ao lado das cartas de

---

Traduzidas para cinco idiomas, as cartas de Cortés fizeram tanto sucesso que chegaram a ser proibidas pela corte espanhola, preocupada com o culto excessivo do povo ao conquistador.

Bernal Díaz del Castillo e Francisco López de Gómara, no caso do México, de Francisco de Xerez, secretário pessoal de Pizarro, e de Pedro Cieza de León, no Peru, criaram a ideia da conquista como uma sequência de grandiosas vitórias militares vencidas por um punhado de espanhóis cheios de bravura e fé. "Quantos dos homens do universo demonstraram tanta audácia?", escreveu sobre si mesmo o conquistador Bernal Díaz del Castillo.[4]

Enquanto os relatos dos conquistadores destacavam seus atos de coragem, os frades dominicanos que vieram à América mostravam outro lado da história: o da morte dos índios. A conquista ganhou, nos relatos dos religiosos, a forma de uma sucessão de episódios de massacre e escravização dos nativos. Em tratados como a *Brevísima Relación de la Destrucción de las Indias*, o frade Bartolomé de las Casas conseguiu convencer o imperador espanhol Carlos V de que era urgente garantir direitos aos índios. Não sem sua dose de exagero, o frade descreveu os habitantes locais como parte de um rebanho pacífico e ingênuo. "Entre essas ovelhas mansas, dotadas de qualidades divinas, entraram os espanhóis, cruéis como lobos, tigres e leões há muitos dias famintos", escreveu Las Casas. "E outra coisa não fizeram os espanhóis senão despedaçá-las, matá-las, angustiá-las, afligi--las, atormentá-las e destruí-las."

As denúncias do frade dominicano foram reproduzidas com gosto pelos maiores adversários do reino espanhol – os protestantes. Com a conquista da América e a unificação a Portugal, em 1580, a Espanha teve em mãos um dos maiores impérios da história – um império católico. Entre os intelectuais europeus, se tornou estimulante falar mal de um império tão poderoso e dar uma exa-

---

Unido a Portugal, o reino espanhol tinha poderes sobre terras do Chile à Califórnia, do Brasil, das ilhas do Caribe, além de representações na África, na Índia, no Oriente Médio e nas ilhas que hoje formam as Filipinas e a Indonésia. Seu domínio ainda abrangia terras na Holanda, na Bélgica e no sul da Itália.

geradinha na crueldade dos conquistadores católicos. Protestantes holandeses, ingleses, franceses e germânicos trataram de destacar as mortes durante a conquista com o objetivo de invalidar o direito dos espanhóis sobre os territórios americanos. Como escreveu o historiador francês Pierre Chaunu, as denúncias dos padres se tornaram "armas de uma guerra psicológica das nações hostis".[5]

Surgiu, assim, o que o escritor espanhol Julián Juderías chamou, em 1914, de "lenda negra". Trata-se do costume de demonizar os conquistadores e exagerar a crueldade de suas ações, como se a conquista espanhola fosse um episódio dos mais lamentáveis da história. Desde que os pesquisadores se deram conta dessa lenda, o debate tem evoluído para uma visão mais equilibrada, segundo a qual nem os europeus eram lobos tão famintos nem os índios ovelhas tão mansas. "É claro que a descoberta da América e a sua conquista estiveram repletas de horrores, mas também de gestas gloriosas que não podemos deixar de lado", afirmou o escritor mexicano Octavio Paz, Prêmio Nobel de Literatura de 1990. "Aqueles que definem a conquista como um genocídio dos povos americanos cometem um erro grave."

Apesar dessa moderação intelectual, durante o século 20 o relato-denúncia da conquista seguiu fazendo sucesso na América Latina. Autores locais, aplicando a luta de classes à história, trataram de ressaltar o martírio e a resistência dos heroicos índios e camponeses perante a elite colonial ou republicana. Com essa inspiração, surgiu o katarismo, movimento dos índios bolivianos inspirado no revolucionário Túpac Katari. "Durante os tempos coloniais, nossa cultura não foi nem respeitada nem reconhecida – foi esmagada e subordinada", diz o Manifesto de

---

Túpac Katari foi um líder aimará que montou um cerco a La Paz em 1781. Seu grupo costumava incluir espanhóis, índios e mestiços que vestiam roupas à moda europeia. Nos dias de hoje, o líder indígena inspira o Exército Guerrilheiro Túpac Katari.

Tiwanaku, um dos primeiros documentos kataristas, de 1973.[6] Ainda hoje, a narrativa dos cruéis conquistadores alimenta discursos indignados, emociona e revolta o público no cinema. E elege presidentes.

Entre tantos relatos de diversas épocas, algumas semelhanças se mantiveram através dos séculos. Nas histórias dos conquistadores, dos jesuítas e dos marxistas do século 20, os personagens e a estrutura da história pouco mudaram: os espanhóis eram fortes; os índios raramente eram protagonistas de uma ação e quase sempre apareciam acompanhados de um verbo na voz passiva. O melhor exemplo disso são as declarações do presidente da Bolívia, Evo Morales. Só em seu discurso de posse, em 2006, ele se referiu aos índios usando os seguintes termos: "marginalizados", "humilhados", "odiados", "depreciados", "condenados à extinção", "submetidos à opressão", "jamais reconhecidos".

Isso agora está mudando. Nos últimos anos, com a análise mais atenta dos relatos espanhóis e a consulta a obras e documentos indígenas, os historiadores passaram a dar papéis muito mais relevantes aos índios. Sob essa nova óptica, diversos episódios do México, da Guatemala ou do Peru parecem agora resultado tanto da vontade e da influência dos índios quanto dos europeus. Entram nesse conjunto até mesmo grandes atrocidades que ocorreram durante a conquista. Essas novas interpretações corroem ideias que estruturam a historiografia tradicional – como a noção da onipotência dos espanhóis; de sua aparência de deuses; dos índios como excluídos das decisões políticas; dos estrangeiros e dos nativos como grupos coesos e donos de objetivos contrários; e até mesmo a ideia da conquista espanhola como uma sequência de batalhas. "Não houve 'nós' contra 'eles'", escreveu o pesquisador argentino Gonzalo Lamana, da Universidade de Pittsburgh, num livro cujo título diz tudo: *Domination without Dominance* [Dominação sem Domínio]. "Quase não houve episódio em que as tensões internas

72 GUIA POLITICAMENTE INCORRETO DA AMÉRICA LATINA

dos espanhóis e dos povos nativos não se desenrolassem e se sobrepusessem, frequentemente em direções ambíguas."[7] As descobertas mais desagradáveis dessa nova historiografia estão a seguir. Começando pelo básico: o ódio que os índios nutriam entre si antes de os conquistadores chegarem.

BOA PARTE DOS ANDINOS COMEMOROU A CHEGADA DOS ESPANHÓIS

Um dos episódios mais tristes da conquista espanhola é a execução de Atahualpa, o líder dos incas, senhor de milhões de índios, soberano de um território com 4 mil quilômetros de fronteiras entre a Argentina e a Colômbia. Não há, em toda a história tradicional da conquista, um caso em que se atribui tanta baixeza aos europeus. Em 1532, depois de meses de espera para conhecer o imperador inca, a tropa do espanhol Francisco Pizarro chegou a Cajamarca, nos Andes peruanos. O encontro amigável logo se transformou em batalha: em poucas horas, os 168 espanhóis afugentaram dezenas de milhares de guerreiros, tomaram a cidade e prenderam o líder Atahualpa. Para escapar da morte, o soberano inca prometeu entregar aos conquistado-

---

Conta-se que, pouco antes da batalha, alguns dos 168 espanhóis urinaram nas calças, tamanho o temor ao passar com seus cavalos pelas dezenas de milhares de guerreiros incas.

res um aposento de seu palácio repleto de metais preciosos. Cumpriu a promessa, entregando 6.035 quilos de ouro e 11.740 quilos de prata.[8] Mesmo assim foi barbaramente estrangulado, em julho de 1533, na praça principal de Cajamarca.

Os soldados do imperador Atahualpa tentaram queimar a cidade invadida e organizaram uma resistência desesperada nas proximidades; há relatos de que mulheres e irmãs do líder se mataram. Para um leitor moderno, o relato é de arrepiar. Mas os índios já estavam acostumados com batalhas e quedas de líderes como aquela. Na verdade, a prisão e a execução de líderes era um fato corriqueiro na história andina. Se os espanhóis praticaram crueldades contra o povo e a cultura inca, o mesmo se pode dizer dos incas em relação a tradicionais povos andinos sob seu domínio. O próprio Atahualpa, meses antes de morrer, ordenou, da prisão em que os espanhóis o mantinham, o assassinato de seu irmão, Huáscar, na cidade de Cuzco. O imperador temia que o irmão se aliasse aos espanhóis e lhes oferecesse mais ouro e prata para matá-lo. A fúria do imperador inca não poupou as mulheres, alguns parentes e assessores de Huáscar, que também foram executados.

Quando os europeus chegaram ao Peru, o Império Inca estava em pé havia pouco mais de cem anos. Até o século 14, os incas eram apenas uma entre diversas etnias a brigar por es-

---

Em 1545, com a descoberta da mina de Potosí, na Bolívia, a prata se tornaria a maior fonte de riquezas da América. Em menos de trinta anos, Potosí chegou a 120 mil habitantes, população maior que a de Lisboa, Roma ou Sevilha. O dinheiro que circulava pela cidade atraía de professoras de balé a vendedores indianos.[9]

As doenças europeias chegaram ao Peru antes dos europeus. O imperador inca Huayna Cápac morreu provavelmente de varíola pouco antes de Pizarro aparecer por ali. A morte provocou a disputa de poder entre dois de seus filhos: Atahualpa e Huáscar. O primeiro conseguiu tomar o poder de Cuzco, a capital do império, meses antes de os espanhóis chegarem.

paço nos Andes. Aos poucos sua força se estabeleceu nos povoados ao redor da cidade de Cuzco. No século 15, durante os reinos de Pachacútec e Túpac Yupanqui, houve uma expansão tão avassaladora quanto a de Alexandre, o Grande, pelo Oriente Médio. O Exército inca chegou ao lago Titicaca e firmou alianças políticas com povos aimarás, como os lupacas, e partiu para a guerra contra aqueles aimarás que não aceitaram uma dominação consensual. No norte do Peru, os incas derrotaram a civilização chimu – cujo líder, Minchançaman, também foi levado como refém a Cuzco. Em terras onde hoje estão a Argentina e o Chile, travaram batalhas com os povos omaguacas, atacamas e diaguitas. Os derrotados foram expulsos de suas casas e enviados ao norte do império.

Outra execução bem parecida com a de Atahualpa foi a de Chunqui Cápac, líder do reino qolla. Em 1438, a tropa do inca Pachacútec chegou a Hatunqolla, nas margens do lago Titicaca. Os conquistadores incas esperavam havia meses para dominar aquele reino, um dos mais avançados dos povos aimarás, donos de grandes cidades e fortificações ao redor do lago. Depois de ocupar um forte e erguer no lugar dele uma guarnição militar, os invasores conseguiram atingir a capital do reino e capturar seu líder, que foi levado a Cuzco. Nos meses seguintes, o soberano qolla, exatamente como aconteceria com Atahualpa, foi estrangulado na praça principal da cidade.

Como as revoltas locais e o assassinato dos representantes incas eram frequentes nas terras conquistadas, a dominação inca nunca era completa. Até o começo do século 16, era preciso realizar novas expedições militares para assegurar a unidade do império e abafar revoltas locais. Foi por isso que, quando o imperador Atahualpa foi morto pelos espanhóis, em 1533, nem todos os índios lamentaram sua morte. Boa parte dos povos andinos ficou aliviada com a execução e comemorou a queda dos incas.

ASTECAS, INCAS, MAIAS 75

Os espanhóis são frequentemente acusados de atropelar a língua, os modos de vida e, sobretudo, a religião dos povos nativos dos Andes. Os padres que acompanharam os conquistadores trataram as crenças indígenas como pagãs e logo impuseram o catolicismo, destruindo templos e proibindo rituais nativos. Uma prova frequente citada dessa imposição religiosa é a Igreja de São Domingo, em Cuzco. Na base do edifício, há paredes do Coricancha, o Templo do Sol, edifício que foi destruído pelos espanhóis para dar lugar à igreja.

OS INCAS TAMBÉM IMPUSERAM SUA RELIGIÃO

Pouco se fala, porém, que os incas praticavam a mesma imposição cultural com os povoados sob seu domínio. Quando derrotavam um povo, obrigavam-no a aceitar sua língua, o quéchua, suas leis e sua religião.[10] No lugar de templos e símbolos de deuses locais, as autoridades incas erguiam santuários a seus próprios deuses, o Sol e a Lua. Símbolos de divindades locais davam lugar às múmias reais, à ideologia do Estado e à adoração do soberano inca, considerado um semideus. Quando os espanhóis chegaram, esses povos não precisaram mais adorar os deuses incas. "Em muitas regiões, a religião inca era um estrangeiro malvisto pelos moradores", conta o arqueólogo americano Terence D'Altroy, um dos maiores especialistas em Império Inca dos dias de hoje. "Assim que o Império Inca se desintegrou, o louvor ao Sol e o uso do calendário solar só permaneceram em Cuzco. Os templos do Sol e as terras que serviam aos deuses foram logo abandonados."

Entre aqueles que haviam sido dominados por Atahualpa ou que tinham se aliado ao irmão dele, Huáscar, na disputa pela soberania do império, a morte de Atahualpa os salvou de anos de trabalhos forçados, de punições e até mesmo da morte. "Os aliados de Huáscar e inúmeros grupos étnicos ficaram radiantes com a notícia, enquanto os partidários de Atahualpa ficaram irritados e inconsolados. Os nativos Xauxa e Wanka, que estavam do lado de Huáscar, comemoraram a morte nas ruas. A população local imediatamente se aliou aos espanhóis e começou a abastecê-los com os estoques reais de comida", conta o arqueólogo Terence D'Altroy. "Talvez metade das pessoas dos Andes estivesse disposta a se aliar aos espanhóis para se salvar da sangrenta vingança que as Forças de Atahualpa já vinham promovendo com muitos partidários de Huáscar."[11] A historiadora peruana María Rostworowski, também uma grande referência no assunto, tem a mesma opinião:

> Os senhores locais se aliaram aos espanhóis e os ajudaram a realizar a conquista. Desse ponto de vista, não foi um punhado de aventureiros que derrubou o Império Inca, mas os próprios nativos andinos, infelizes com a situação e acreditando estar em circunstâncias favoráveis para voltar a viver em liberdade.[12]

As punições incas incluíam torturas, apedrejamentos e castigos físicos dos mais inventivos. Aqueles azarados que fossem acusados de traição ao soberano do império eram jogados em calabouços cheios de cobras e onças. Esses animais eram encomendados por Cuzco das províncias a leste dos Andes, onde havia florestas e fauna amazônicas. Quem conseguisse sobreviver por três dias nos calabouços ganhava a liberdade.[13]

VIVIAM OS INCAS EM 1984?

No começo do século 20, os incas caíram no gosto dos historiadores marxistas por causa da forma coletiva como organizavam a terra e pela simplicidade e disciplina com que se dedicavam ao trabalho. Essa semelhança inspirou alguns intelectuais que lutavam pela implantação do comunismo nos Andes. O jornalista José Carlos Mariátegui, um dos fundadores do Partido Comunista Peruano, considerava os incas "a mais avançada organização comunista primitiva que a história registra". Conforme o que ele pregou no livro *Sete Ensaios de Interpretação da Realidade Peruana*, era preciso ir além do comunismo rural dos incas, pois "uma nova ordem não pode renunciar a nenhum dos progressos morais das sociedades modernas".

Obviamente é impreciso chamar os incas de comunistas. A visão de mundo e as motivações dos índios andinos eram de outra galáxia – basta lembrar que as múmias dos líderes pregressos participavam das reuniões de Estado. No entanto, alguns traços da vida inca lembram, sim, o comunismo. O Estado inca controlava quase todos os meios de produção: as fazendas, os rebanhos de lhamas e vicunhas, os armazéns de comida. Regiões agrícolas eram abastecidas com ferramentas e roupas produzidas pelo Estado em outras províncias e vice-versa. Oficiais do Estado supervisionavam a contribuição

---

Os incas foram mais um povo a mumificar seus mortos ilustres. A diferença é que as múmias incas participavam da vida social do império. Carregadas em liteiras e vestidas em roupas finas, integravam de reuniões políticas a conselhos de guerra. Seus parentes ainda as levavam para visitar umas às outras e davam-lhes comida e chicha (a tradicional bebida andina à base de mandioca ou milho).[14]

de cada província com base em censos e registros contábeis detalhados, organizavam grupos de trabalho e cuidavam da manutenção de estradas (que cortavam os Andes, apesar de os andinos não conhecerem a roda). Como a autoridade do Estado prevalecia diante de valores e vontades individuais, cidadãos comuns eram recrutados para trabalhar desde a infância, com a humildade e a disciplina de soldadinhos de chumbo, em campos, pastos, minas, oficinas de ferramentas e objetos de ouro e prata. A organização estatal até funcionava, mas ao custo de transformar os incas em formigas. Essa falta de individualidade ainda hoje decepciona alguns peruanos, como o escritor Mario Vargas Llosa:

> Os incas dominaram dezenas de povos, construíram estradas, canais de irrigação, fortalezas, cidadelas e estabeleceram um sistema administrativo que lhes permitiu produzir o suficiente para alimentar todos os peruanos, o que nenhum regime conseguiu, a partir de então. Apesar disso, nunca simpatizei com os incas. Embora os monumentos que eles deixaram me deixem extasiado, sempre achei que a tristeza peruana – característica marcante da nossa personalidade – é originária, talvez, dos incas: uma sociedade com uma disciplina militar e burocrática de homens-formiga, na qual um rolo compressor todo-poderoso anulava qualquer personalidade individual.

O que os historiadores marxistas não contaram – ou não puderam prever – é que os incas se pareciam com os comu-

---

O que os incas tinham de mais próximo da escrita eram os quipos, um misterioso sistema de guardar informações por meio de nós em emaranhados de fios de lã. A posição e o número de nós indicavam quantidades. E a cor dos fios representava o tema do registro: população, quantidade de grãos estocados, impostos recolhidos.

nistas até mesmo na opressão promovida pelo governo e nas tragédias comuns a todos os governos socialistas. O melhor exemplo são as migrações forçadas. Na União Soviética, entre 1920 e 1950, a transferência de população atingiu pelo menos 6 milhões de pessoas, a maioria membros de etnias que incomodavam o regime (como os chechenos, os curdos, os cossacos e os ucranianos). Também eram removidos os kulaks, camponeses mais ricos, considerados inimigos do povo. Essas pessoas foram enviadas a zonas de fronteiras, campos agrícolas e regiões pouco povoadas, como a Sibéria. Pelo menos um quarto dos migrantes morreu de fome e frio em consequência da mudança. Os que sobreviviam passavam a morar em residências supervisionadas pela NKVD, a polícia soviética para assuntos internos.

Os incas praticavam uma atrocidade semelhante com os povos que dominavam. Quando conquistavam uma nova região, os oficiais obrigavam boa parte dos moradores a migrar para outras partes do império. A ação era chamada de *mitmaquna*, palavra que em quéchua deriva de "espalhar". Suas vítimas eram os denominados *mitimaes*. Os arqueólogos estimam que as migrações atingiram entre 20% e 30% da população – por causa dessa política, um quarto de todos os povos andinos morava em terras estrangeiras.[15] O padre jesuíta Barnabé Cobo, que escreveu sobre o modo de vida inca no comecinho do século 17, ouviu de seus entrevistados que até 7 mil famílias se mudavam de uma vez, travando caminhadas pelos Andes que ultrapassavam centenas de quilômetros. No começo do século 16, o rei Huayna Cápac, logo depois de conquistar povoados da região de Cochabamba, na Bolívia, ordenou que quase todos os moradores fossem removidos de lá. No lugar deles, 14 mil pessoas de povoados vizinhos habitaram a região e passaram a cultivar as fazendas estatais.

As migrações aconteciam com mais frequência entre os povos que resistiram ao domínio inca, e não com os que fizeram acordos com Cuzco. Os lupacas, índios próximos ao lago Titicaca, se aliaram aos imperialistas e permaneceram em suas terras. Já os ayaviris resistiram: foram quase todos solicitados a se mudar.[16] "O imperador obrigava [os *mitimaes*] a aprender a língua da nação para onde eles se mudavam, sem esquecer a língua geral, o quéchua, que todos das províncias conquistadas deveriam aprender e saber", escreveu o navegador Pedro Sarmiento de Gamboa.[17] O objetivo da mudança era evitar resistências regionais, dispersar rebeldes e consolidar o controle de territórios tão distantes de Cuzco, a capital do império. Os migrantes deixavam de obedecer ao cacique habitual com os quais estavam familiarizados para seguir os chefes dos povoados que passavam a habitar, indicados pelo governo. "Com essa transferência de vassalos de um lugar para outro, os incas tentavam conseguir similaridade e uniformidade na religião e na política", escreveu o padre Cobo. "Esperavam ainda que todas as nações dominadas falassem a língua de Cuzco, que se tornou assim a língua de todo o Peru."[18]

As autoridades incas tinham certos cuidados na hora de remover a população. Provavelmente para evitar doenças e revoltas, quem vivia em ambientes frios do altiplano se mudava para um lugar de clima semelhante, onde poderia desenvolver atividades costumeiras. Mas é difícil pensar que a viagem não fosse um horror. Os *mitimaes* podiam percorrer mais de mil quilômetros até chegar à nova morada. No século 14, quando Forças incas invadiram o sul do Equador, povos locais foram trocados por povos da região do lago Titicaca, a cerca de 1.500 quilômetros de distância.[19]

Assim como nos povoados vigiados pela polícia soviética, as residências andinas podiam ser inspecionadas, a qualquer momento, pelos oficiais do Estado e pelos novos moradores. Esse costume impressionou o navegador Pedro Sarmiento de Gamboa. Segundo ele, o imperador inca dava aos colonos "autoridade e poder para entrar nas casas dos nativos a qualquer hora, noite e dia, a fim de inspecionar o que eles falavam, faziam ou organizavam, com ordens para relatar ao governo mais próximo se alguma coisa era armada contra o inca".[20] Quando os espanhóis chegaram e derrubaram o império, muitos migrantes forçados deram graças. "Alguns dos povos estabelecidos pelos incas voltaram para suas comunidades, deixando para trás uma vida de estrangeiros entre povos ressentidos", diz o historiador Steve J. Stern.[21]

Outro traço do comunismo que passa perto dos incas é a prática de mudar a história. Em Cuba, na China do século 21, na União Soviética de Stálin ou em qualquer governo comunista do século 20, o passado foi uma mercadoria política a ser alterada sem hesitação. O exemplo mais acabado desse comportamento são as fotografias históricas alteradas pelos censores de Stálin. Entre muitas outras, a famosa foto de um discurso de Lênin em 1920 teve a imagem de León Trótski, inimigo de Stálin, retirada e trocada por um fundo negro.[22]

Os incas iam além. Pois, como afirmam os historiadores franceses Serge Gruzinski e Carmen Bernand, eles "não faziam distinção entre o mito e a narrativa histórica". Um tipo especial de profissionais, os amautas, espécie de filósofos-oradores, se encarregava de manipular a história do soberano, criando para ele um passado cheio de proezas e conquistas, e de fazer circular histórias constrangedoras sobre seus adversários. As sagas criadas pelos amautas eram declamadas em público aos caciques, aos oficiais e aos cidadãos comuns. Esse estranho costume inca em-

---

Por costumes como esse, o escritor Mario Vargas Llosa comparou os incas às piores ditaduras do século 20: "Cinco séculos antes da Grande Enciclopédia soviética e do romance *1984*, de George Orwell, os incas praticaram a manipulação do passado em função das necessidades políticas do presente".

baralhou os espanhóis interessados em recompor a história pré-hispânica dos Andes. Os descendentes de cada família indígena, quando entrevistados, reproduziam versões que favoreciam seu próprio ancestral.[23]

Apesar desse passado sombrio, um saudosismo de tempos pré-hispânicos impera nos Andes, principalmente na Bolívia. Nas praças de La Paz, nas ruas de Cochabamba, descendentes de índios chegam a pregar o retorno ao Collasuyo. O mesmo sentimento move documentários indigenistas, como o brasileiro *Pachamama*, lançado em 2010 com patrocínio da Petrobras. Conforme a sinopse, o filme trata dos "povos historicamente excluídos do processo político de seus países que, pela primeira vez na história, buscam uma participação efetiva no seu próprio destino". Lá pela metade da obra, um dos entrevistados, um ativista aimará, diz o seguinte:

> **Nós queremos resgatar nossa nação originária. O Estado originário. Somos uma nação aimará, espalhada hoje em dia nas repúblicas de Peru, Bolívia, Argentina e Chile. Há 514 anos estamos dominados e humilhados. Os espanhóis chegaram aqui e mataram nosso grande líder, chamado Atahualpa.**

Sem querer, o documentário *Pachamama* traz um grande ensinamento. Mostra que boa parte dos ativistas indígenas não sabe patavina sobre a própria história, aquela que querem resgatar. Ora, Atahualpa não foi líder dos aimarás, mas dos incas. Apesar das alianças de alguns povos aimarás com os incas, outros resistiram e foram subjugados em batalhas. É bem

---

Os incas chamavam seu império de Tawantinsuyo, o "Reino dos Quatro Cantos". O Collasuyo era a parte oeste desse território, mais ou menos onde fica a Bolívia.

provável que povos aimarás tenham estado entre aqueles que não choraram – e até comemoraram – a morte de Atahualpa. Se os índios atuais pudessem voltar à sua nação originária, seriam obrigados a abandonar a própria casa, viajar a pé para terras desconhecidas e aceitar o trabalho que lhes fosse imposto. Uma situação ainda mais degradante do que viver hoje na Bolívia.

ANTES DOS ESPANHÓIS, MUITO MAIS SANGUE ERA DERRAMADO NA AMÉRICA LATINA

Se o bicho já pegava no Peru, as guerras entre nações indígenas eram muito mais sangrentas na Mesoamérica. Em 1519, quando a expedição de Hernán Cortés saiu de Cuba e chegou à costa mexicana, centenas de cidades independentes ocupavam o território onde hoje ficam o México, a Guatemala e Belize. Nos vales do México central, viviam os nahuas – nome que engloba os povos que falavam náuatle, como os astecas (também chamados de mexicas), os tlaxcaltecas, os acolhuas, os tepanecas, entre muitos outros. Esses povos construíram diversas cidades no meio ou na margem dos grandes lagos da região. Tenochtitlán, a capital dos astecas e hoje capital do México, foi erguida numa ilha do lago de Texcoco. A cidade era cortada por imensos canais, aquedutos, vias elevadas e contava ainda com palácios e jardins.

Em cidades como Cuzco ou La Paz, o chá de coca é um fantástico remédio contra os enjoos e as dores de cabeça provocados pela elevada altitude. Mineiros também colocam folhas de coca dentro da bochecha para suportar melhor o esforço braçal e não sentir fome. Sacerdotes indígenas deixam cair folhas no chão para entender as mensagens dos deuses, assim como em um jogo de búzios.

TÃO SAUDÁVEL QUANTO ORÉGANO

Na Bolívia, a folha de coca tornou-se objeto de culto oficial. O artigo 384 da Constituição é apoteótico: "o Estado protege a coca originária e ancestral como patrimônio cultural, recurso natural renovável da biodiversidade da Bolívia, e como fator de coesão social". O consumo da folha de coca é promovido por causa de seus pretensos valores nutricionais.[24] Em 2006, o ministro de Relações Exteriores, David Choquehuanca, propôs substituir o leite por folhas de coca no café da manhã escolar. Segundo ele, a planta teria mais cálcio que o leite e mais fósforo que o peixe.[25]

Um estudo mais abrangente sobre os poderes da coca, publicado em 2009, mostra que não é bem assim. Mascar folhas de coca dá no mesmo que mastigar folhas de salsa, orégano ou coentro, concluiu a pesquisa.[26] Se a coca for consumida em grandes quantidades, cerca de cem gramas diários, o único efeito possível seria o provocado pelo alcaloide cocaína — aquele mesmo que ajuda os mineiros a disfarçar a fome e aguentar firme o trabalho forçado. Só um governante muito sem coração poderia querer algo assim para as pobres criancinhas bolivianas.

Em 1428, os astecas se uniram a duas cidades nahuas vizinhas, Texcoco, dos índios acolhuas, e Tlacopan, a maior cidade dos tepanecas. Formou-se assim uma tríplice aliança que, em menos de cem anos, incluiu em seu domínio 450 cidades, espalhadas entre a costa do Pacífico e o golfo do México. Os primeiros conquistados foram os nahuas que viviam perto de lagos menores, como as cidades de Chalco, Xochimilco e Huexotzinco. As campanhas militares continuaram para o sul, onde hoje fica a cidade de Oaxaca, atingindo índios de outros troncos linguísticos, como os mixtecas e os zapotecas, e chegaram até mesmo aos maias, na península de Yucatán. Entre todos esses povos, os poucos que resistiam ao domínio asteca estavam em Tlaxcala (no meio do caminho entre o golfo do México e Tenochtitlán), e em Michoacán, próxima à costa do Pacífico. Esses grupos estavam a ponto de serem dominados quando os espanhóis chegaram para salvar sua pele.

O principal objetivo das conquistas militares astecas era fazer as cidades derrotadas pagarem impostos e, assim, assegurar a boa vida dos nobres na capital. Ao contrário dos incas, os astecas não estabeleciam um império direto – costumavam manter os líderes derrotados no poder desde que cumprissem os tributos. Graças aos códices indígenas, sabemos quanto cada cidade conquistada pagava de imposto a Tenochtitlán. Um exemplo: o pequeno vilarejo de Coaixtlahuacán (melhor nem tentar pronunciar) fornecia por ano 4 mil peças de roupa,

---

Fique tranquilo: essa sequência de nomes esquisitos já vai acabar.

Os códices astecas são documentos pictóricos que os índios criavam em peles de animais ou papéis feitos com cascas de árvores. Assim como os lienzos, retratava as dinastias e o dia a dia do império. Muitos códices foram reproduzidos pelos índios a pedido dos missionários europeus. O Códice Mendoza, por exemplo, foi terminado às pressas para ser enviado ao rei espanhol. Ao cruzar o Atlântico, porém, o navio que o transportava foi atacado por piratas franceses.

oitocentas asas de quetzal, quarenta sacolas de corante de cochonilhas, vinte quantidades de ouro, entre outros produtos.[27] Segundo o Códice Mendoza, Tenochtitlán arrecadava anualmente, de todas as suas províncias, mais de 150 mil peças de roupa, 32 mil instrumentos de guerra (como escudos e flechas), mais de 30 mil penas coloridas, além de centenas de ornamentos para guerreiros, peles de jaguar e veados, jarras e potes, carregamentos de sal, cacau, mel, pimenta, objetos de ouro e bronze.

A arma mais usada pelos astecas era o macauitl, um tacape com cacos de vidro vulcânico incrustados. Era usado não tanto para matar os inimigos, mas para feri-los e capturá-los vivos. Isso porque o segundo objetivo das guerras nahuas era arrecadar vítimas para a maior obsessão dos povos da Mesoamérica: os rituais de sacrifício humano.

É difícil encontrar, entre todos os continentes, entre todas as épocas, uma civilização mais obcecada por cerimônias de morte que os astecas. As estimativas de mortos durante o domínio desse império variam muito: mesmo as mais baixas são assustadoras. Relatos espanhóis do século 16, com base em histórias contadas pelos índios, falam em 80.400 mortes em 1487, durante a inauguração do Templo Maior de Tenochtitlán. Trata-se certamente de um exagero: nem as máquinas de morte em série do Holocausto conseguiriam matar tanta gente em tão pouco tempo. Provavelmente os astecas, para realçar sua majestade e espalhar o temor entre os vizinhos, e os espanhóis, para destacar a selvageria dos índios, extrapolavam a quantidade de pessoas mortas em sacrifícios. Já o Códice Telleriano-Remensis, uma reunião de pinturas narra-

---

Como o papagaio para o Brasil, o quetzal era o pássaro que identificava os astecas. Suas penas eram essenciais na arte e nos rituais indígenas.

tivas dos astecas criada no século 16, fala de uma matança menor, ainda assim impressionante: 4 mil pessoas sacrificadas na inauguração do templo.

Quando os espanhóis chegaram ao México, espantaram-se com as escadarias das pirâmides astecas repletas de sangue seco. Na imagem do Códice Magliabechiano, o tipo mais comum de sacrifício humano: arrancar o coração das vítimas e jogá-las escada abaixo.

Até mesmo a arquitetura das pirâmides da Mesoamérica foi pensada para servir de cenário de sacrifícios: pedaços dos corpos de guerreiros eram atirados do alto das pirâmides e cambaleavam pelas escadarias, para deleite do público. As marcas desses rituais deixaram os espanhóis perplexos. Quando se depararam com os edifícios, eles perceberam que as escadas dos templos estavam manchadas de um marrom-avermelhado por causa do sangue seco das vítimas de sacrifício.[28] Vestígios dos rituais de morte dos astecas, de seus vizinhos e de seus ancestrais aparecem às dezenas ainda hoje. Em Tenochtitlán, desde as primeiras escavações do século 20, 126 pessoas já foram classificadas como vítimas de sacrifícios.

Duas antropólogas físicas do México analisaram 153 corpos encontrados no santuário de Tlatelolco, ao norte de Tenochtitlán. Comparando as fraturas de ossos do tórax, elas concluíram que aquelas pessoas morreram por cardioectomia (extração do coração). Essa era a execução ritual mais comum entre os astecas – é aconselhável preparar o estômago antes de descobrir como as mortes aconteciam.

Primeiro, a vítima – ainda viva – era presa, de barriga para cima, numa pequena mesa no alto da pirâmide. Para arrancar o órgão vital, os algozes astecas tinham pelo menos duas técnicas. Uma delas era através do osso esterno: com a ajuda de uma faca de pedra, bastava um impacto para dividi-lo em dois e – com a vítima ainda viva – enfiar a mão até chegar ao coração. Na outra opção, os astecas "introduziam a faca entre duas costelas e, para abrir espaço, empurravam o osso esterno de dentro para fora".[29] Com a vítima ainda viva.

As crianças não estavam a salvo dessas crueldades. O sangue delas era requerido em ocasiões especiais, geralmente para saciar a fúria de deuses relacionados a secas e inundações, como Tláloc. No Templo Maior de Tenochtitlán foram encontradas ossadas de 42 crianças mortas como oferenda a essa divindade. Em geral, eram filhos de prisioneiros de guerra, pequenos escravos ou crianças compradas fora da cidade. Há

O mesmo acontece com os povos ancestrais de maias e astecas. Em Teotihuacán, cidade habitada até o século 7º (cujas ruinas são passeio obrigatório para quem vai à Cidade do México), só a equipe do arqueólogo japonês Saburo Sugiyama encontrou 174 restos mortais.

Os astecas viam 1.001 utilidades nos restos mortais dos sacrificados. Caveiras decoravam edifícios, serviam de base para máscaras ou iam para os tzompantlis, espécie de varais paralelos cheios de crânios que "adornavam" as grandes cidades e impunham respeito aos que se metiam a visitá-las.

ASTECAS, INCAS, MAIAS 89

ainda menções de que os reis e senhores, por se sentirem mais responsáveis pelo bom funcionamento do clima, ofereciam os próprios filhos para os rituais, com o objetivo de obter boas colheitas. Nos sítios arqueológicos mexicanos, há dezenas de esqueletos infantis sepultados junto de esculturas de pedra e madeira, conchas, sementes e areia do mar. Um garoto de 5 anos, cujos restos mortais foram encontrados em 2005 numa base da parte sul do Templo Maior de Tenochtitlán, teve os braços colados às asas de um gavião. Baseados nas diversas marcas na parte interna das suas costelas, arqueólogos concluíram que o elemento cortante, provavelmente uma faca de sílex, "entrou na cavidade torácica a partir do abdômen", rasgando os músculos para chegar ao coração.[30]

Carnificinas similares aconteciam entre os maias, ainda que eles não gostem de falar sobre isso. Em 2006, o cineasta Mel Gibson ergueu uma pirâmide de polêmica ao lançar o filme *Apocalypto*, inspirado na vida dos índios de Yucatán antes da conquista espanhola. Na Guatemala, onde vive a maior parte das pessoas que se dizem descendentes daquela civilização, houve uma gritaria generalizada de representantes indígenas e autoridades públicas. Ricardo Cajas, diretor da comissão contra o racismo no país, afirmou que o filme ignorava cinquenta anos de avanços na arqueologia, pois mostrava "os maias como bárbaros, assassinos de pessoas que só poderiam ser salvas pela chegada dos espanhóis". Ignacio Ochoa, diretor da Fundação Nahual, que divulga a cultura indígena da região, gritou mais alto – disse que o filme era baseado numa "visão ofensiva e racista de que o povo maia era brutal contra si próprio e por isso precisava de ajuda externa". As cenas mais violentas – e que mais irritaram os ativistas – são as que reconstroem os sacrifícios humanos no alto das pirâmides.[31] O filme mostra fanáticos maias arrancando o coração de guerreiros capturados, para logo depois os degolarem e os atirarem em série pelas escadarias dos edifícios. *Apocalypto*, de fato, é repleto de tropeços históricos e episódios de injustiça extrema típicos dos filmes de Mel Gibson. Apesar dessas limitações e da reclamação dos ativistas, pode-se dizer que o cineasta tinha material para retratar a vida na América Central com ainda mais fanatismo, mais crueldade, mais esguichos de sangue.

Os estudos recentes de arqueologia e antropologia física dão detalhes asquerosos dos rituais maias. Mel Gibson poderia, por exemplo, mostrar a tortura ritual que antecedia os sacrifícios humanos. Essa prática é bem documentada em pinturas do período clássico maia, como as das paredes de templos de Chiapas, onde os homens a caminho da morte aparecem com os dedos sangrando e feridas por todo o corpo. Também seria possível retratar outros tipos de execução, como o desentranhamento – a retirada das vísceras da vítima ainda viva, tipo de morte provavelmente reservada a prisioneiros de guerra. Resume a antropóloga austríaca Estella Weiss-Krejci: "Cenas de decapitação e desentranhamento em cerâmicas funerárias, totens, altares e murais parecem completar alguns dos corpos encontrados sem cabeça e os membros em tumbas individuais e coletivas".[32]

A cardioectomia, retratada no filme *Apocalypto*, também aparece em pinturas e registros que os padres espanhóis obtiveram dos índios no século 16. Quando esse tipo de morte surge na iconografia maia, diz o antropólogo David Stuart, "os sacrificados quase sempre eram crianças". Duas outras antropólogas, Vera Tiesler e Andrea Cucina, analisaram sete ossadas (a maioria de adolescentes homens e mulheres) encontradas ao redor de ruínas dos estados mexicanos de Chia-

---

Os maias tinham até um termo próprio – *cuculeb* – para a expressão "rolar escada abaixo".

pas e Campeche. Notaram que os esqueletos tinham marcas de impacto no lado esquerdo das vértebras e nas costelas. As marcas sugerem que o sacerdote se aproximava com uma faca de pedra e fazia um corte profundo no lado esquerdo do ventre, logo abaixo das costelas. O algoz tinha de enfiar um bom pedaço do braço através do diafragma até sentir os batimentos cardíacos. "Depois disso, ele entregava o coração ao sacerdote para sua consagração e apresentação aos deuses", contam as pesquisadoras.[33]

Se os sacrifícios astecas e maias são bem registrados e conhecidos, não acontece o mesmo com aqueles praticados pelos incas. O Peru hoje é um país com uma elite progressista e ótima gastronomia, onde o turista pode se aventurar com a certeza de que será bem tratado. Exceto se perguntar numa livraria se há algum livro sobre os sacrifícios praticados pelos incas, como fez um dos autores deste livro. Será impelido a pedir desculpas no ato, baixar a cabeça e fugir para o hotel. Se, por pura insistência, repetir a pergunta para um político, vai ouvir um sermão pela segunda vez.

Na opinião de muitos peruanos, quem fazia sacrifícios humanos por lá eram somente os mochicas, povo que viveu ao norte do Peru até o século 8º e adorava um deus sacrificador – chamado de "El Degollador". Uma pirâmide na cidade de Trujillo permite um passeio por várias salas internas, em que as pessoas eram presas e depois sacrificadas. Mas esses eram os mochicas, ou "moches". Os incas, vários séculos depois, não faziam esse tipo de coisa. Jamais. E coitado de quem perguntar.

Mas vamos às pesquisas arqueológicas. O sacrifício de pessoas e animais fazia parte de quase todas as ocasiões importantes dos incas: funerais, comemorações religiosas, dias de cultivo e colheita, momentos de preparação para batalhas. Além do calendário de cerimônias, qualquer evento extraordinário era motivo de sacrifícios, como terremotos, eclipses e inundações. As mortes rituais ainda eram oferecidas ao deus Sol como prece pelo sucesso do imperador inca, após o seu falecimento e em louvor aos seus ascendentes. O inca Atahualpa, por exemplo, executou centenas de pessoas somente para se preparar para o encontro com Pizarro em Cajamarca, de acordo com o conquistador e cronista Pedro de Cieza de León.[34] Durante a cerimônia chamada de capacocha, as vítimas, os meninos e as meninas mais bonitos entre todas as terras do império, eram mortos com pancadas na cabeça ou enterrados vivos lado a lado, como casais.[35] Prisioneiros de guerra também eram executados como agradecimento ao Sol e como símbolo do poder inca. Em mais de cinquenta santuários instalados a pelo menos 5 mil metros de altitude, arqueólogos encontraram ossos de lhamas sacrificadas, cabelo humano, peças de cerâmica e madeira e corpos de crianças, adolescentes e adultos bem conservados pela neve. Alguns locais guardavam até vestígios de cercas usadas para encarcerar as vítimas.[36] Em 1995, o derretimento da neve do monte Ampato, no sul do Peru, expôs um antigo santuário inca, onde o arqueólogo Johan Reinhard encontrou o corpo mumificado de uma garota que tinha entre 11 e 14 anos. Juanita, a "dama do gelo", como passou a ser chamada, estava vestida com um xale branco e vermelho preso no corpo com botões de prata.

Nem todo ritual de morte dependia de atos de extrema violência. Os índios acreditavam tanto no poder trágico de seus deuses que muitos se mutilavam, ofereciam os próprios filhos e a si mesmos para acalmar os céus. Há diversos relatos, em toda a América Latina pré-colombiana, de pessoas que caminharam contentes rumo ao seu ritual de morte. O autossacrifício parece ter sido mais comum entre os incas, como descreveu o conquistador Pedro de Cieza de León:

> **"** Antes que as pessoas fossem levadas à morte, o sacerdote pronunciava um discurso, explicando a eles que iriam servir o deus que estava sendo celebrado e que habitariam o mesmo lugar glorioso que ele habitava. Aqueles que estavam para ser sacrificados acreditavam nisso e se vestiam com roupas finas e peças de ouro, braceletes e objetos dourados nas sandálias. Depois de ouvir o discurso, os sacrificados ganhavam muita chicha para beber, em grandes vasos de ouro. O sacrifício era celebrado com músicas, e as vítimas se consideravam agraciadas por chegar à morte daquele modo.[37]

É certo que o sacrifício humano era um costume aceito pela tradição e pelo modo como os índios enxergavam o mundo: não é correto condená-los com os olhos de hoje. Para quem atribuía ao humor de seus deuses a boa sorte em batalhas ou a chegada de chuvas, derramar sangue funcionava como o pagamento de uma dívida, uma atitude necessária para manter a ordem do mundo. Além disso, os índios, tanto da Mesoamérica quanto dos Andes, não consideravam errado o ato de matar alguém de outro povo. Os astecas, por exemplo, tinham um tremendo orgulho dos seus assassinos. Como acontecia entre os índios tupis do Brasil, um jovem só ganhava permissão para se casar depois de capturar seu primeiro homem. Quem matava mais era mais reconhecido – tinha roupas melhores, entrada garantida em festas e mais mulheres. "Um guerreiro com quatro mortes nas costas, por exemplo, podia dançar em importantes cerimônias e vestir finos ornamentos nos lábios, além de tiaras com penas de águia", conta o antropólogo americano Michael Smith. "Já os guerreiros águia e jaguar podiam jantar no palácio real, beber pulque e ter amantes.

O pulque é o que os astecas tinham de mais próximo da cerveja: uma bebida alcoólica feita a partir da fermentação do agave. Plantas da família do agave, quando destiladas, dão origem à tequila.

A escalada de um jovem na carreira militar era fonte de grande orgulho para sua família."[38]

É certo também que os conquistadores espanhóis protagonizaram episódios de crueldade máxima na América. Francisco Pizarro, semanas antes de encontrar o inca Atahualpa, queimou vivos índios que haviam atacado seus homens; decapitações aconteceram com frequência; no México, o conquistador Nuño de Gusmán era famoso por torturar caciques e atirá-los a cães. Esses atos, no entanto, não eram em geral considerados corretos: a morte dos índios e a degradação das comunidades locais provocaram denúncias indignadas de padres e conquistadores, além de uma intensa discussão ética entre os espanhóis. A ponto de o imperador Carlos V, em 1550, interromper as ações de colonização para debater a moralidade da conquista espanhola. O debate de Valladolid, travado entre os frades Bartolomé de las Casas e Juan Sepúlveda naquele ano, marca um dos primeiros momentos da história em que um povo levantou questões humanitárias e se preocupou com o outro. Também pela primeira vez na história um império parou para refletir sobre as consequências éticas de seus atos. O debate de Valladolid ratificou as "novas leis" que tinham proibido, oito anos antes, a exploração do trabalho dos índios pelo sistema de *encomienda*. As leis provocaram revoltas entre os conquistadores – basta lembrar que um dos irmãos de Pizarro, Gonzalo, foi executado pelo reino espanhol depois de ameaçar proclamar-se rei do Peru em protesto à proibição de explorar o trabalho dos índios por meio do sistema de encomiendas. Como sua morte atesta, o valor da vida humana, noção que tantos ativistas usam para tentar corrigir injustiças históricas, não chegaria à América não fosse a bordo das caravelas.

Os "encomendeiros" ganhavam permissão real para cobrar impostos de um grupo de índios em forma de trabalho ou produtos. Em troca, tinham de ajudar a protegê-los contra inimigos e iniciá-los na língua espanhola.

Quando Hernán Cortés e seus aliados conquistaram Tenochtitlán, uma de suas primeiras ações foi mandar lavar as escadarias astecas para retirar as manchas de sangue seco e envelhecido que vertia dos corpos atirados por ali. Hoje, cinco séculos depois, ainda há crianças nas escadarias das pirâmides indígenas. Elas brincam, correm e contam alegremente quantos degraus cada monumento possui.

A DESCOBERTA DO ÍNDIO CONQUISTADOR

Um antigo costume dos índios nahuas era o de registrar a história em grandes pinturas em tecido, como os astecas e seus vizinhos. Os *lienzos*, como os espanhóis chamaram essas peças, retratam os feitos dos soberanos, as conquistas militares e as migrações que os povos empreenderam. Como peças de comunicação interna, eram expostos em muros durante cerimônias das grandes cidades do México pré-colombiano, para que os moradores se lembrassem da história de seu povo e da importância de seus líderes. Essa tradição avançou pelo século 16: para deleite dos pesquisadores, há telas com registros preciosos de episódios da conquista espanhola da América. Algumas dessas raridades foram decifradas recentemente por historiadores, que ficaram estupefatos com o que descobriram ali.

A história que aqueles pictogramas contavam não parecia em nada com os relatos tradicionais da Conquista Espanhola propagados hoje em dia nas escolas, nos palanques de campanha eleitoral ou nos manifestos de ativistas. Não havia destaque aos episódios de violência praticada pelos europeus ou para a resistência indígena. Na verdade, as imagens tinham pouca diferença daquelas criadas antes da chegada das caravelas. Os espanhóis aparecem nas pinturas como mais um povo com quem os índios se uniram para guerrear, retratados com os mesmos padrões das narrativas anteriores.

A historiadora holandesa Florine Asselbergs analisou três peças feitas por índios que se aliaram aos espanhóis: o Lenço de Tlaxcala, cujo original foi criado no ano de 1550, o de Analco, também pintado pelos tlaxcaltecas, e o de Quauhquecholán, um tecido de 2,35 por 3,25 metros com pinturas sobre as campanhas militares na Guatemala sob a liderança do espanhol Jorge de Alvarado, entre 1527 e 1530. Asselbergs concluiu que as imagens têm pelo menos três grandes ensinamentos:

O episódio mais significativo dos registros é a aliança com os recém-chegados, e não as lutas travadas contra eles. Os tlaxcaltecas, por exemplo, guerrearam três vezes com os espanhóis antes de se aliar aos inimigos. Nos registros oficiais, essas batalhas foram omitidas – no lugar delas, entraram imagens dos "senhores indígenas em encontros amigáveis com os espanhóis, abraçando-os e dando-lhes presentes, sem nenhum sinal de hostilidade", conta a historiadora.

Mesmo sendo obra de índios que se aliaram aos espanhóis, é espantosa a ausência de um episódio de conquista, de subjugação à ordem europeia. "As alianças dos senhores indígenas com os espanhóis são percebidas como igualitárias, e não alianças compelidas pela dominação espanhola. As comunidades estavam subjugadas à Coroa espanhola, é verdade, mas não de um jeito humilhante", conta a historiadora. O pictograma principal do Lenço de Quauhquecholán é o símbolo da cidade (uma águia com duas cabeças) unida à Coroa espanhola. A águia carrega, em um dos lados, uma espada espanhola; do outro, um tacape nahua. "Essas alianças e conquistas foram entendidas como parte da rotina pré-hispânica e assim foram comunicadas."

Lenço de Quauhquecholán, criado por índios nahuas no século 16: a águia de duas cabeças, portando um tacape indígena e uma espada espanhola, representa a união militar entre os dois povos. Conforme o relato dos índios, o encontro com os espanhóis foi fraterno e teve até troca de presentes.

Muitos dos índios do século 16 festejaram a chegada dos espanhóis e se orgulhavam de tê-los ajudado a exterminar nativos inimigos. Identificavam-se mais com os espanhóis do que com outros povos indígenas. "O lenço quauhquecholteca retrata tanto os espanhóis quanto os índios com a mesma cor de pele, enquanto os inimigos têm pele marrom ou vermelha", conta a historiadora.

O apoio de parte dos índios da América aos europeus já é bem conhecido e aceito pelos historiadores. Desde o século 16 sabe-se que, no caso do México, os índios tlaxcaltecas ajudaram os europeus a impor sua vontade, e que o mesmo aconteceu entre caciques andinos. No entanto, a participação dos índios aparecia sempre em segundo plano. O exemplo mais típico é o quadro *A Conquista do México por Cortés*, do século 17. Na frente da batalha contra os astecas, estão os capitães e guerreiros espanhóis – já os índios aliados estão à margem dos acontecimentos.[39] Como afirma o pesquisador Gonzalo Lamana, "os atores nativos, no máximo, são marionetes no palco dos espanhóis – eles são punidos, coroados, enviados a batalhas". O que está se descobrindo agora é que as alianças travadas com os espanhóis foram, primeiro, mais numerosas. No México, além dos tlaxcaltecas, muitos outros povos aderiram às ações de conquista – até mesmo os astecas, depois de serem derrotados em Tenochtitlán. Segundo, as alianças parecem agora mais igualitárias do que se pensava. Tanto os índios como os espanhóis tinham de se adequar às necessidades do aliado para manter a união. Guias, tradutores, mulheres, chefes militares indígenas não atuaram só como marionetes, mas em diversos momentos impuseram os seus desejos (entre os quais estava o de exterminar vizinhos inimigos).

"Muitos astecas que sobreviveram à queda de Tenochtitlán participaram de outras conquistas pela Mesoamérica, até mesmo na Guatemala", diz a historiadora americana Laura Matthew. "Eram mais bem treinados para a guerra e ainda politicamente importantes. Por causa desse enorme poder, tiveram provavelmente um status mais alto nas alianças que os outros povos."[40]

Quadro *A Conquista do México por Cortés:* índios como personagens secundários.

Só é possível entender aquelas alianças reconstituindo o cenário dos primeiros europeus que chegaram à América. Ao contrário do que muita gente imagina, os conquistadores não eram seres com todo o poder sobre os índios. Não eram guerreiros especiais contratados pelo reino espanhol nem soldados de algum exército. Na maioria jovens artesãos (alfaiates, ferreiros, pedreiros) ou pequenos proprietários, eles vieram à América por conta própria. Da Coroa espanhola ganhavam somente a autorização para se apossar de terras que viessem a ser descobertas. Investindo o próprio dinheiro, eles arranjavam sócios para o investimento e persuadiam vizinhos, amigos e parentes a fazer parte da companhia. Não eram treinados nem organizados: a hierarquia dividia-se somente em capitão do navio, cavaleiros (aqueles que tiveram dinheiro para embarcar nos navios com um cavalo) e peões.[41] Nem sequer podiam contar com as armas de fogo para espantar os índios. Os arcabuzes do século 16 demoravam preciosos minutos para serem carregados e exigiam pólvora seca, uma raridade depois de tantos dias cruzando o oceano. E ainda não tinham sido criadas, naquela época, técnicas de artilharia que permitissem um ataque contínuo de fogo contra os inimigos.

Sem tanta preparação e superioridade militar, os conquistadores da América frequentemente passavam da expectativa de riquezas à esperança de voltar para casa, da esperança de voltar para casa à desilusão, da desilusão ao desespero. O fracasso era o destino mais comum. Em 1510, por exemplo, 69 dos setenta espanhóis instalados no Caribe colombiano foram mortos por índios. Juan de la Cosa, o chefe da expedição, foi encontrado "desfigurado e inchado, recoberto de flechas envenenadas e de espantosas chagas vermelhas".[42] Dos oitocentos homens que, em 1536, acompanharam Gonzalo Jiménez de Quesada numa expedição ao interior da Colômbia, só 179 sobreviveram. Mesmo Francisco Pizarro, quando conseguiu chegar ao Peru, em 1532, tentava se levantar de dois grandes fiascos. A primeira expedição de Pizarro, entre 1523 e 1524, foi posta para correr por poderosos inimigos: os mosquitos.

Nas cartas para a corte espanhola, os conquistadores costumavam deixar papelões como esse de lado. Mas relatos menos comprometidos mostram o sofrimento dos navegadores quando não encontravam índios dispostos a ajudá-los. "As pessoas não tinham o que comer e se morria de fome e padecia de grande escassez", escreveu o alemão Ulrich Schmidl, participante da expedição de Pedro Mendoza que desembarcou no rio da Prata em 1535. "Foram tais a pena e o desastre da fome que não bastaram nem ratos nem ratazanas, víboras ou insetos; até os sapatos e couros, tudo teve que ser comido." Dos 2.500 participantes dessa companhia, quase 2 mil morreram de fome ou atacados por índios.[43] Duas décadas antes, o navegador português João Diaz de Solis, que sucedeu Américo Vespúcio no cargo de piloto-mor da expedição, foi morto logo depois de descobrir o rio da Prata, entre a Argentina e o Uruguai. Solis e muitos de seus homens foram atacados na praia, após desembarcarem para entrar em contato com os índios. "Tomando às costas os mortos, os índios se afastaram da margem, até onde os navios podiam ver", escreveu um dos sobreviventes, o navegador espanhol Antonio de Herrera. "Então assaram os corpos inteiros e os comeram."[44]

Outro inimigo a enfraquecer os conquistadores eram os conflitos internos. Como acontecia com os índios, cada companhia e cada conquistador tinham objetivos nem sempre convergentes. Os capitães competiam entre si para obter títulos e encomendas – nessa disputa valia até espalhar fofocas na corte para que o inimigo perdesse benefícios. Também valia partir para a batalha. Diversos espanhóis foram atacados por outros espanhóis. Diego de Almagro, que havia passado de melhor amigo de Francisco Pizarro a seu grande adversário, foi decapitado em Cuzco, em 1538, por ordem de Hernando Pizarro, um dos três irmãos de Francisco a explorar a América. Três anos depois, Diego de Almagro, o filho, vingou-se da morte do pai executando Francisco Pizarro em Lima.

A precariedade e os perigos diminuíam tão logo os recém-chegados conseguissem fazer amizade com índios. Por isso, não demoravam a fazer concessões aos povos locais e se adaptar ao modo local de viver e guerrear. Ao pisar na América e perceber os conflitos entre as nações, logo se colocavam de um dos lados da briga. Como mandava o costume indígena, em que alianças políticas são alianças familiares, de sangue, os espanhóis casaram com diversas mulheres com o objetivo de obter o apoio local. "Apesar das mudanças trazidas pelo colonialismo, as *cacicas* continuaram a ter posições de autoridade e poder em suas comunidades", conta o historiador Robinson Herrera.[45] Formava-se assim uma elite de índios aliados que tinha tanto poder quanto alguns dos explora-

---

Dos quatro irmãos Pizarro que vieram à América, três foram mortos em combates. Só um deles, Hernando (o único filho legítimo), morreu de velhice na Espanha.

dores europeus. No México, a famosa índia Malinche, amante e tradutora de Cortés, trabalhou como braço-direito e conselheira do conquistador, ganhando o respeito dos outros espanhóis, que logo passaram a chamá-la de "Doña Marina". Também havia nativas poderosas no Peru, como mostra um curioso episódio ocorrido em Cuzco no ano de 1536. Índias nobres reclamaram com Hernando Pizarro que algumas de suas roupas tinham sido roubadas por dois espanhóis. O conquistador agiu imediatamente. Mandou prender os dois suspeitos, homens subordinados a seu irmão, Juan Pizarro. Os acusados tiveram de armar uma pequena revolta para não serem presos, mas devolveram as peças roubadas.[46]

Até mesmo a execução do imperador Atahualpa, em 1533, teve uma oculta influência desses aliados e familiares indígenas. O que raramente se conta sobre esse episódio tão lamentado é que houve um debate entre os exploradores sobre o que fazer: deveriam mesmo matar o imperador inca? O conquistador Francisco Pizarro era contra – preferia mantê-lo refém na longa viagem de Cajamarca até Cuzco, para facilitar a tomada de controle da capital dos incas. O imperador espanhol, Carlos V, tinha a mesma opinião. Seu tesoureiro, Pedro Riquelme, preocupado com a segurança do tesouro que havia sido arrecadado, mandou um funcionário escrever a Pizarro pedindo para que mantivesse Atahualpa vivo. Depois que a execução aconteceu, o rei considerou um ultraje a morte de um soberano e seu sepultamento terem ocorrido sem a cerimônia que ele merecia.

Malinche teve um filho com Cortés, que ganhou o nome do avô, Martín. A índia chegou a morar com Cortés na mesma casa em que ele vivia com sua mulher espanhola.

Os espanhóis costumavam manter líderes locais como reféns para evitar ataques. Como contou Gaspar de Marquina, um dos homens de Pizarro, numa carta ao pai, com a captura do senhor local, "um homem pode percorrer sozinho quinhentas léguas sem ser morto".[47]

A vontade real valeu menos que a de alguns índios e exploradores. Nos oito meses entre a captura e a execução de Atahualpa, os espanhóis estabeleceram uma boa convivência com os índios de Cajamarca. Os huancas, nativos que até então viviam sob domínio inca, não demoraram a se aliar aos espanhóis em represália a seus antigos senhores. Mulheres da corte, oficiais de elite inca (os "orejones") e até parentes do imperador Atahualpa fizeram o mesmo. No meio de um território e de uma cultura pouco conhecidos, os europeus tinham que confiar nos nativos como informantes. Esses índios, inclusive um sobrinho de Atahualpa, alertavam frequentemente os espanhóis quanto à possibilidade de uma tropa fiel ao imperador inca atacar a cidade com o objetivo de libertá-lo, o que poderia resultar no extermínio dos espanhóis. Como prova de que Atahualpa mantinha seu poder mesmo na prisão, havia o fato de ter ordenado a morte do irmão, Huáscar, que estava preso em Cuzco. Casos de matança geral dos espanhóis eram bem comuns naqueles anos, por isso o boato de uma revanche inca fez o grupo de espanhóis tremer. Quem mais atemorizou os espanhóis foi o índio Felipillo, principal tradutor entre Pizarro e Atahualpa. "As fontes nativas sugerem que Felipillo teve ou tentou fazer sexo com uma das mulheres de Atahualpa", conta Gonzalo Lamana. "Usando sua posição-chave, ele traduziu tendenciosamente as respostas do inca e de outras testemunhas sobre o provável ataque." O medo de uma batalha para livrar Atahualpa foi crucial na decisão de executá-lo.

No México, até o avanço militar dos espanhóis teve influência indígena. Como sugerem os *lienzos* nahuas, as batalhas de conquista foram decididas tanto pelos espanhóis quanto pelos índios aliados. Há outros vestígios dessa convergência de objetivos. Logo depois de a colônia espanhola se estabelecer, descendentes de índios aliados enviaram à corte na Europa pedidos de pensões e isenção de impostos. Justificavam o pedido destacando seus próprios feitos em prol da conquista, como faziam os exploradores nas *probanzas de mérito*. Em 1584, por exemplo, Don Joachin de San Francisco Moctezuma, cacique da região de Puebla, solicitou que sua comunidade ficasse livre da cobrança de impostos. A isenção seria uma retribuição em reconhecimento aos esforços de seu avô, Matzatzin, ao receber Hernán Cortés e conquistar povos da região de Mixteca e Oaxaca. O cacique ainda se dizia tataraneto do próprio Montezuma, o imperador asteca. O mais notável é que, segundo o relatório do cacique, a conquista desses territórios aconteceu sem nenhum guerreiro espanhol. "Enquanto Cortés voltou para o norte para reconquistar e punir Tenochtitlán por sua revolta, Matzatzin foi para o sul e conquistou cerca de vinte cidades", dizem os historiadores Michel R. Oudijk e Matthew Restall num dos estudos do livro *Indian Conquistadors* [Índios Conquistadores]. Apesar dos interesses do cacique em exagerar os feitos do avô, sua história converge com o que contam outras fontes nativas.[48] O cacique Joachin acabou obtendo a isenção de impostos que solicitava.

Há diversos casos assim. Como o dos índios mexicas (astecas), tlaxcaltecas e zapotecas que partiram com o espanhol Pedro de Alvarado para a Guatemala, em 1524, com o objetivo de conquistar povos maias. Quarenta anos depois de assentados em terras guatemaltecas, esses índios protocolaram um pedido de isenção de impostos que incluía relatórios de campanhas militares, testemunhos de vizinhos e de guerreiros indígenas. Todo o processo, incluindo ofícios reais e interrogatórios, chegou a oitocentas páginas. Entre as pessoas que apoiavam o pedido havia até mesmo conquistadores europeus, como Gonzalo Ortíz, conselheiro de uma cidade próxima.[49] De acordo com seu testemunho, "depois de conquistada esta terra os ditos índios conquistadores da Nova Espanha ficaram, muitos deles, povoados na cidade velha de Almolonga, onde agora estão e vivem com seus filhos e descendentes".

É comum afirmar que durante a conquista europeia "os índios homens foram mortos e as mulheres, emprenhadas". A sentença reproduz a ideia de que os europeus tiveram pleno controle de suas ações da América. Na verdade, a própria relação dos recém--chegados com as índias mostra como eles precisaram mergulhar na cultura local para realizar seus objetivos.

O ADÃO PERNAMBUCANO

Tanto entre índios guaranis do Brasil e do Paraguai como entre os andinos e os nahuas do México, o casamento era muito mais que um evento particular: determinava alianças militares e posições sociais.

Em toda a América Latina, índios só se aliavam depois que mulheres de seu clã se casassem com os europeus. Dois casos mostram isso muito bem. Um deles é o do português Jerônimo de Albuquerque, fundador do primeiro engenho de cana-de-açúcar de Pernambuco e cunhado de Duarte Coelho, o primeiro donatário daquela região.

Ao chegar ao Brasil, eles não se entenderam com os índios tabajaras. Precisavam do trabalho dos índios para mover seu engenho, mas os nativos preferiam derrubar pau-brasil para outros europeus. O problema se resolveu quando Jerônimo de Albuquerque se casou com Tabira, a filha do cacique dos Tabajaras. Teve tantos filhos com ela e outras mulheres que ganhou o nome de "Adão Pernambucano".[50]

No México, há um correspondente feminino. Diversas índias nobres procuraram se casar com os espanhóis para manter o status de sua linhagem.

E A EVA MEXICANA

O caso mais famoso é o de uma das filhas do imperador Montezuma, batizada como Doña Isabel Moctezuma. Antes de os espanhóis chegarem, ela já havia casado com três líderes vizinhos, com o objetivo de selar alianças entre os povos.

Depois da conquista, foi morar na casa do próprio Hernán Cortés, com quem teve um filho. Ainda se casou com outros três exploradores espanhóis: Alonso de Grado, Pedro Gallego e Juan Cano. Ninguém a considerava uma mulher promíscua — e sim uma respeitável representante da nobreza, dona de *encomiendas* e preocupada em construir alianças de sangue com os espanhóis mais proeminentes.[51]

O número tão alto de "índios conquistadores", entre tão poucos espanhóis, fez as guerras da conquista espanhola ganharem a cara das guerras anteriores à chegada dos espanhóis. Repare neste trecho do livro *Aztec Warfare* [Guerra Asteca], sobre as batalhas pré-hispânicas:

> **As cidades frequentemente eram atacadas em sequência, com os recursos, a inteligência e, algumas vezes, os guerreiros da última conquista auxiliando a próxima. A expansão sem precedentes dos astecas os levou a regiões onde foram capazes de explorar antagonismos locais aliando-se com um adversário contra o outro. Também faziam campanhas de intimidação contra cidades que não atacavam diretamente. Mensageiros iam a essas cidades para perguntar, geralmente oferecendo vantagens, se os moradores se tornariam súditos do Império Asteca.[52]**

Basta trocar a palavra "asteca" por "espanhóis" para descrever boa parte do modo de guerrear dos europeus na América. Mais uma amostra de que, no dia a dia de longas caminhadas, pousos, negociações e batalhas, os costumes indígenas não foram totalmente reprimidos. "A Conquista da América Central foi, desde o começo, uma parceria hispano-americana: planejada, coordenada, guiada e guerreada por milhares de índios nahuas, zapotecas e mixtecas, e algumas centenas de espanhóis, em nome de suas cidades, dos deuses mesoamericanos, de Cristo e da Coroa espanhola", afirma a historiadora Laura Matthew.[53] Diante desse protagonismo indígena ao exterminar seus conterrâneos, é fácil entender o que quis dizer o conquistador espanhol Francisco de Bracamonte, em 1576, quando escreveu a seguinte frase: "Posso dizer com toda a honestidade que sem os índios nós nunca teríamos conquistado esta terra".[54]

OS ÍNDIOS NÃO FORAM EXCLUÍDOS DAS DECISÕES POLÍTICAS

Não é correto, é claro, cometer o equívoco oposto e acreditar que os espanhóis não protagonizaram ação alguma, só acompanharam os índios em seus conflitos internos. Ou que não provocaram uma tremenda reorganização da vida dos índios. Mas a ideia do índio conquistador mostra como é exagerado e simplista dizer que os povos locais da América Latina foram marginalizados e excluídos de suas decisões políticas. Líderes e guerreiros locais não só estabeleceram alianças estratégicas para impor sua vontade como, muito depois de a conquista espanhola se estabelecer, continuaram participando da elite política.

No dia a dia colonial, as famílias de nobres indígenas se adaptaram às novas instituições criadas pelos espanhóis. Chefes de clãs e das cidades indígenas se tornaram governadores, chefes dos *cabildos* (os conselhos municipais) e caciques, ao mesmo tempo senhores dos índios locais e donos de terras. Bem ao costume pré-hispânico, o cacique cedia terra aos índios em troca de impostos em mercadorias. Além dos cargos de representação política, os índios fizeram parte da administração burocrática da colônia como juízes, fiscais ou tesoureiros. "Desde o século 16 se generalizou a prática de utilizar índios nobres como comissários, representantes do governo para resolver diferenças, levar a cabo auditorias e às vezes exercer a máxima autoridade em povos distantes de sua residência", conta o historiador mexicano Tomás Jalpa Flores.[55] É verdade que, durante a conquista, houve uma diminuição do número de famílias indígenas nobres e que a influência delas mudava de acordo com as ordens reais e a relação de cada região com

ASTECAS, INCAS, MAIAS **109**

o reino. No entanto, como afirma Flores sobre as famílias da região de Chalco:

> **❝** É preciso reconhecer que, na prática, durante os séculos 16 e 17, as linhagens indígenas seguiram participando da vida política da província; ocuparam os principais postos e, como consequência, administraram, como parte dos cacicados, as terras das comunidades e o seu patrimônio particular. Sua posição na sociedade permitiu a eles explorar a força do trabalho e continuar se beneficiando dos tributos e outros serviços que exigiam dos povoados.[56]

Esses índios logo deixaram os seus costumes de lado para entrar na sociedade espanhola. Não demoraram a adotar nomes europeus, vestirem-se como aristocratas espanhóis, criar rebanhos de ovelhas, morar em casas coloniais com camas, colchões, mesas e cadeiras, ter cavalos, espadas e armas de fogo. Alguns viraram até mesmo senhores escravistas. "Os testamentos e inventários de suas posses mostram uma adoção progressiva dos artigos da civilização espanhola, incluindo algumas vezes escravos negros", conta o historiador americano Charles Gibson no clássico *Los Aztecas Bajo el Dominio Español* [Os Astecas sob o Domínio Europeu].[57] O cacique Juán de Galicia é um bom exemplo de índio europeizado. Como governador da região mexicana de Tlalmanalco no século 17, cobrava impostos das cidades e dividia a quantia arrecadada entre a Coroa espanhola e o Hospital Real dos Índios. Amigo de outros fazendeiros da região, criava cavalos, bois, vendia madeira, plantava milho e portava armas de fogo.[58] De geração em geração, esses índios tão europeizados deixaram de se considerar índios.

Uma parcela do poder indígena também continuou existindo nos Andes. Os *curacas* exerceram papéis essenciais na administração colonial. Arregimentavam índios para montar grupos de trabalho, coletavam impostos e também forneciam comida e ferramentas ao redor das minas de prata. Em troca ganhavam armas, apoio contra agressões de índios inimigos e o título honorífico de "Don". No século 18, 250 anos depois da "queda do Império Inca" ainda havia índios disputando poder com base em sua ascendência nobre. Em 1785, um em cada dez índios de Cuzco fazia parte da nobreza colonial. Na eleição para conselheiro municipal, alguns candidatos se diziam "netos de imperadores incas".[59] Há registros do século 17 de índios nobres que apelaram à corte de Lima para que só descendentes de Huayna Cápac, como eles, pudessem ser eleitos em seu cabildo.[60] "Em alguns casos, as elites locais eram descendentes de elites dos tempos anteriores à conquista – entre eles, a nobreza de Cuzco e as dinastias de caciques da bacia do Titicaca", escreveu o historiador americano David T. Garrett.[61]

Entre os lagos que formam a bacia do Titicaca está a região onde nasceu aquele que é considerado o primeiro presidente indígena de um certo país andino, um certo país conhecido por ser campeão do mundo em golpes de Estado. Para evitar mais convulsões políticas, os autores deste livro preferem não afirmar que o tal presidente talvez não seja descendente de índios marginalizados, mas de opressoras dinastias andinas que se perpetuaram no poder. Em nome da paz, já basta por aqui.

Os incas davam enorme importância à linhagem dos jovens nobres. Quem aspirava a um cargo real ou mesmo ao posto de soberano inca deveria ter a ascendência de nobres então no poder. Essa preocupação foi tão grande que há relatos de um jovem se casar com sua irmã (provavelmente meia-irmã) para que tivessem filhos "mais puros".[62]

SIMÓN BOLÍVAR

DA DIREITA PARA
A ESQUERDA

Em Caracas, entre bater aquela vontade e sentar no vaso sanitário, é preciso pedir licença ao "Libertador" Simón Bolívar pelo menos duas vezes. O herói da independência nacional, conquistada depois de onze anos de luta em 1821, está em todos os lugares. No nome do país, a República Bolivariana da Venezuela, nas ruas, nos muros, nos cartazes e nas notas de dinheiro – a moeda nacional é o Bolívar Soberano, que substituiu o Bolívar forte em meados de 2018. Nas livrarias, não há uma estante sobre a História da Venezuela, assim como há uma de História da Argentina nas livrarias de Buenos Aires ou uma de História do Brasil nas de São Paulo. Há, sim, uma sobre Temas Bolivarianos. É como se a trajetória de um país inteiro ao longo dos séculos pudesse ser resumida à vida de um único homem.

Bolívar, que nasceu na Venezuela, foi o protagonista de momentos decisivos na história desse e de outros cinco países. No fim do século 18 e início do 19, período em que ele viveu, as colônias espanholas na América nutriam enorme ressentimento com a metrópole. Durante a dinastia dos Bourbon, que governou a Espanha até 1808, o controle comercial foi restringido; e os impostos, elevados. Intendentes espanhóis foram nomeados para substituir os *criollos*, ou seja, os nativos americanos descendentes de europeus, nos principais cargos da burocracia do Estado.[1] Sob o reinado Bourbon, os oficiais de patentes mais elevadas no Exército também passaram a ser, obrigatoriamente, espanhóis.[2] As colônias eram obrigadas a importar produtos como fumo, pólvora e tecidos apenas da Espanha e era apenas para lá que deveriam exportar seus metais e seus produtos agrícolas. "Os proprietários rurais *criollos* procuravam mercados

SIMÓN BOLÍVAR 115

de exportação maiores do que a Espanha poderia oferecer. Na Venezuela, os grandes latifundiários, produtores de cacau, de anil, de fumo, de café, de algodão e de couros viam-se permanentemente frustrados pelo controle espanhol do comércio de importação-exportação", escreveu o historiador inglês Leslie Bethell.[3]

Um dos mais ricos desses proprietários, Simón Bolívar, uniu-se aos demais *criollos* venezuelanos para declarar a independência e iniciar uma série de batalhas contra a Espanha. Ele atravessou os Andes com uma tropa de venezuelanos e de mercenários ingleses até a atual Colômbia. Contando sempre com a ajuda dos *criollos* locais, começou uma luta vitoriosa no país vizinho. Enquanto isso, Equador e Panamá declararam sua independência. Depois, Bolívar viajou rumo ao sul, para o Peru, e repetiu o feito. Subiu até o Alto Peru, atacou novamente os espanhóis e assim contribuiu para a criação de uma nova nação, batizada em sua homenagem: Bolívia. Em 1821, seguindo suas ambições, Venezuela, Colômbia e Equador se uniram em um mesmo país, a Grande Colômbia, que tinha Bolívar como presidente e ainda incluía o Panamá.

Mural pintado pelo colombiano Jose Ignacio Castillo Cervantes mostra a entrada triunfal de Bolívar em Bogotá.

O Panamá foi parte da Colômbia até 1903, quando seus habitantes, apoiados pelos americanos, declararam independência. O suporte dos Estados Unidos se deveu ao interesse estratégico no Canal do Panamá, em construção na época.

Quase duzentos anos após sua morte, todos esses países guardam uma dívida para com Bolívar, mas em nenhum deles a adoração é tão intensa quanto na Venezuela. Graças ao empurrãozinho do presidente Hugo Chávez, eleito em 1998 e falecido em 2013, Bolívar é um herói internacional. Com ele, o bolivarianismo expandiu-se e ganhou o coração de muitos presidentes de esquerda (até da Argentina, onde o Libertador jamais esteve!), ansiosos por confessar sua "pegada bolivariana" e ganhar como recompensa alguns petrodólares venezuelanos.

Sendo Bolívar hoje um ícone dos marxistas, emprestemos o centro do auditório para que o alemão Karl Marx, o pai intelectual da esquerda, nos introduza às particularidades desse personagem tão importante na América Latina. Por um capricho da história, em 1857, Marx foi contratado pelo diretor do jornal *New York Daily Tribune* para escrever alguns verbetes para uma tal *New American Cyclopaedia*. Entre suas atribuições, ele foi encarregado de resumir a vida de Bolívar, que tinha morrido com tuberculose 27 anos antes. Inicia assim o texto de Marx:

> **"** Bolívar y Ponte, Simón, o 'libertador' da Colômbia, nasceu em Caracas, em 24 de julho de 1783, e faleceu em San Pedro, perto de Santa Marta, em 17 de dezembro de 1830. Era filho de uma das famílias mantuanas que, no período da supremacia espanhola, constituíam a nobreza *criolla* da Venezuela.[4]

O verbete, então, segue contando as aventuras militares do comandante, incluindo traições a seus companheiros, como Francisco de Miranda, que encarregara Bolívar de tomar conta da fortaleza de Porto Cabello:

> **"** Quando os prisioneiros de guerra espanhóis, que Miranda costumava confinar na fortaleza de Porto Cabello, conseguiram dominar de surpresa os guardas e tomar a cidadela, Bolívar – apesar de os prisioneiros estarem desarmados, ao passo que ele dispunha de uma guarnição numerosa e uma grande quantidade de munição – fugiu precipitadamente durante a noite com oito de seus oficiais, sem informar seus próprios soldados. Ao tomar conhecimento da fuga de seu comandante, a guarnição retirou-se ordeiramente do local, que foi ocupado de imediato pelos espanhóis.[5]

É a primeira narração de Marx de uma fuga covarde de Bolívar. Ao todo, há outras cinco. Outra é esta aqui, quando Marx relata o depoimento de uma testemunha:

> **"** Quando os combatentes [espanhóis] dispersaram a guarda avançada de Bolívar, segundo o registro de uma testemunha ocular, este perdeu toda a presença de espírito, não disse palavra, fez meia-volta no ato com o cavalo, fugiu a toda velocidade para Ocumare, passou pelo vilarejo num galope desabalado, chegou à baía próxima, apeou de um salto, entrou num bote e embarcou no Diana, deixando todos os seus companheiros privados de qualquer auxílio.[6]

Para Marx, Bolívar também era despótico e egocêntrico. A ideia fixa do venezuelano era criar uma única República, que seria resultante da independência de várias colônias: "Eu desejo,

---

Manuel Piar, um caudilho mestiço que lutou contra a Espanha, queria que Bolívar fosse a julgamento na Corte Marcial por deserção e covardia. Ele o chamava de "Napoleão das retiradas". A disputa entre os dois fez com que Piar fosse depois fuzilado por Bolívar.[7]

mais do que qualquer outro, ver formar-se na América a maior nação do mundo, menos por sua extensão e riquezas do que pela liberdade e glória",[8] escreveu ele em uma carta na Jamaica, em 1815. Em 1826, com a Espanha fora da região, o Libertador organizou um congresso no Panamá com representantes de vários países de toda a América do Sul. Convidou até mesmo diplomatas do Brasil. Segundo o pensador alemão: "O que Bolívar realmente almejava era erigir toda a América do Sul como uma única república federativa, tendo nele próprio seu ditador. Enquanto, dessa maneira, dava plena vazão a seus sonhos de ligar meio mundo a seu nome, o poder efetivo lhe escapou das mãos".[9]

No ano seguinte, em 1827, Bolívar voltou à Venezuela após cinco anos lutando contra soldados que defendiam a Espanha na Colômbia, no Peru e na Bolívia. Os interesses dos espanhóis eram guarnecidos por apenas mil soldados, a maioria deles americanos doentes e mal equipados.[10] Para ajudá-los, a Espanha enviou sua maior expedição militar para a colônia em três séculos de dominação e reforços anuais. "Mas o tamanho excedia a moral, e uma vez na América os números eram reduzidos pela morte ou deserção. Os soldados espanhóis eram conscritos (alistados obrigatoriamente), não voluntários. A Guerra Colonial não era uma causa popular na Espanha, e nem os soldados nem os oficiais queriam arriscar suas vidas na América, muito menos na Venezuela, onde o ambiente de luta era notoriamente cruel", escreveu John Lynch.[11]

Para confrontá-los, Bolívar e seus parceiros *criollos* contaram com a ajuda dos ingleses. Após as guerras com Napoleão, havia milhares de soldados desempregados ou com baixos salários na Grã-Bretanha. Ansiavam tanto por um convite para lutar na América

---

O número de habitantes da Venezuela antes da guerra de independência beirava 1 milhão. Depois, estava em 660 mil. Três em cada dez venezuelanos pereceram no conflito.[12]

do Sul que treinavam voluntariamente durante o dia em Londres. Ao chegar à Venezuela, passaram a ser conhecidos como bons marchadores, pois deixavam os soldados locais sempre para trás nos grandes deslocamentos de tropas. A Batalha de Boyacá, ocorrida quando Bolívar entrou na Colômbia e a qual ele considerava "minha mais completa vitória", foi vencida graças aos ingleses, que também venderam rifles, pistolas e espadas aos republicanos.

No retorno à Venezuela, quem recebeu Bolívar foi o general José Antonio Páez, que ajudara a debandar as tropas da metrópole e, três anos depois, se tornaria presidente da Venezuela. Em sua aula, o professor Marx nos conta então como se dá a entrada apoteótica do Libertador em Caracas:

> De pé sobre um carro triunfal, puxado por 12 jovens vestidas de branco e enfeitadas com as cores nacionais, todas escolhidas entre as melhores famílias de Caracas, Bolívar, com a cabeça descoberta e uniforme de gala, agitando um pequeno bastão, foi conduzido por cerca de meia hora, desde a entrada da cidade até sua residência. Proclamando-se 'Diretor e Libertador das Províncias Ocidentais da Venezuela', criou a 'Ordem do Libertador', formou uma tropa de elite que denominou de sua guarda pessoal e se cercou da pompa própria de uma corte. Entretanto, como a maioria de seus compatriotas, ele era avesso a qualquer esforço prolongado, e sua ditadura não tardou a degenerar numa anarquia militar, na qual os assuntos mais importantes eram deixados nas mãos de favoritos, que arruinavam as finanças públicas e depois recorriam a meios odiosos para reorganizá-las.[13]

Era tanta gente treinando para lutar com Bolívar nas ruas de Londres que a embaixada da Espanha apresentou uma reclamação formal ao governo inglês. Em 1819, foi decretado o Ato de Alistamento Estrangeiro, proibindo os britânicos de lutar em exércitos na América do Sul e vender armas. Foi uma lei para espanhol ver, pois de nada adiantou.[14]

Ao ser questionado se não teria exagerado na crítica ao descrever uma pessoa com tantas conquistas, Marx respondeu o seguinte em uma carta para o camarada Friedrich Engels: "Seria ultrapassar os limites querer apresentar como Napoleão I o mais covarde, brutal e miserável dos canalhas".[15]

UM REI PARA A AMÉRICA LATINA

Em resumo, a aula de Karl Marx sobre Simón Bolívar revela que este último lhe suscitara uma imagem nada honrosa. O venezuelano, segundo ele, era covarde, folgado, egocêntrico, narcisista, inútil como estrategista militar e sempre ávido por acumular poder. Marx tinha razão? Em alguns pontos, sim. Em outros, é difícil saber. Principalmente em relação às acusações sobre sua falta de bravura e sua preguiça. Mas uma análise das atitudes políticas que Bolívar tomava após suas conquistas militares, das cartas que escreveu, dos discursos e, principalmente, da Constituição que redigiu para a Bolívia não deixa dúvida com relação às acusações de que ele fez de tudo para acumular poder. Apesar de ter entrado em contato com conceitos iluministas durante uma viagem à França e à Inglaterra, essas ideias começaram a enfraquecer logo após seu retorno até desaparecerem.

Bolívar, um devorador de livros, leu Jean-Jacques Rousseau, John Locke, Voltaire e Montesquieu. Do inglês Locke, aprendeu o conceito de que os homens tinham direitos naturais, como a vida, a propriedade e a liberdade. Do francês Rousseau, sorveu a necessidade de lutar por liberdade, o que ele interpretou como a urgência do fim do domínio espanhol. "O homem nasce livre, mas em qualquer lugar está acorrentado", lia ele em seu livro de cabeceira, *Do Contrato Social*, de Rousseau. Todos esses autores exerceram alguma influência sobre o venezuelano no início de sua vida política. Era também uma época marcada por duas revoluções, a inglesa do século 17 e a francesa de 1789. Bolívar e os demais *criollos* viam com bons olhos o sucesso econômico da Inglaterra, que sobrepujava a Espanha, mas tinham receio de repetir o banho de sangue que se dera na França.[16] De qualquer modo, nos seus anos de vida, as ideias mais revolucionárias já tinham desaparecido de sua mente, e Bolívar defendia abertamente um absolutismo monárquico nos territórios que anos antes ele ajudara a libertar do rei espanhol.

Seus primeiros traços autoritários aparecem logo no início dos confrontos, em 1813. Depois que a disputa com os espanhóis na Venezuela chegou a um impasse, Bolívar viajou com um exército mercenário para a Colômbia, com o objetivo de abrir outra frente contra os espanhóis. Em Cartagena, em 1813, após dominar os inimigos colonizadores, Bolívar estabeleceu uma pequena ditadura. Ditava as políticas e nomeava os membros do governo. Recebeu poder supremo pela assembleia recém-formada e estabeleceu um governo linha-dura, sem misericórdia com os espanhóis e com a pena de morte para os que ameaçavam a ordem social. No ano seguinte, ele justificou sua ditadura como uma medida necessária para manter sob controle um país em estado de emergência:

> " Meu desejo de salvar vocês da anarquia e de destruir os inimigos que ainda estão se esforçando para manter os opressores me forçou a aceitar e manter o poder soberano [...]. Eu vim para trazer a vocês o estado das leis.

Na Carta da Jamaica, em 1815, já começou a atacar mais fortemente as instituições e os valores democráticos, os quais ele considerava inadequados para as sociedades americanas:

> **"** Eventos na Terra Firme nos provaram que instituições totalmente representativas não estão adaptadas para o nosso caráter, costumes e conhecimento atual. Em Caracas o espírito dos partidos cresceu nas sociedades, assembleias e eleições populares, e os partidos nos levaram de volta à escravidão.[17]

Talvez Bolívar estivesse certo quanto às limitações da democracia. O fato é que assim se revela sua malandragem intelectual. Ele adorava escrever em suas longas cartas que era um liberal, adepto das ideias do Iluminismo, da igualdade entre as pessoas, da separação dos poderes. Muito nobre. Algumas linhas abaixo, e ele já se dizia convencido de que isso não valia para a América, que a herança de colônia espanhola e a mistura de raças tornavam impossível implantar algo assim por aqui. A solução? Um governo de "pulso infinitamente firme, um tato infinitamente delicado". Em um discurso de 1819, essa artimanha fica evidente. Primeiro, Bolívar afirma ser um partidário da democracia, da liberdade, da alternância de poder:

> **"** A continuação da autoridade em um mesmo indivíduo frequentemente tem sido o fim dos governos democráticos. As repetidas eleições são essenciais nos sistemas populares, porque nada é tão perigoso como deixar permanentemente por um longo tempo em um mesmo cidadão o poder. O povo se acostuma a obedecer, e ele se acostuma a mandar, de onde se origina a usurpação e a tirania.

SIMÓN BOLÍVAR 123

Depois, solta esta:

> A diversidade da origem social requer uma mão infinitamente dura e um tato infinitamente delicado para administrar essa sociedade heterogênea, cujo complexo mecanismo é facilmente deteriorado, separado e desintegrado pela menor controvérsia.[18]

No mesmo texto, em que dá orientações para a formação de um único governo para administrar a Venezuela e a Colômbia e de um Congresso, propõe a criação de um Senado hereditário, seguindo o modelo da Câmara dos Lordes inglesa. No trecho, defende regalos monárquicos:

> A veneração que professam os povos à magistratura real é um prestígio que influi poderosamente para aumentar o respeito supersticioso que se atribuiu a essa autoridade. O esplendor do trono, da coroa, da púrpura, o apoio formidável que empresta a nobreza, as imensas riquezas que gerações inteiras acumulam em uma mesma dinastia, a proteção fraternal que reciprocamente recebem todos os reis são vantagens muito consideráveis que militam em favor da autoridade real e a fazem quase ilimitada. Essas mesmas vantagens são, por consequência, as que devem confirmar a necessidade de atribuir a um magistrado republicano uma soma maior de autoridade que a que possui um príncipe constitucional.[19]

Quando ajuda na independência da Bolívia e escreve a Constituição do país, sua veia autoritária se revela plenamente. Segundo o texto, o presidente deve governar por toda a sua vida e teria o direito de escolher o seu sucessor e o vice-presidente (que seria o primeiro-ministro). Eleições deveriam ser evitadas, pois, segundo ele, apenas produzem anarquia.[20] Nem mesmo os conservadores europeus eram tão conservadores: "Estou convencido do tutano dos meus ossos que a América só pode ser governada por um despotismo hábil".[21]

Com a aprovação de seu projeto de Constituição, Bolívar tentou espalhar essa mesma carta de leis pelos demais países da América do Sul onde tinha alguma influência e convidou seus presidentes ao tal Congresso no Panamá. Era isso o que Marx queria dizer com "O que Bolívar realmente almejava era erigir toda a América do Sul como uma única república federativa, tendo nele próprio seu ditador".

BOLÍVAR PARTICIPOU DA LUTA DE CLASSES – SÓ QUE NA PARTE DE CIMA

O que mais impressiona no verbete escrito por Marx, contudo, não é o que o alemão diz a respeito do venezuelano, mas o que ele ignorou. Ao participar dos conflitos de independência, Bolívar envolveu-se em uma sangrenta luta de classes. Não no lado de baixo, das classes menos favorecidas, mas na classe de cima. Seu maior medo era que negros, índios e mestiços tomassem o poder e instalassem um governo dos pardos, que eram os negros livres e mulatos. Bolívar se referia a isso como uma "pardocracia". Em uma carta endereçada ao general Francisco de Paula Santander, ele escreveu: "A igualdade natural não é o bastante para o povo, que quer uma igualdade absoluta, tanto no público como no doméstico. E depois irá querer a pardocracia, que é a inclinação natural e única, para exterminar depois a classe privilegiada".[22]

SIMÓN BOLÍVAR 125

Um mês depois, ele afirma: "Vão nos sepultar em uma guerra de cores, ou mais ainda, destruir nossa miserável espécie".[23]

O preconceito contra outros grupos sociais era comum. Sua família era parte da elite branca espanhola, de origem basca. Era um "mantuano", como eram chamados os donos de terras e de escravos e comandantes do Exército colonial[24] que descendiam dos espanhóis. O pai, que morreu de tuberculose quando ele tinha dois anos, possuía duas fazendas de cacau, uma de cana-de-açúcar na cidade de San Mateo, três ranchos de gado nas planícies, uma plantação de índigo, uma mina de cobre e quatro casas em Caracas e outras em La Guaira. A consciência de raça era bem enraizada em toda a região, e as conversas de vizinhos normalmente eram sobre a ascendência dos demais.[25]

O temor de Bolívar tinha fundamento de acordo com o pensamento da época. Na Venezuela, de economia agrícola, escravos e pardos constituíam 61% da população, ou seja, a maioria.[26] Por decisão dos espanhóis, foi permitido a eles que integrassem as milícias, decisão que foi reprovada pela aristocracia local, temerosa de rebeliões.[27] Não era uma época tranquila para as aristocracias. Na Europa, os princípios liberais da Revolução Francesa tinham acabado em guilhotina e tragédia. No Haiti, então a colônia francesa mais próspera no Caribe, uma revolta de escravos matou senhores brancos e tomou propriedades em 1791. A partir de então, boa parte dos agricultores e dos donos de terras deixaram o país, que mergulhou em conflitos raciais de brancos ricos, brancos pobres, mulatos, negros livres e escravos, além da invasão de franceses, ingleses

---

Com a intenção de realçar os traços latinos do seu libertador querido, o presidente venezuelano Hugo Chávez, no programa dominical *Aló Presidente*, em 5 de março de 2006, disse: "Bolívar não era branco. Bolívar nasceu entre os negros, era mais negro do que branco. Não tinha olhos verdes. Bolívar era zambo".[28]

e espanhóis. Depois de anos seguidos de devastação e carnificinas, a República do Haiti, proclamada em 1804, matou ou expulsou todos os brancos que viviam por ali e manteve os negros em um sistema que dissimulava a escravidão (*veja mais sobre o Haiti na página 137*).

Quando Napoleão invadiu a Espanha, em 1807, as colônias latino-americanas ficaram subitamente sem uma metrópole para obedecer. Mais do que isso, a aristocracia *criolla* percebeu que não poderia contar com ela para sua proteção. No vácuo de poder, esperava-se que uma revolução acontecesse de um jeito ou de outro. "Os hispano-americanos tiveram de preencher o vazio político e conquistar sua independência, não para criar um outro Haiti, mas para impedi-lo", escreveu o historiador John Lynch.[29] Não foi por acaso que, em toda a América Latina, os mesmos militares e aristocratas que tinham lutado contra a Espanha passaram a atuar para conter insatisfações sociais e pequenas rebeliões internas. "Após um envolvimento inicial numa agitação puramente fiscal, os *criollos* geralmente percebiam o perigo de um protesto mais violento das camadas inferiores, dirigido não somente contra a autoridade administrativa mas também contra todos os opressores", afirma o historiador Leslie Bethell. "Então se uniam às forças da lei e da ordem para reprimir os rebeldes sociais."[30]

De qualquer modo, a aula de Marx foi incompleta. Bolívar tinha medo das classes sociais abaixo dele e agiu para evitar que elas chegassem ao poder. Não ter enxergado isso foi uma falta gravíssima de Marx, considerando-se que hoje seus discípulos de universidades públicas e privadas sempre começam qualquer análise social procurando, em qualquer lugar, em qualquer data, qualquer coisa relacionada a uma luta de classes.

Na opinião de Simón Bolívar, que escreveu a Constituição da Bolívia, essa sua obra-prima tinha o mérito de criar uma ferramenta para enfrentar os obstáculos que viriam pela frente, principalmente as rebeliões de pardos, mestiços e mulatos, nascidos da mistura de espanhóis, índios e negros africanos:

> " Um grande vulcão está sob nossos pés, e seus tremores não são poéticos ou imaginários, mas muito reais. Quem deve reconciliar as mentes? Quem deve reprimir as classes oprimidas? A escravidão vai quebrar seu jugo, cada tom de cor vai buscar supremacia, e o resto vai lutar como vitória ou morte. Ódios latentes entre as diferentes classes vão aparecer de novo, cada opinião vai querer ser soberana.[31]

Em uma carta ao general Santander, Bolívar deixa transparecer sua obsessão com o perigo das classes subalternas. Entre os argumentos para convencer o destinatário a aceitar negros nas fileiras do Exército estava o fato de que, assim, seria possível reduzir o número (por meio das baixas) e manter o saudável equilíbrio social da República.[32]

> " Não seria apropriado que os escravos adquirissem seus direitos no campo de batalha, e que os seus números perigosos fossem reduzidos por um processo que é ao mesmo tempo efetivo e legítimo? Na Venezuela nós temos visto a população livre morrer e os escravos sobreviverem. Eu não sei o quanto isso é político, mas sei que, a menos que a gente recrute escravos em Cundinamarca, a mesma coisa vai acontecer de novo.[33] [...]
>
> Onde está lá (no Haiti) um exército de ocupação para impor a ordem? África? – nós teremos mais e mais da África. Eu não digo isso levemente, qualquer um com pele branca que escape será sorte.[34]

BOLÍVAR CONTRA OS BOLIVARIANOS

Felizmente, a ambição de Bolívar de juntar vários países americanos sob sua ditadura não agradou aos militares nem aos donos de terras. O encontro no Panamá foi um fracasso diplomático. Equador, Colômbia e Venezuela eram países com identidades nacionais já construídas, que não tinham nada a ganhar sob o mando de um ditador venezuelano e sua autoritária Constituição boliviana. Além do mais, seu conceito de uma única nação era impraticável. Os pré-requisitos para uma união política ou comercial eram pequenos. Por essa época, Venezuela, Colômbia e Equador não tinham mais do que 3 milhões de habitantes, pouco menos do que tem hoje a região metropolitana de Maracaibo, na Venezuela.[35] A maior parte vivia no campo, e não havia na região uma única cidade com mais de 40 mil habitantes.[36] O transporte terrestre era precário. As distâncias normalmente eram vencidas a cavalo, em estradas de terra. Diz-se que Bolívar teria percorrido mais de 100 mil quilômetros em sua vida. Os Andes não ajudavam. Ao cruzar as montanhas com uma legião de mercenários ingleses para lutar em Boyacá, na Colômbia, um em cada quatro gringos morreu no caminho.[37] A navegação costeira e fluvial também era difícil. O barco a vapor até facilitou a vida, mas era preciso esperar dias até que ele ficasse carregado para que a viagem compensasse financeiramente. "Poucas pessoas viajavam, assim como poucas mercadorias viajavam", escreve o historiador Leslie Bethell.[38] Segundo ele, "as distâncias eram grandes demais, e a identidade de cada província era demasiado forte para que um governo localizado em Bogotá pudesse durar muito tempo depois da vitória definitiva sobre as Forças espanholas. Entre as três províncias não havia quaisquer vínculos econômicos mais estreitos".

Com seu discurso alienígena e sem ter uma função prática no novo cenário, uma vez que as batalhas já haviam sido vencidas, a popularidade de Bolívar foi se esmigalhando. Em 1828, em Bogotá, ele sofreu um atentado. Estava dormindo no Palácio de San Carlos, hoje sede do Ministério das Relações Exteriores, quando um grupo invadiu o prédio, matou três sentinelas e os cães de guarda. Bolívar, alertado por Manuela Sáenz, sua amante, fugiu pela janela e teve de se esconder, por três horas, nadando nas águas sujas do rio San Agustín, embaixo de uma ponte, até que o perigo passasse.[39]

A falta de sintonia do herói com a sociedade o transformou em vilão. Nas ruas de Bogotá, a população queimava retratos de Bolívar e gritava o nome de Santander. O general ficou dirigindo seu país, a Colômbia, como vice-presidente, enquanto Bolívar viajava pelo Peru e pela Venezuela. Nesse tempo, Santander colocou-se contra as investidas autoritárias e monárquicas de Bolívar, insuflando alguns grupos políticos contra seu antigo companheiro, ao lado do qual tinha lutado no passado. O jornal *El Fanal* escreveu em seu editorial frases bem próximas das que os jornais colombianos escreviam sobre o venezuelano Hugo Chávez quando ele ainda estava vivo: "O general Bolívar não tem tentado outra coisa em toda a sua carreira de administração despótica senão absorver em sua vida um mando absoluto e arbitrário sobre o povo colombiano, a quem tem considerado sempre como seu verdadeiro patrimônio".

O jornal *Gazeta de Colombia* seguiu a mesma linha: "Se tivéssemos chegado sequer a imaginar que os imensos sacrifícios feitos pela causa da liberdade haviam de refluir em proveito da utilidade de Bolívar, estamos certos de que todos teriam permanecido tranquilos com os espanhóis".[40]

Com o clima pesado, o Libertador decidiu deixar a Colômbia com destino incerto: Jamaica ou Europa. Do caminho, escreveu ao general Flores, que então governava o Equador:

> Você sabe que eu governei por 20 anos e desses tirei apenas algumas certezas:
> 1. A América é ingovernável por nós;
> 2. Quem serve à causa da revolução perde tempo;
> 3. A única coisa a fazer na América é ir embora;
> 4. Este país cairá infalivelmente nas mãos de massas desenfreadas e quase imperceptivelmente passará para as mãos de tiranos mesquinhos de todas as raças e cores;
> 5. Uma vez que formos devorados por todos os crimes e aniquilados pela ferocidade, seremos desprezados pelos europeus;
> 6. Se fosse possível que uma parte do mundo voltasse ao caos primitivo, essa parte seria a América na sua hora final.[41]

ÍDOLO DE MUSSOLINI, CULTUADO POR CHÁVEZ

Tendo em vista que algumas revoluções da época (assim como quase todas as revoluções) resultaram em caos, dá para entender por que Bolívar teve atitudes autoritárias, centralistas e repressoras. O mistério é que ele tenha sido adotado como um herói por pessoas de esquerda que, ainda hoje, querem convencer a todos de que são democratas convictos, avessos a ditaduras. Como já escreveu o pensador venezuelano José Toro Hardy, "uma pessoa pode ser marxista ou pode ser bolivariana, mas não se pode ser marxista e bolivariana ao mesmo tempo".[42]

A apropriação de Bolívar pelos socialistas é recente. Até o fim do século passado, sua figura era frequentemente lembrada pela direita e por ditadores. Um deles foi Juan Vicente Gómez, o mais terrível ditador venezuelano, presidente em quatro mandatos, entre 1908 e 1935. No seu segundo ano no poder, Gómez ordenou a reconstrução do Panteão Nacional, depois de um terremoto que destruiu o prédio em 1900. O edifício, construído inicialmente para ser a Igreja da Santíssima Trindade, tinha sido adaptado para guardar os restos de Simón Bolívar, em 1876.

Gómez, que aboliu os partidos, gostava especialmente daquele último pensamento de Bolívar: "Se a minha morte contribui para que acabem os partidos e se consolide a União, eu baixarei tranquilo ao sepulcro".[43] A frase está à direita do altar no panteão em Caracas. Para ditadores ávidos por reprimir movimentos dissonantes, como Gómez, as derradeiras palavras do Libertador caíram muito bem.

Na Itália, Bolívar virou herói dos fascistas. Ézio Garibaldi, presidente do Senado, chegou ao extremo de pensar que Benito Mussolini, o ditador que se juntou a Adolf Hitler na Segunda Guerra, fosse uma reencarnação de Bolívar. "Há no Duce a mesma audácia religiosa do ditador Bolívar, a mesma fé inquebrantável no destino da Pátria e no seu próprio."[44] Giuseppe Bottai, ministro do governo de Mussolini, dizia que "a Itália fascista vislumbra em Simón Bolívar um temperamento extremamente próximo a nossa sensibilidade política. Bolívar não é só um libertador, mas também, e sobretudo, um homem de armas, um *condottiero*".[45]

Por fim, o próprio Mussolini fez referências ao venezuelano. Disse o Duce durante a inauguração do monumento ao herói:

> **"** Herói honesto, empurrado por uma energia incontrolável e às vezes cruel, semelhante à que animava aos primeiros conquistadores, digna de sua própria linhagem. [...]
>
> Contribuiu com uma obra verdadeiramente revolucionária e criadora, a assentar as bases da América Latina de hoje em dia.[46]

Bolívar foi atraído para a esquerda só em 1992, quando o presidente Hugo Chávez, após tentar um golpe de Estado, começou a citá-lo em seus discursos e textos. De início, ninguém ligou. Mas com o tempo ficou impossível não reparar. Por obra do presidente venezuelano, Bolívar tornou-se um dos raríssimos casos conhecidos no universo de uma pessoa que, com o tempo, passou da direita para a esquerda. Chávez deixava até uma cadeira vazia ao seu lado na cabeça da mesa de reuniões, no Palácio Miraflores, a sede do Poder Executivo, para Bolívar passar lá de vez em quando e lhe dar alguns conselhos.[47] A julgar pela ditadura que a Venezuela se tornou nos últimos anos, é razoável acreditar que, sim, Simón Bolívar se sentava ali todos os dias. E nunca tirou o traseiro de lá. Mais vivo do que nunca, dá seguidos conselhos catastróficos a Nicolás Maduro, o sucessor de Chávez.

> **"** O Libertador hoje segue sendo vanguarda, com seu exemplo, com suas ideias. E seu projeto ainda está por ser realizado. Transcendeu seu tempo histórico, seu tempo vital, como ser humano. Não estou falando de Superman. Não estou falando dos Power Rangers, tampouco. Estou falando de um herói de verdade que nasceu em Caracas, nessa terra, e se chamou e se chama Simón Bolívar", disse Maduro em um discurso de 2017.

SIMÓN BOLÍVAR 133

Na sua conversão forçada para a esquerda, Bolívar tornou-se também um ícone antiamericano. Alguns acreditam que, ainda no início do século 19, o libertador já teria farejado o papel que os Estados Unidos exerceriam no mundo, expandindo sua área de influência. Um profeta. Um visionário. Tudo por conta de sua frase, na página seguinte:

UM PROFETA DO

Não é bem assim. Em primeiro lugar, Bolívar era um fervoroso devoto da Inglaterra, império que andava em rixa com sua ex-colônia e disputava mercados com os americanos. O Libertador, vale lembrar, recebeu amplo apoio dos ingleses para sua luta de independência. Estima-se que 6 mil ingleses e irlandeses mercenários viajaram em 53 navios para lutar ao lado do venezuelano contra a Espanha.[48] Foi para um representante da Inglaterra que Bolívar mandou a carta que continha esta frase; falar mal dos Estados Unidos era um ótimo jeito de conquistar a benevolência do inglês.

> " ... e os Estados Unidos que parecem destinados pela Previdência para encher a América de misérias em nome da liberdade?

Em segundo lugar, a oposição de Bolívar aos Estados Unidos tinha um toque de inveja. Ao declarar-se independente da Inglaterra e implantar uma república – tudo isso treze anos antes da Revolução Francesa –, o país se tornou exemplo de revolução e republicanismo para os europeus e os latino-americanos. Os avanços obtidos nas áreas de educação, nas eleições e na redução do analfabetismo estavam muito além do que tinha conquistado a Colômbia ou a Venezuela na época. E eram esses principios que o venezuelano dizia que jamais funcionariam na América. O modelo de Bolívar era o absolutismo monárquico, não a república ou o federalismo.

ANTI AMERICA NISMO

OS REVOLUCIONÁRIOS REACIONÁRIOS

Uma das primeiras histórias de viagem no tempo a conquistar multidões de leitores foi o conto "O Ano 2440", escrito pelo francês Louis-Sébastien Mercier em 1771. Mesmo proibida pelas autoridades de Versalhes por causa de suas críticas à monarquia, a obra foi o maior best-seller da época. Teve em poucos meses 25 reimpressões, popularizando ideias que resultariam, dezoito anos depois, na Revolução Francesa. Em "O Ano 2440", o narrador conta que, logo depois de uma tensa discussão com um amigo sobre as injustiças de Paris, resolveu tirar uma soneca. Acorda com uma longa barba, o corpo fraco e envelhecido: tinha dormido por quase setecentos anos. Um filósofo logo percebe sua situação e se dispõe a guiar o viajante no tempo pela Paris de 2440.[1]

O futuro que Mercier descreve é a sua imagem de um mundo quase perfeito. Paris tinha deixado de ser o lugar sujo e desorganizado de 1771 para dar lugar a ruas limpas, planejadas e cheias de árvores. Uma revolução havia limitado o poder do rei, que andava a pé pela cidade, assim como quase todos os habitantes – e as melhores carruagens eram reservadas aos idosos. A população vivia em igualdade quase total, vestindo o mesmo tipo de roupas e morando em casas do mesmo padrão. Não havia mendigos, prisões, criminosos, soldados, impostos, padres e, o principal: não existiam escravos. A escravidão tinha sido abolida séculos antes, depois de uma grande revolta dos negros. No centro de uma praça, o narrador se depara com a estátua de um célebre revolucionário negro que fez jorrar o sangue de seus tiranos e libertou o mundo daquele costume odioso. "Franceses, espanhóis, ingleses, holandeses e portugueses, todos se tornaram vítimas do ferro, do veneno e do fogo. O solo da América bebeu avidamente o sangue que esperava por tanto tempo."[2]

Algumas previsões do escritor Mercier se tornaram realidade muito antes do que ele imaginou. Paris passaria no século 19 por uma transformação urbanística que resolveria o caos das vielas medievais e daria origem aos bulevares que hoje marcam a cidade. Em 1789, os cidadãos enfrentariam o rei Luís XVI para logo depois invadir igrejas e massacrar religiosos. Dois anos depois, os escravos da mais importante colônia francesa na América, o Haiti, que naquela época se chamava São Domingos, deixaram as senzalas e invadiram a casa de seus senhores. Mataram franceses, violentaram suas mulheres e filhas, queimaram canaviais e plantações de café. Com ataques repentinos, destruíam moinhos e casas de engenho, capturavam prisioneiros e armavam grandes festas no que havia sido seu cativeiro. "Espantados com o próprio progresso e bêbados de prazer, gastavam preciosos momentos festejando suas vitórias, festas que acabavam no massacre de um grande número de prisioneiros desafortunados", contou um naturalista francês chamado Michel Descourtilz, que testemunhou as revoltas.[3] Planejados por uma extensa rede de líderes escravos, os ataques aconteceram ao mesmo tempo em centenas de propriedades. Apavorados, muitos fazendeiros fugiram para Cuba ou para outras colônias francesas, como Martinica e Guadalupe. Ingleses e espanhóis tentaram se apoderar da colônia, mas, como previu o best-seller Mercier, também foram vítimas do ferro e do fogo dos rebeldes negros. A Revolução do Haiti foi a maior revolta escrava de toda a história do mundo e a única da América em que os rebeldes acabaram vitoriosos.[4] Hoje, dois séculos depois, há no centro de Porto Príncipe, a capital do Haiti, uma estátua em homenagem ao rebelde negro desconhecido, como Mercier imaginou.

No entanto, ao contrário da previsão do jovem escritor francês, a Revolução Francesa, em 1789, e a do Haiti, dois anos depois, não resultaram num mundo perfeito. Até então, São Domingos era uma das regiões mais prósperas do planeta. Seu território era ocupado por centenas de grandes fazendas de monocultura de exportação, as plantations, que usavam engenhos e sistemas de irrigação dos mais modernos da América. Apesar do pequeno tamanho, a colônia produzia 40% de todo o açúcar consumido no mundo durante boa parte do século 18 – uma produção maior até mesmo que a do Brasil, colônia com um território trezentas vezes maior. Le Cap (a principal cidade da época, no norte da colônia) tinha um teatro que abrigava 1.500 espectadores e recebia espetáculos logo depois de Paris. A cidade tinha ainda 25 padarias e um sistema de encanamento que levava água limpa das montanhas até fontes instaladas em praças.[5] Na agitada feira de domingo era possível encontrar porcelanas e joias trazidas por marujos da Europa, alimentos e especiarias, sapatos, chapéus, papagaios e macacos vindos de outras ilhas. "As montanhas eram cheias de florescentes fazendas de café e as cidades, um alvoroço de navios chegando e saindo, passageiros e mercadorias de todos os tipos", conta o historiador Laurent Dubois, da Universidade Duke, nos Estados Unidos. "Em um século São Domingos cresceu de uma colônia marginal do Caribe para a mais rica colônia

---

A ilha de Hispaniola, em que estão o Haiti e a República Dominicana, foi onde o navegador Cristóvão Colombo estabeleceu a primeira colônia europeia, em 1492. A Espanha dominou a ilha até 1697, quando reconheceu a existência de colonos franceses da parte oeste e cedeu metade da ilha para a França. O território ficou dividido em duas colônias com nome parecido: Santo Domingo, do lado espanhol (hoje República Dominicana), e Saint-Domingue, ou São Domingos, do lado francês, hoje Haiti.

Nas primeiras plantations de São Domingos, servos brancos trabalhavam ao lado dos negros. Eram os *engagés*, trabalhadores com um pouco mais de direitos que os de origem africana. Depois de três anos de trabalho forçado e cativeiro, conquistavam a liberdade.

do mundo."[6] No entanto, depois de treze anos de batalhas intermináveis, o lugar ficou irreconhecível. Transformou-se num terreno de lavouras abandonadas, ruínas, cinzas e covas de brancos, mulatos e negros – e onde a escravidão ainda vigorava. Surgiu assim o país que é hoje o mais pobre da América.

A revolução desencadeou uma sucessão de guerras e rebeliões. Começou como uma disputa entre classes sociais, com os rebeldes negros tentando se libertar de fazendeiros que se recusavam a lhes fazer concessões. No meio do turbilhão da Revolução Francesa, misturou-se a uma guerra civil entre elites, travada entre franceses brancos e mulatos, republicanos e monarquistas. Depois deu lugar a uma guerra entre impérios, pois a Espanha e a Inglaterra tentaram se aproveitar do caos que a França vivia tanto na Europa quanto no Caribe e tomar para si os valiosos territórios de São Domingos. E terminou como uma guerra de independência: quando tudo parecia calmo e um líder negro tentava pôr a colônia em ordem, o imperador Napoleão Bonaparte mandou cinquenta navios cheios de soldados para tentar retomar o poder de São Domingos e reimplantar a escravidão. Grande parte da destruição que essa próspera colônia sofreu se deve à insistência dos senhores brancos em manter a escravidão e o sistema colonial.

Essa história, porém, também revela que o costume milenar de ter e vender gente estava impregnado nos próprios líderes de escravos e de negros livres. Assim que conseguiram algum poder, eles se tornaram senhores escravistas a agir contra a liberdade. É difícil achar na história da Revolução do Haiti um protagonista de qualquer etnia ou classe social que não esteve imbuído ao mesmo tempo de ideias dos novos tempos e do Antigo Regime, de discursos contra o racismo e práticas racistas, de decisões revolucionárias e reacionárias. É o que mostram os cinco protagonistas descritos a seguir.

A ESTRANHA REVOLTA DE JEAN-FRANÇOIS

Para entender como aqueles escravos conseguiram planejar dezenas de revoltas simultâneas – numa época em que não havia Twitter ou Facebook –, é preciso conhecer duas coisas: sua rotina e o perfil de seus líderes.

Os escravos de São Domingos, assim como quase todos na história, não eram uma massa uniforme, na mesma posição social. Havia aqueles com mais status e maior capacidade de impor sua vontade e liderar os demais. Os "boçais", africanos recém-chegados que não falavam a língua local, ingressavam nas fazendas em desvantagem em relação aos negros nascidos na América. Enquanto os novatos ficavam com o trabalho pesado da lavoura, os mais antigos tinham mais chances de conquistar a confiança de seus donos e ganhar tarefas consideradas mais nobres. No topo da pirâmide social do cativeiro estavam os empregados domésticos – mordomos, lavadeiras e cozinheiras – e também marceneiros, operadores das "máquinas" dos engenhos e seguranças, que evitavam furtos e fugas de colegas.

Os mais poderosos eram os cocheiros e os feitores. Era um privilégio (se é que se pode falar de privilégios dentro da escra-

---

Em outras regiões da América, como em Minas Gerais, os escravos recém-chegados da África também ganhavam, tanto pelos brancos quanto pelos negros, o apelido de "bugres". O termo também denominava os índios que tentavam se integrar na vida das cidades.

A escravidão era um sistema tão estabelecido que os donos de terras, tanto do Brasil como do sul dos Estados Unidos ou do Caribe, confiavam sua própria segurança a escravos. Davam a eles armas e os encarregavam até mesmo de capturar negros fugitivos. Por incrível que pareça, em boa parte dos casos esses homens armados não atacavam seus donos. Não foi o que aconteceu no Haiti.

vidão) ser cocheiro, porque dirigir carroças pelas vilas dava a possibilidade de ter acesso a outras fazendas, estabelecer mais contatos e circular com alguma liberdade. Já o feitor era uma espécie de líder informal e carismático das senzalas. Dele dependiam tanto o dono da fazenda – que precisava de alguém influente para evitar descontentamentos e revoltas – quanto os escravos, pois ele tinha poder para liberar os doentes do trabalho, agir como um árbitro em brigas internas e permitir passeios à noite e aos domingos.

Na rotina dos escravos, o domingo era o dia mais divertido, ou o único em que viver não era tão sofrido. Depois de passar os dias de semana trabalhando de sol a sol e gastar o sábado cuidando de suas hortas particulares, os escravos eram geralmente autorizados a deixar a fazenda. Boa parte deles aproveitava o dia livre para vender frutas e verduras nas agitadas feiras de rua das principais cidades. Depois da feira, chegava a hora de esticar em festas, casamentos ou cerimônias de vodu, o candomblé de São Domingos. Eram importantes eventos de socialização, quando os escravos trocavam notícias, queixas, planos e até conspirações políticas. Foi numa cerimônia de uma noite de domingo que a grande revolta de 1791 foi planejada.

A cerimônia aconteceu em Bois Caiman, uma floresta no norte da ilha. Reuniram-se ali homens que formavam a elite dos escravos: além dos feitores e dos cocheiros, negros fugitivos,

---

Muitos senhores, para resolver o problema da alimentação dos escravos, cediam a eles um pedaço de terra para plantar o que preferissem. Muitos negros aproveitavam para produzir mais que o necessário e ganhar um dinheiro com a venda.

Os mercados de rua de Porto Príncipe vendem aos turistas diversos bonecos daqueles que, segundo os filmes de terror, são alfinetados em rituais de vodu para atingir pessoas de verdade. Na realidade, esses bonecos têm pouco a ver com o vodu – são mesmo coisa de Hollywood. O vodu do Haiti está mais para a umbanda brasileira e a *santería* cubana: rituais com tambores, danças e pessoas sendo incorporadas por entidades de outro mundo.

aqueles que tinham abandonado as fazendas para viver em quilombos nas florestas. Há pouca certeza sobre o que aconteceu de verdade em Bois Caiman, pois os cronistas da época tentaram retratar os negros como selvagens e bárbaros. Segundo eles, a reunião ocorreu sob uma forte tempestade e contou com danças e rituais de vodu. Um porco teria sido sacrificado para que os negros pudessem beber o seu sangue e firmar, assim, um pacto de lealdade. Há menos suspeita quanto ao acordo que foi feito naquela noite. Os líderes negros combinaram que, na noite do domingo, 21 de agosto de 1791, todos atacariam e matariam os senhores brancos em diversas fazendas, simultaneamente. A decisão foi logo comunicada entre as fazendas pelos cocheiros, e entre os escravos da mesma fazenda pelos feitores.

A revolta dos negros em 1791: Haiti em chamas.

Mistura de líder religioso e político, Dutty Boukman foi o arquiteto da revolta de 1791. Muito antes daquele dia, os escravos já vinham aterrorizando os senhores envenenando a água e a comida da casa-grande. Líderes místicos como Boukman geralmente dominavam a arte de criar venenos a partir de plantas da ilha.

HAITI 145

Deu certo. Na data marcada, milhares de negros deixaram as senzalas e invadiram as casas-grandes. Alguns gerentes de fazendas ou mesmo proprietários foram mortos na cama, enquanto dormiam; outros se esconderam nos canaviais e morreram queimados depois que os rebeldes atearam fogo às plantações. Poucos fugiram para contar a história. "Não poupavam nem os mais idosos – e algumas mulheres foram expostas a horrores mil vezes mais cruéis que a morte", contou o naturalista Michel Descourtilz. O que mais impressionava e amedrontava os brancos eram o fogo dos canaviais e a fumaça que tomava conta de vilas inteiras por vários dias. O colono francês Antoine Dalmas descreveu o episódio com tons apocalípticos:

> O tamanho e o número de estabelecimentos consumidos pelo fogo criaram uma cena difícil de esquecer. A nuvem densa de fumaça, que durante o dia pairou acima de Cap-Français, depois do pôr do sol ficou com a aparência de uma aurora boreal, situada acima de 20 plantations transformadas em vulcões. À meia-noite, o fogo apareceu no cais de Limonade, anunciando que os rebeldes haviam chegado até lá. No dia seguinte, as duas paróquias mais ricas e importantes no norte da província não eram nada além de cinzas e ruínas.[7]

Tropas de fazendeiros e do governo francês reagiram três meses depois, conseguindo capturar Boukman, o principal líder da revolta negra. Os rebeldes tinham então se reunido em diversos grupos armados. Com a execução de Boukman, o comando da maioria das tropas passou para um dos subordinados. Trata-se de um típico líder negro da época, cocheiro que havia fugido de sua fazenda. Seu nome era Jean-François.

Em poucos meses, o cocheiro fugitivo já era um general de respeito. "O chefe supremo do Exército africano estava sempre bem-vestido", contou um oficial chamado Gros (não se sabe seu primeiro nome), que foi capturado pelos homens de Jean-François e acabou virando assistente dele nas negociações de paz com os brancos. "Usava um crucifixo de São Luís [símbolo do Exército real francês] e um cordão vermelho. Tinha dez guarda-costas, que usavam uma bandoleira com a flor-de-lis [símbolo da Coroa francesa]. Era amado por todos aqueles que eram livres e pelos melhores escravos; seu comando era respeitado, sua tropa, bem disciplinada." Jean-François não era, na verdade, um líder supremo – dividia suas decisões com outro general negro, Georges Biassou. Foi retratado como um líder menos violento e adepto de boas festas. Era provavelmente mais egocêntrico que eficiente – costumava decorar seu uniforme com um enorme conjunto de medalhas e bugigangas coloridas que impusessem respeito.[8]

A cúpula dos rebeldes negros ficava atenta ao que se passava na política francesa. Em dezembro de 1791, por exemplo, comissários chegaram da França dando ordens aos fazendeiros para anistiar os escravos que voltassem ao trabalho. Jean-François e Biassou se apressaram em escrever uma carta detalhando as suas condições para baixar as armas. Em tom educado e de conciliação, afirmaram estar sob pressão dos escravos, que não abriam mão de mudanças, como a de ter três dias livres por semana. E pediam liberdade apenas para si próprios e outros líde-

---

Alguns líderes escravos ficaram conhecidos pela extrema violência com que trataram não só os brancos, mas subordinados negros. Jeannot, que fazia parte do grupo de Jean-François, mandou queimar vivo um de seus assistentes, suspeito de ajudar brancos a fugir. Jeannot logo depois foi morto por Jean-François.[9]

"Comissários" eram os representantes que o governo francês enviava às colônias para comunicar decisões e novas políticas estipuladas na metrópole. Geralmente tinham poder para governar os territórios para onde eram enviados.

res da revolta. Em troca, se dispunham até a capturar os escravos que se recusassem a voltar às plantations. "Muitos negros vão se esconder nas florestas; será necessário persegui-los com diligência e enfrentar perigos e o cansaço. Mas os generais e chefes que estamos pedindo a vocês para emancipar vão se juntar a nós nessa tarefa, e as riquezas públicas vão renascer das cinzas."[10]

Até aí, as ações de Jean-François são compreensíveis. Ainda levaria alguns anos para a ideia revolucionária de liberdade total dos escravos se difundir pelo mundo. "Em sociedades que foram sempre divididas por cativos e senhores, os escravos geralmente aspiravam a passar de uma categoria para outra, não eliminar a barreira entre elas", diz o historiador americano David Patrick Geggus. "Isso é um traço comum das rebeliões escravas antes do período revolucionário da França, que espalhou o conceito de liberdade individual."[11] Sem maiores objetivos em mente, Jean-François e seu colega tentaram salvar a própria pele e, quem sabe, aliviar a carga de trabalho dos escravos comuns. Na tentativa de convencer os brancos a dar a liberdade à elite escrava, mostraram como seriam úteis para manter a ordem das senzalas. No entanto, com o desenrolar da revolução, as atitudes de Jean-François e de outros líderes rebeldes ficaram cada vez mais estranhas aos olhos de hoje. A partir de 1792, eles passaram a lutar entre si, contra os abolicionistas franceses e a favor da monarquia espanhola.

A Espanha viu na revolta dos negros contra os franceses uma oportunidade de se apoderar do território que havia perdido menos de um século antes. Invadiu a colônia francesa e, para engrossar suas tropas, recrutou os bandos de guerreiros negros. Jean-François, desde o começo da revolta, tinha se mostrado defensor do rei espanhol e da Igreja e disposto a um acordo. Em maio de 1793, deu a si próprio o título de grande-almirante e levou cerca de 6 mil soldados para o lado espanhol. Em troca, ganhou terras, um salário de 250 dólares da Coroa espanhola e garantia de liberdade para sua família. Enquanto os soldados espanhóis guardavam a fronteira, as tropas de Jean-François e Biassou partiram para o ataque aos franceses.[12]

No fim de 1793, a situação ficou mais esquisita. Os republicanos franceses declararam a liberdade dos escravos de São Domingos, na tentativa de atrair para o seu lado as tropas negras. No ano seguinte, a França aboliu a escravidão em todas as suas colônias. Foi uma decisão inédita em todo o mundo – mesmo a Inglaterra, que se tornaria o berço do abolicionismo, levaria décadas para tomar a mesma atitude. Se a luta do líder negro Jean-François era por liberdade, ele deveria rapidamente abrir uma negociação e passar para o lado francês, certo? Mas Jean-François ficou do lado espanhol. Pior: com o anúncio da França de abolir os escravos, diversos fazendeiros franceses pediram abrigo à Espanha, que começou a protegê-los. Armou-se assim uma cena inusitada. Os rebeldes negros do Haiti passaram a proteger alguns dos senhores de terras contra os quais se revoltaram dois anos antes.[13]

Até hoje os historiadores tentam explicar por que esses líderes rebeldes tomaram atitudes assim. A primeira hipótese é que eles enxergavam os republicanos franceses abolicionistas com desconfiança. Boa parte dos burgueses que apoiaram a Revolução Francesa eram mercadores das cidades portuárias da França, como Nantes e Bordeaux. Esses homens, que im-

---

Se a situação de São Domingos era caótica, a metrópole ardia ainda mais. A França vivia nessa época o auge do período do terror da Revolução Francesa. Dezenas de execuções públicas aconteciam diariamente. Padres, nobres ou qualquer cidadão considerado inimigo político do povo morreram na guilhotina ou foram vítimas de execuções sumárias nas ruas. Foram quase 40 mil pessoas mortas – entre elas Antoine Lavoisier, o "pai da química".

puseram os valores de igualdade e liberdade na Europa, enriqueceram vendendo produtos feitos do outro lado do Atlântico por escravos – e não lhes passava pela cabeça acabar com esse sistema. Na França europeia eram revolucionários; na França caribenha, escravistas convictos.

Além disso, anos antes da revolta de 1791 estourar, a corte francesa tentou impor aos senhores coloniais mais regras sobre como deveriam tratar seus escravos. O novo "Código Negro" determinava um limite de horas de trabalho por dia, folga em parte do sábado, melhorias nas roupas e na alimentação e o mais relevante: estipulava que os escravos poderiam reclamar às autoridades reais se as medidas não fossem cumpridas. Os fazendeiros se negaram a obedecer a quase todas as novas regras. Notícias desse embate se espalharam pelas fazendas, criando assim uma aproximação entre o rei e as senzalas. "Os escravos identificam o progresso com a majestade real e o abuso a esses brancos que formam assembleias, conselhos municipais e outras sociedades, visando a evitar que o monarca imponha suas decisões", afirma o historiador francês Pierre Pluchon.[14]

Não só Jean-François, mas diversos outros rebeldes negros se mostraram defensores das monarquias (*veja o quadro ao lado*). Isso aconteceu não só em São Domingos, mas em diversas regiões da América. Num estudo clássico, o historiador americano John Thornton, especialista em história da África, defendeu que havia uma grande influência africana na opção de tantos escravos pela monarquia. Na época da Revolução do Haiti, dois terços dos escravos tinham nascido na costa da África, principalmente no Congo. Nessa região, havia um debate político parecido com o

Mesmo no Brasil, os escravos foram os que mais lamentaram a queda de dom Pedro II. Até o começo do século 20 era possível ver, no Rio de Janeiro, negros com a coroa real tatuada nas costas.

europeu sobre os limites do poder do rei. Para o historiador, o monarquismo dos negros não deve ser visto como uma volta a políticas tribais e arcaicas da África – mas como uma tentativa de manter ou impor reis que realmente mereciam o cargo.[15]

Rebeldes escravos nutriam uma curiosa fidelidade à monarquia da França e, na falta dela, à Coroa espanhola, com a qual se aliaram. Diversos negros se denominavam *gens du roi* ("homens do rei"). Em 1793, um escravo rebelde, convidado a se unir às tropas republicanas francesas, recusou a oferta dizendo: "Estou a serviço de três reis: do rei do Congo, mestre de todos os negros, do rei da França, que representa meu pai, e do rei da Espanha, que representa minha mãe".

COM O REI NA BARRIGA

Mesmo antes da revolta de 1791, grupos de escravos escolhiam reis e rainhas de sua comunidade. Esses reis escravos na América provavelmente participaram dos saques e das batalhas. No fim de 1791, tropas europeias encontraram, entre rebeldes mortos ao redor de um forte, o corpo de um escravo vestido com roupas nobres e usando uma coroa.[16]

Gros, o oficial capturado pelos homens de Jean-François, escreveu em suas memórias que a revolta dos escravos era claramente uma "contrarrevolução", ou seja, uma revolta armada em protesto à Revolução Francesa:

> **❝** Em todo lugar os escravos acreditavam que o rei tinha sido preso e que eles tinham sido requisitados para se armar e restaurar a liberdade; eles estavam cientes da queda do clero e da nobreza. Jurando pelo mais sagrado, nós podemos assegurar que há muitas provas de que a revolta dos escravos é uma contrarrevolução.[17]

Jean-François provavelmente lutava também para enriquecer. Com o objetivo de arrecadar pólvora e dinheiro, sua tropa capturava mulheres e crianças de tropas negras inimigas e as vendia como escravos para fazendeiros da Espanha.[18] A mesma coisa faziam outros generais negros. Esse foi um dos motivos para Jean-François arranjar tantas brigas com outros grupos da mesma etnia. Seu grande inimigo foi Toussaint L'Ouverture, que se tornaria o general negro mais poderoso do Haiti (*falaremos sobre ele mais adiante*). Jean-François atacou até mesmo Biassou, seu antigo aliado, matando um sobrinho dele. Essas guerras internas, entre duas tropas que agiam do lado espanhol, geraram preocupação. "Os espanhóis conseguiram apaziguar suas diferenças impondo pactos de obediência e delimitando muito bem o território de Jean-François e Biassou", afirma o historiador David Geggus.[19]

Em 1795, depois de sofrer derrotas de outros líderes negros e afetado por um acordo de paz entre a França e a Espanha, Jean-François se exilou. Tentou se mudar com a família para Havana, em Cuba, mas acabou atravessando o Atlântico para se fixar na cidade espanhola de Cádiz, acompanhado de dezesseis familiares e dezenove empregados. Até morrer, provavelmente em 1806, recebia uma pensão mensal do reino espanhol.[20]

JULIEN RAIMOND, CARRASCO E VÍTIMA

Julien Raimond foi um dos maiores produtores de índigo do sul de São Domingos. Típico membro da oligarquia de sua comunidade, passou a juventude estudando em bons colégios da França. Quando voltou ao Caribe, herdou dinheiro dos pais e arranjou um bom casamento, com uma viúva de seu nível social. Pôde assim comprar três fazendas e cerca de cem escravos – um número expressivo, tendo em vista que a maioria dos produtores tinha até dez desses trabalhadores. A produção era quase toda vendida por contrabando, afinal naquele tempo a Coroa francesa, como as demais cortes com territórios na América, impunha às colônias do Caribe um monopólio do comércio: os produtores só podiam vender seus produtos para mercadores franceses e comprar mercadorias vindas da França. Comerciantes holandeses e ingleses pagavam mais, por isso Julien agia no tradicional mercado paralelo do Caribe. Com o aumento da produção de roupas por causa da Revolução Industrial, o índigo sofreu sucessivas altas no mercado – entre 1749 e 1790 o preço aumentou 150%. Foi assim, misturando exploração escravista e contrabando de um produto em ascensão, que Julien Raimond juntou uma boa fortuna.

Até o fim do século 19, quando a química não tinha se desenvolvido o suficiente para criar corantes sintéticos, havia um grande mercado de extratos de plantas como o índigo, fonte de azul e roxo. Bem adaptado ao clima quente do Caribe, o índigo se tornou a principal atividade de diversas fazendas escravistas da Guatemala, de São Domingos e da Venezuela – o libertador Simón Bolívar também cultivava essa planta.

O registros de alguns de seus gastos sobreviveram até hoje. Sabemos assim que entre 1767 e 1784 ele gastou com joias, alfaiates, cristais, livros e partituras um valor equivalente a uma boa fazenda da região – cerca de 8 mil livres (1 livre era mais ou menos quanto um trabalhador comum ganhava por dia).[21]

Na década de 1780, aquele senhor se viu cada vez mais ausente de sua propriedade. Enquanto os escravos trabalhavam para torná-lo mais rico, ele se mudou para a França, onde integrou um grupo que resultaria na Sociedade dos Amigos dos Negros. Julien se tornou um dos principais ativistas contra o racismo na Europa. Ele próprio sentia-se vítima de discriminação racial, pois era mulato, filho do casamento legítimo entre um colonizador francês e uma "mulher de cor". Na corte de Versalhes, o fazendeiro e seus colegas pressionavam as autoridades reais para que não houvesse mais distinção entre brancos, negros e mulatos nas colônias do Caribe. Em 1789, quando a Revolução Francesa estourou e a Assembleia Nacional aprovou a Declaração dos Direitos do Homem, Raimond estava lá. Junto de outros mulatos do Caribe, lançou um manifesto sobre os cidadãos livres de cor, lembrando aos franceses que, como afirmava a Declaração dos Direitos do Homem aprovada semanas antes, "todos os homens nascem livres e iguais em dignidade e direitos".

O objetivo de Raimond era acabar com a discriminação racial entre brancos e os cidadãos ricos com alguma ascendência negra, como ele. O preconceito com os mulatos era cada vez mais comum em São Domingos. Em quase todo o século 18, mais de 70% dos casamentos eram inter-raciais, geralmente de colonizadores franceses que migravam sozinhos ao Caribe e acabavam se casando com ex-escravas ou suas filhas nascidas livres.[22] Por causa desses matrimônios, 47% dos cidadãos livres de 1790 eram descendentes tanto de europeus quanto de negros, os chamados livres de cor ou mulatos. Muitos deles eram filhos legítimos, que cresciam num ambiente tão próspero quanto o das crianças brancas mais ricas. Quando adultos, tornavam-se mais ricos e bem-

---

São Domingos tinha cerca de 600 mil habitantes: 500 mil escravos e 100 mil cidadãos livres, entre eles brancos, mulatos e negros alforriados.

-educados que muitos brancos que não haviam estudado fora. Entre os filhos não reconhecidos, acontecia com frequência de, com a morte do pai, herdarem terras e escravos. Personagens assim foram comuns em quase todas as sociedades escravistas da América, desde o Brasil, passando pela Jamaica, até o sul dos Estados Unidos. De todos esses, o grupo mais próspero de livres de cor era o de São Domingos.[23] Juntos, eles possuíam de 20% a um terço dos 500 mil escravos da colônia e eram donos de cerca de 2 mil fazendas de café.[24]

A partir da década de 1770, quando essa parcela da população cresceu a ponto de intimidar os brancos, os livres de cor começaram a perder direitos políticos. O censo passou a classificar as pessoas segundo o grau de ascendência africana; novas leis provinciais proibiram os livres de cor de eleger representantes, ocupar cargos públicos ou trabalhar como médicos ou farmacêuticos. A lei chegava até os cuidados pessoais: eles não podiam vestir-se como os brancos nem mesmo ter penteados à moda europeia. No imponente teatro de Le Cap, mulatos e negros livres eram obrigados a se sentar nos piores lugares. Para aqueles que haviam estudado fora e estavam acostumados a um tratamento mais digno, essa segregação era inconcebível.

A luta de Raimond passava longe da abolição dos escravos ou da ampliação dos direitos para os negros alforriados.[25] Na verdade, para ter suas exigências aceitas, Julien e outros ativistas mulatos, como Vincent Ogé, deixavam claro não com-

---

Havia em São Domingos uma classe de brancos pobres, chamados *petit blancs* ["pequenos brancos"], que tinham pequenas propriedades ou trabalhavam como gerentes de fazendas, caixeiros-viajantes ou artesãos. Num duplo preconceito, eram chamados pelos livres de cor de "brancos negros".

Além dos livres de cor, havia em São Domingos um grupo menor, mas ainda assim expressivo, de negros livres, geralmente ex-escravos que compraram ou ganharam a liberdade e se estabeleceram como artesãos ou pequenos agricultores donos de poucos escravos.

pactuar com as causas dos escravos. O envolvimento com a abolição tornaria ainda mais difícil atrair adeptos para a sua causa. Os mulatos não só defendiam a continuidade da escravidão como propagavam a teoria de que o maior controle sobre as senzalas só seria possível com a igualdade racial dos cidadãos livres. Boa parte dos brancos, porém, acreditava que, se cidadãos negros tivessem direitos iguais, não haveria mais justificativa para manter outros negros como escravos, e a instituição moral da escravidão ruiria.

Diante desse impasse e das seguidas derrotas políticas, os mulatos decidiram pegar em armas. Em 1790, o líder mulato Vincent Ogé, o principal representante dos livres de cor em Paris, viajou para São Domingos convencido a conquistar à força o direito dos mulatos de votar. Ele e cerca de trezentos rebeldes tomaram uma cidade no norte da colônia e mandaram mensagens para a Assembleia Provincial ameaçando vingança caso não fosse aprovado o direito de os mulatos participarem das eleições. Depois de vitórias iniciais, a tropa de Ogé acabou sendo derrotada – ele foi executado de modo cruel, tendo os ossos lentamente quebrados em público.

Um ano depois, porém, a situação dos livres de cor se inverteu. Com a repentina revolta dos escravos por toda a colônia, os brancos, principalmente os do sul de São Domingos, se viram numa posição mais frágil. Precisavam se defender não só dos escravos rebeldes, mas dos mulatos. Aproveitando o bom momento, estes últimos tinham reunido grandes tropas de escravos de suas próprias fazendas e das dos brancos. Convenceram os negros prometendo liberdade aos que participassem das tropas ou uma jornada mais leve. Os brancos, diante desse maior poder militar, e precisando do apoio dos mulatos para manter a ordem da colônia, acataram com mais facilidade as exigências deles.

Enquanto os companheiros se batiam contra os brancos em São Domingos, Julien Raimond enfrentava batalhas políticas do outro lado do Atlântico. Publicou ao todo doze panfletos expondo aos cidadãos como era contraditório defender a igualdade dos homens e ao mesmo tempo manter leis de discriminação racial. Com o ambiente político da França cada vez mais revolucionário e abolicionista, seu grande desafio passou a ser conciliar a emancipação dos escravos com a prudência de não acabar com a economia de São Domingos. Por isso, Raimond aderiu à causa dos negros bem lentamente. Num panfleto de 1793, defende que os escravos rebeldes só poderiam ter o direito à liberdade se quitassem a dívida que tinham com a França, comprando a própria liberdade por um preço estipulado pelo governo. "O insano projeto de liberar os escravos de repente levaria à ruína total da colônia", afirma ele.

Mas Raimond terminaria sua vida trabalhando sob o comando de ex-escravos. Em 1800, velho e bem menos endinheirado que décadas antes, ele conseguiu enfim se firmar em Paris como uma figura confiável quanto aos assuntos da colônia de São Domingos. Foi nomeado comissário francês por Napoleão Bonaparte. Na colônia, para onde viajou a serviço, Raimond acabou se alinhando a Toussaint L'Ouverture, o principal líder negro da revolução naquela época. Tornou-se um dos subordinados do líder dos escravos, responsável pelo grupo que criaria a Constituição de São Domingos. O imperador Napoleão, contrariado com as decisões de seu funcionário, ao enviar tropas para retomar o poder de São Domingos deu ordens expressas para que os oficiais franceses prendessem o comissário. Julien Raimond morreu de causas naturais, com quase 80 anos, duas semanas antes de as fragatas francesas chegarem aos portos da ilha para prendê-lo.

JEAN KINA, DE ESCRAVO A CORONEL BRITÂNICO

No sul de São Domingos, as revoltas escravas não foram tão expressivas quanto no norte, mas os fazendeiros brancos enfrentaram os ataques dos fazendeiros mulatos. Para se defender, montaram tropas com seus próprios trabalhadores. Muitos escravos se alistavam animados, pois, ao se tornarem soldados, recebiam uniforme de guerra – um tremendo símbolo de status –, comiam carne quase todo dia (um luxo até mesmo para os ricos) e vislumbravam a possibilidade de conquistar a liberdade em recompensa a seus feitos heroicos. Foi nesse cenário que o escravo negro Jean Kina passou, em menos de sete anos, de mero escravo de uma fazenda de algodão para coronel do Exército britânico, dono de terras e de dezenas de escravos.

Kina foi provavelmente trazido da África quando criança. Em 1791, tinha por volta de 40 anos. Era uma espécie de líder informal dos escravos de uma fazenda de algodão, onde trabalhava como carpinteiro. Já nessa época devia inspirar confiança em seu dono, pois foram dados a ele o comando de uma tropa de sessenta homens e a responsabilidade de vigiar a comunidade de Tiburón, onde sua fazenda se localizava. A habilidade tática e o carisma que exercia sobre os escravos impressionaram os brancos – em pouco tempo ele já liderava uma tropa de duzentos soldados. Seu maior feito ocorreu no verão de 1792. Cerca de setecentos escravos rebeldes tinham fugido de suas senzalas e se escondido na fortaleza de Les Platons. Tropas do governo tentaram invadir o forte, sem sucesso. Foram Jean Kina e seus homens que realizaram uma heroica invasão à fortaleza e devolveram os rebeldes às senzalas. Como prêmio, Jean ganhou medalhas, uma pensão mensal e mais centenas de escravos para seu comando.

O mais impressionante em Jean Kina é que ele lutava em defesa do sistema escravista por convicção, não só porque era obrigado a cumprir ordens. Ardoroso defensor da escravidão, tentava convencer seus colegas quanto aos perigos da liberdade. Em 1793, mandou cartas para amigos de fazendas vizinhas. Pedia ajuda para lutar contra "o erro que hoje em dia cega um bom número de negros, que acreditam na liberdade, crianças gananciosas tomadas pelo fanatismo republicano". "Você lembra quantas vezes era mais feliz quando tinha um rei?", perguntou a um conhecido. E teorizou: "Infelizes escravos! Vocês foram levados a acreditar que eram homens livres, quando isso é apenas uma ilusão. É cumprindo seus deveres com seus donos que vocês se tornarão livres".[26]

Alguns historiadores explicam essa simpatia com o cativeiro por meio do tipo de trabalho que ele experimentou. Jean viveu numa fazenda que produzia principalmente algodão, cultura que não exige mão de obra tão intensa quanto a produção de café ou cana-de-açúcar. Por isso se pode supor que a escravidão vivida por ele foi de "pequena escala, patriarcal, onde a carga de trabalho era relativamente pequena".[27] Nesse tipo de convivência quase familiar, não era raro os negros tomarem para si os objetivos e os desejos dos brancos.

Com o desenrolar das revoltas e as guerras civis de São Domingos, os fazendeiros passaram a depender tanto de Jean Kina para se manter vivos que o escravo poderia muito bem mudar de lado e empreender um ataque repentino aos brancos. Mas ficou muito longe disso. Quando os fazendeiros, agradecidos pelo seu esforço, anunciaram que lhe concederiam a liberdade, Kina prontamente recusou: queria continuar sendo escravo. Aceitou só dois anos depois. Sua crença nas vantagens da escravidão o motivava até mesmo a desrespeitar os brancos adeptos de alguma igualdade racial. Convidado para jantar com o governador local, Jean Kina recusou. O governador tentava aproximar os fazendeiros negros dos mulatos – o que indignava os brancos racistas. Por esse motivo Jean Kina fez a desfeita: disse não ao convite, pois não gostaria de encontrar um homem que deixou seus patrões tão contrariados.

Em 1793, assim como diversos colonos franceses do norte passaram para o lado espanhol, muitos fazendeiros do sul, como o dono de Jean Kina, pularam para o barco da Inglaterra, que havia invadido aquela parte da colônia. Os soldados negros passaram então a integrar as Forças britânicas. Jean Kina e seus homens foram bem recomendados ao Exército real pelos proprietários franceses. "Os comandantes britânicos foram generosos em tratá-lo com respeito. Ele foi nomeado coronel, recebeu uma espada, um cinto de espada, assim como presentes e dinheiro", conta o historiador Geggus.[28] Não demorou para a lealdade do guerreiro negro surpreender os ingleses. Líder militar relevante, Jean logo teve dinheiro suficiente para comprar terras e escravos – costumava viajar para a Jamaica para adquirir dezenas de negros para sua tropa. O auge de sua carreira militar aconteceu em 1798, quando ele passou a ganhar o salário integral de coronel do Exército britânico. Para os ingleses, não havia nada de estranho na promoção do ex-escravo. "O rei não tem melhor amigo que Jean Kina, cujo comprometimento com a Realeza é tão notável quando sua honra e integridade", escreveu na época um coronel inglês.[29]

A DIFÍCIL TAREFA DE TOUSSAINT L'OUVERTURE

O maior clássico da história da Revolução do Haiti é o livro *Os Jacobinos Negros*, do historiador marxista C. L. R. James.

A obra defende que os guerreiros negros do Haiti estavam imbuídos das mesmas ideias que motivavam os jacobinos, os revolucionários franceses mais radicais. Apesar dos elogios exagerados aos protagonistas da revolta e do declarado posicionamento político, *Os Jacobinos Negros* teve o mérito de mostrar, em 1938, os líderes negros como agentes de sua própria história, capazes de articular manobras políticas e negociações diplomáticas de acordo com planos e estratégias. O herói desse clássico é Toussaint L'Ouverture, talvez o principal personagem de toda a história do Haiti. "Entre 1789 e 1815, com a única exceção do próprio Napoleão Bonaparte, nenhuma outra figura isoladamente foi, no cenário da história, tão bem dotada quanto esse negro que havia sido escravo até os 45 anos de idade", afirma James.[30]

Ex-escravo e ex-dono de escravos, Toussaint começou a carreira militar como subordinado dos primeiros líderes negros, Jean-François e Biassou. Com eles, integrou o Exército espanhol, praticando ataques contra os franceses no norte da ilha. Até que, em 1794, fez a grande jogada: depois de trocar cartas com oficiais franceses, mudou de lado e passou a apoiar a recém-criada República da França. Nessa época, deu a si próprio um sobrenome: L'Ouverture, "a abertura", pois provavelmente sabia como ninguém ganhar espaço por meio de ataques militares. Com a mudança de lado na guerra entre os impérios, os antigos chefes e aliados se tornaram seus grandes adversários. Em poucos anos, Toussaint conseguiu eliminar os rivais, conter a invasão britânica no sul da ilha, mandar embora o representante do governo francês para a colônia e até

Toussaint foi escravo até a década de 1770, quando ganhou de seu dono a liberdade. Como acontecia com diversos escravos alforriados em toda a América, ele logo conseguiu juntar posses. Na época da revolução tinha uma pequena fortuna, dono de uma fazenda e quinze escravos.[31]

invadir a colônia vizinha, a espanhola Santo Domingo. Conciliador e avesso a represálias, reuniu sob seu comando aliados de todas as etnias e classes. "Foi um brilhante líder político e militar que, no curso de sua carreira, conseguiu reunir o apoio de indivíduos de todos os tipos, desde fazendeiros e oficiais brancos a escravos", afirma o historiador Laurent Dubois.[32] Toussaint contava com uma equipe de assistentes brancos, mulatos e negros que escreviam cartas e conjuntos de leis e ajudavam nas decisões administrativas. Depois de derrotar rebeldes e impérios, ele, enfim, pôde organizar o país do modo que preferia e que fosse melhor aos escravos, tão cansados de brigas. Sua grande atitude, porém, foi levar de volta à ilha os trabalhos forçados impostos aos negros nas plantations de cana-de-açúcar.

Na tentativa de recuperar a economia em ruínas da colônia, Toussaint incentivou o retorno dos fazendeiros brancos à ilha – milhares deles confiaram no novo líder negro e voltaram. Mas havia o problema da mão de obra. A maior parte dos escravos tinha ocupado terras abandonadas por seus antigos donos e estavam satisfeitos em levar uma vida de subsistência, cultivando alimentos e criando animais. Para devolvê-los às plantations, Toussaint criou uma espécie de militarização do campo. No decreto que ordenou o retorno às fazendas, afirmava:

> Para assegurar nossas liberdades, o que é indispensável para nossa felicidade, todo indivíduo precisa ser utilmente empregado para contribuir com o bem comum. [...] Todos os trabalhadores do campo, homens e mulheres, atualmente em estado de ociosidade, vivendo em cidades, vilas e em outras plantations às quais não pertencem devem retornar imediatamente para suas respectivas plantations.

Era um sistema de trabalhos forçados bem parecido com a escravidão. É verdade que os negros recebiam parte da produção como salário, já não eram propriedade de algum senhor, e seus chefes não tinham poder total sobre eles. Mas ainda estavam presos nas fazendas e eram obrigados a trabalhar por ali. Se anos antes tinham arriscado a vida para reivindicar só quatro dias de trabalho por semana, no novo regime ainda tinham que cumprir seis dias, realizando exatamente as mesmas tarefas de antes. "Os escravos, é preciso observar, tinham apenas mudado de nome sob a ditadura de Toussaint", escreveu na época um jovem oficial francês chamado Norvins. "Ele passou a chamá-los de cultivadores, mas os negros estavam todos presos ao solo, sob pena de morte se abandonassem seus postos."[33]

Toussaint L'Ouverture em retrato de autor anônimo do século 19.

Católico, Toussaint ainda praticou perseguições culturais, reprimindo rituais de vodu e de crenças africanas.[34]

Muitos escravos, claro, se revoltaram de novo – e de forma bem parecida com a de 1791. Brancos e gerentes de fazendas foram mortos, plantações foram queimadas e aumentaram as fugas para florestas. Toussaint foi acusado de reavivar a escravidão e agir em benefício dos brancos. Em fevereiro de 1796, quando escravos rebeldes mataram diversos europeus, o próprio Toussaint foi falar com eles para convencê-los a desistir da revolta. Em outras ocasiões, ordenou a seus generais que prendessem os rebeldes e mandassem os demais de volta às plantations. O que os generais deveriam fazer com gosto, afinal eles próprios haviam se tornado donos de grandes fazendas.[35]

Há diversas tentativas de explicar por que Toussaint reavivou os trabalhos forçados. Certamente não era uma tarefa fácil criar do zero um sistema de trocas de mercadorias que por tanto tempo se baseou na escravidão. A tradição financeira da colônia tinha se rompido e as riquezas salvas das guerras aos poucos desapareciam. O historiador Laurent Dubois vê semelhanças nas práticas de Toussaint com as dos governadores brancos que administraram a transição entre escravidão e trabalho livre, décadas depois, no Caribe britânico, nos Estados Unidos e em Cuba. "Ainda que Toussaint se diferenciasse desses por um ponto crucial – ele próprio tinha sido escravo –, suas políticas de pós-emancipação foram similares àquelas dos governadores que vieram depois. Tentando manter e reconstruir a produção de açúcar e café, procurou limitar a liberdade dos ex-escravos, respondendo com uma ordem coercitiva à tentativa deles de andar livremente, adquirir terra e escapar do trabalho forçado".[36]

Volumes da Enciclopédia de Diderot e D'Alembert, trazidos por senhores iluministas escravistas, foram usados como lenha depois da revolução.

Em diversas guerras e invasões que o imperador Napoleão Bonaparte armou no começo do século 19, legiões polonesas ajudaram a engrossar suas tropas. Os polacos esperavam obter ajuda da França para bater a Prússia e a Rússia e se tornar independentes. Em 1802, nos cinquenta navios que Napoleão mandou para o Haiti com o objetivo de destituir o líder negro Toussaint L'Ouverture, havia 5.200 poloneses. Muitos desses legionários se identificaram com os haitianos e mudaram de lado, passando a lutar contra os franceses.[37]

OS POLACOS AJUDARAM A FUNDAR O HAITI

Quando a guerra acabou e as derrotadas tropas francesas foram embora, 4 mil poloneses haviam morrido em batalhas ou vítimas de doenças tropicais. Dos sobreviventes, cerca de duzentos ficaram no Haiti. Ainda hoje existe uma pequena comunidade de seus descendentes, já miscigenados, na cidade de Cazale, a setenta quilômetros de Porto Príncipe. Como acontece no candomblé brasileiro (em que há orixás equivalentes a santos católicos), uma das entidades do vodu haitiano, Ezili Dantor, corresponde a Nossa Senhora de Czestochowa, a padroeira da Polônia.

Toussaint dizia que a liberdade dos escravos só seria garantida com a prosperidade da agricultura. É verdade, assim como o fato de que os negros poderiam continuar em pequenas propriedades, vendendo a produção de cana para engenhos controlados pelo governo. As grandes fazendas, porém, traziam vantagens militares – e preocupar-se com o poder militar não era demais naquela época. "Toussaint precisava da renda das grandes plantations para manter seu exército. Para assegurar a lealdade de seus oficiais, deu grandes terras a muitos deles. Começou assim a criar uma sociedade dominada por negros, mas ainda com uma grande desigualdade entre a elite e a massa da população", afirma o historiador americano Jeremy Popkin.[38]

De qualquer modo, o sistema semiescravista de Toussaint era leve se comparado aos que viriam depois. Em 1802, o imperador francês Napoleão Bonaparte, temendo o poder excessivo de Toussaint em São Domingos, invadiu a colônia para destituí-lo do cargo. Entre os mais de 30 mil soldados enviados ao Caribe, havia até mesmo legionários poloneses (*veja quadro na página anterior*). Toussaint, enfraquecido depois que seus generais Jean-Jacques Dessalines e Henri Christophe passaram a apoiar os franceses, acabou capturado e enviado a uma prisão num castelo em Doubs, na fronteira com a Suíça, onde morreu de pneumonia.

Enquanto isso, no Caribe, seus generais romperiam a aliança com a França para voltar a lutar contra ela. Em 1803, Dessalines conseguiu expulsar os franceses, declarando independência da colônia um ano depois. Deu a ela o nome de "Haiti", um antigo termo com que os índios chamavam a ilha. Dessalines, porém, seria logo vítima de uma conspiração de seus próprios seguidores: morreu em 1806 tentando reprimir uma revolta. Depois dele, o Haiti se dividiria em dois: ao sul e a oeste, o mulato Alexandre Pétion manteria a República; ao norte, Henri Christophe, antigo general rebelde, criaria um reino independente. Foi com ele que a tragédia da Revolução do Haiti, já tão cheia de episódios estranhos, chegaria a seu ponto mais extravagante.

HENRI CHRISTOPHE E O ÁPICE DA LOUCURA

> **Henri, pela graça de Deus e a Lei Constitucional do Estado, Rei do Haiti, Soberano das Ilhas da Tortuga, Gonave e outras adjacentes, Destruidor da Tirania, Regenerador e Benfeitor na Nação Haitiana, Criador de Instituições Morais, Políticas e Guerreiras, Primeiro Monarca Coroado no Novo Mundo, Defensor da Fé, Fundador da Ordem Real e Militar de Saint-Henri.**

O título que o general Henri Christophe deu a si próprio é o bastante para imaginar como foi o seu governo. Autonomeado rei Henri I em 1811, ele ultrapassou os líderes brancos, negros e mulatos do país tanto em tirania quanto em loucura.

As leis que Henri I promulgou chegavam à intimidade dos cidadãos. O "Código Henri" proibia casais de morar ou dormir juntos sem se casar, mandava prender casais de solteiros surpreendidos à noite na mesma casa e vetava o divórcio. O rei ainda estipulou pena de morte a ladrões e chicotadas aos que eram flagrados em mau comportamento. Para reavivar a produção de café e cana-de-açúcar em grandes fazendas, praticou uma perseguição ainda mais brutal aos cidadãos que preferiam permanecer isolados do mundo em pequenas propriedades.[39] Ao passear pelo reino, mandava prender ou surrar quem tivesse o azar de parecer preguiçoso.

HAITI   167

Para recriar o sistema monetário do Haiti, Henri bolou um método curioso. Mandou confiscar do campo todas as cabaças (fruta amadeirada com que até hoje se fazem moringas e vasilhas de água), transformando-as na moeda nacional. O governo passou a pagar os produtores de café com unidades de cabaças. Depois, vendia a produção para mercadores ingleses em libras. Por incrível que pareça, o sistema funcionou – e o norte do Haiti viveu um princípio de prosperidade, enquanto o sul, dividido em pequenas fazendas, ficou estancado na agricultura de subsistência. Com uma parte do dinheiro arrecadado na exportação de cana e café, Henri construiu hospitais e cinco escolas de período integral. Contratou até mesmo professores estrangeiros para aulas de inglês, francês, espanhol e latim.[40] Outra parte do dinheiro vindo da exportação ia para seu próprio bolso – pouco antes de seu governo acabar, Henri depositou fortunas em moedas de ouro em bancos ingleses.

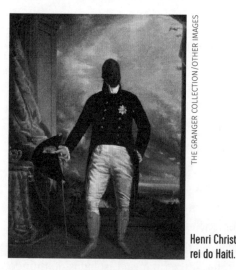

Henri Christophe, rei do Haiti.

Por causa desse curioso dispositivo monetário, até hoje a moeda do Haiti se chama *gourdes*, "cabaça" em francês.

Assim como outros generais negros da Revolução do Haiti, Henri Christophe tinha sido escravo. Depois de ganhar a alforria, trabalhou como pedreiro e construtor de mesas de bilhar, até montar um restaurante, na cidade de Cap-Français, que atendia aos mais ricos fazendeiros brancos. Depois da revolução e da tomada do poder, ele ficou obcecado com os símbolos reais e, em sua própria homenagem, mudou o nome da cidade de Cap-Français para Cap-Henri e criou uma nobreza que incluía príncipes, duques, condes e cavaleiros. Esses nobres tinham que seguir regras rígidas de vestimentas para frequentar a corte. Henri mandou ainda construir catorze palácios e castelos e uma catedral, todos feitos com trabalho forçado. Seu grande legado foi a Cidadela Laferrière, ainda hoje uma das maiores fortalezas da América e uma das principais atrações turísticas do Haiti. Durante quinze anos, cerca de 20 mil negros levaram pedras e tijolos nas costas até o topo da montanha onde a fortaleza foi construída. Em caso de um novo ataque de tropas francesas, ela poderia abrigar cerca de 5 mil soldados, além da família real, para a qual foram construídos quartos especiais, salas de jantar e de jogos.

O rei excêntrico não teria condições de se refugiar naquela incrível fortaleza. Em 1820, quando as obras do monumento terminavam, ele sofreu um derrame que deixou metade de seu corpo paralisado. Ameaçado por insurreições populares e por tropas republicanas do sul, suicidou-se com um tiro.

Tão irreal foi o governo de Henri Christophe que ele inspirou duas grandes obras da literatura: *O Imperador Jones*, de Eugene O'Neill, e *O Reino deste Mundo*, de Alejo Carpentier, sem dúvida o melhor livro inspirado na Revolução do Haiti. O livro de Carpentier traz uma memorável suposição dos últimos momentos do rei Henri I, ao perceber-se sozinho e isolado em seu castelo:

Em dias claros, a Cidadela Laferrière pode ser vista de Cuba, a quase 150 quilômetros.

> Christophe se pôs a andar por seu palácio, apoiando-se em corrimões, cortinas e espaldares de cadeiras. A ausência de cortesãos, de lacaios, de guardas criava um terrível vazio nos corredores e nos cômodos. As paredes pareciam mais altas, os ladrilhos, mais largos. O salão dos espelhos não refletiu outra figura senão a do rei, até o além-mundo de seus cristais mais longínquos. E depois, esses zumbidos, essas roçaduras, esses grilos do forro, que nunca se escutaram antes, e que agora, com suas intermitências e pausas, davam ao silêncio toda uma escala de profundidade. [...] O grande salão de recepções, com suas janelas abertas nas duas fachadas, fez que Christophe escutasse o som dos saltos de suas próprias botas, aumentando sua impressão de solidão absoluta.[41]

Uma bala de prata foi especialmente fabricada para o suicídio do Regenerador e Benfeitor na Nação Haitiana.

PE
RÓN

EVI
TA

UM GRANDE PASSADO PELA FRENTE

Ah, Argentina... que país maravilhoso! Vinho Malbec, boa comida, bife de *chorizo*, café expresso e alfajor em todos os restaurantes. A capital é imponente, cheia de parques e belos edifícios. Seus habitantes criaram uma música erudita e sofisticada, o tango. O esbelto prédio do Museu de Arte Latino-Americano de Buenos Aires (Malba), além de uma cafeteria deliciosa, expõe o *Abaporu*, de Tarsila do Amaral, ícone do modernismo brasileiro. Tudo é perfeito lá. Ou quase isso. O país só peca, e feio, no manejo político e econômico. Durante décadas, seus governantes teimaram em ignorar as regras básicas da economia, como a lei da oferta e da demanda, maquiaram os dados de inflação, criaram inimigos imaginários e dependeram do apoio de sindicatos vendidos. Por que nossos *hermanos* argentinos de quando em quando não resistem a cometer os mesmos erros do passado?

A culpa é quase toda de um único homem: Juan Domingo Perón, o militar que comandou o país entre 1946 e 1955 e também entre 1973 e 1974. Desde o dia em que assumiu o posto de secretário do Trabalho em um golpe de Estado, em 1943, ele alterou irremediavelmente a mente dos argentinos. Foi como se um material radioativo contaminasse os habitantes da época e os do futuro, fazendo-os acreditar religiosamente que as chances de sucesso de seu país dependem de uma guerra contra oligarquias imaginárias e os capitalistas estrangeiros. As palavras de Perón ainda hoje são uma bíblia para muitos políticos que se autodenominam orgulhosamente peronistas.

O legado de Perón é lastimoso. Em três mandatos presidenciais, acuou a iniciativa privada, produziu inflação, agrediu opositores, atacou a imprensa, recebeu nazistas alemães, aliciou sindicalistas e colocou os seus para repreender manifestações contrárias. Isso sem falar na sedução de meninas menores de idade. Seu populismo foi cultivado com a ajuda de sua esposa, Eva Duarte, a Evita, que dava notas de dinheiro aos pobres e criou escolas e fundações com seu nome. Perón ainda hoje é capaz de mobilizar milhares de argentinos em manifestações com muito choro, desmaios, quebra-quebra e porrada. Nas disputas campais entre os grupos que disputam seu legado, é raro não morrer alguém. Mesmo para um brasileiro que cresceu com a rivalidade entre as seleções de futebol, a situação é de dar pena. Ao assistir a uma típica mobilização popular peronista, é impossível discordar do erudito Jorge Luis Borges, para quem "o argentino, individualmente, não é inferior a ninguém, mas, coletivamente, é como se não existisse".[1]

No início do século 20, até que Perón aparecesse em cena, o país tinha tudo para dar muito certo. Uma população escolarizada e empreendedora, terras férteis, um sistema de transportes desenvolvido, uma Constituição liberal. Perón entrou em cena, frustrou tudo e, quase um século depois, a promessa não se realizou. Por causa dele e de seus seguidores, a Argentina é um país com um grande passado pela frente. O país virou até *case* mundial. Basta que uma nação de primeiro mundo comece a patinar e logo alguém já a chama de "Nova Argentina".

RAINHA DO PRATA

A Argentina alcançou a independência em 1816 e, como outros países da região, não teve sorte no começo. O fazendeiro e militar Juan Manuel de Rosas foi proclamado governador e capitão-geral da província de Buenos Aires em 1829. Governou até 1832, exercendo influência em todo o país, e voltou três anos depois, para ficar até 1852. Caudilho típico, Rosas censurou a imprensa, negligenciou a educação e desencorajou a imigração. Só após sua saída o país acertou o eixo. A chegada de europeus, principalmente espanhóis e italianos, foi estimulada. Para unir as regiões e escoar a produção do campo pelo mar, foram construídas estradas e ferrovias. A Constituição de 1853, inspirada nos *Federalist Papers*, escritos para promover a primeira Constituição dos Estados Unidos, imprimiu ideias liberais como o livre comércio entre as províncias e a inviolabilidade da propriedade privada. A Carta garantia a todo habitante o "direito de trabalhar e exercer qualquer negócio lícito, viajar e se engajar no comércio, cobrar das autoridades, para entrar, permanecer, atravessar ou deixar o território argentino, publicar suas ideias na imprensa sem censura prévia, usar e dispor de sua propriedade, associar-se com outro para propósitos úteis, professar sua fé livremente, a ensinar e a aprender".[2]

Cedo, o país se beneficiou das suas condições naturais excepcionais. Com clima temperado, vastas áreas de solo fértil e fácil acesso ao mar, a Argentina tornou-se um dos maiores exportadores de carne, trigo, milho e linhaça e uma das nações mais ricas do planeta. Tinha um dos portos mais movimentados do mundo, que ajudou a posicionar o país em oitavo lugar entre as nações

---

Tão ricos eram os argentinos nessa época que os franceses, para falar de alguém com dinheiro demais, usavam a expressão "rico como um argentino".

O termo "portenho", usado para designar os habitantes de Buenos Aires, existe porque a cidade tinha três portos, por onde escoava a carne e o couro para a Inglaterra. Outra explicação é que o município foi fundado com o nome de Cidade da Santíssima Trindade e Porto de Santa Maria de Buenos Aires.

em valor das exportações, décimo em valor das importações e nono em comércio total.

Em 1907, descobriu-se petróleo na Patagônia. O Teatro Colón, fundado em 1908, após vinte anos de obras, tem 2.500 lugares. É ainda hoje considerado um dos cinco melhores do mundo (o Teatro Municipal de São Paulo tem 1.580 lugares). O metrô, primeiro em toda a América Latina, começou a funcionar em 1913 (mais de cinquenta anos antes do metrô de São Paulo ou da Cidade do México).

Assim descreveu a cidade o escritor inglês James Bryce, que publicou um relato de viagem após sua passagem pela capital no início do século 20:[3]

> **Buenos Aires é algo entre Paris e Nova York. Tem o agito econômico e o luxo do primeiro, a alegria e o prazer da boa vida do outro. Todo mundo parece ter dinheiro e gostar de gastá-lo, deixando todo mundo saber como faz isso.**

A cidade conhecida por ele era cosmopolita e repleta de prédios imponentes, exposições de arte, carruagens e carros caros, parques espaçosos e praças com esculturas equestres, restaurantes e lojas. A Avenida de Mayo era mais "impressionante que a Picadilly em Londres, a Unter Linden em Berlim ou a Avenida Pensilvânia, em Washington". E ainda: "Em nenhum outro lugar do mundo uma pessoa pode ter uma impressão mais forte de riqueza e extravagância".[4]

Em 1920, Buenos Aires já era a maior cidade da América Latina e a terceira do continente, atrás apenas de Nova York e Chicago.[5] Em termos de renda per capita e reservas de ouro, a Argentina ficava à frente dos Estados Unidos, da Inglaterra e só um pouquinho atrás da França.[6]

A educação, principal meio de ascensão social, se desenvolveu a ponto de, no final do século 19, o país ter o sistema mais avançado de escolas públicas da América Latina. O índice de analfabetismo era de 6,64% – menor do que o do Brasil de hoje, em torno de 10%. Tratava-se de um enorme público leitor, o que motivou a criação de diversos jornais e revistas. Conceituadas publicações literárias disputavam leitores. Uma delas era a *Sur*, em que o escritor Jorge Luis Borges, diretor da Biblioteca Nacional, em Buenos Aires, publicou seus textos.

A chegada dos europeus trouxe gente com vontade de trabalhar e tino empreendedor. A Argentina foi o segundo país do mundo que mais recebeu imigração europeia entre a metade do século 19 e a década de 1950.[7] Um em cada três habitantes era estrangeiro.[8]

Graças à liberdade econômica e à boa formação que possuíam, alguns se tornaram empresários. Perto do ano de 1900, cerca de 80% dos donos de estabelecimentos comerciais e industriais eram imigrantes ou cidadãos naturalizados.[9] Filhos e netos de imigrantes criaram grandes companhias e conglomerados. Surgiram as empresas Siam, uma fábrica de lambretas e automóveis, Alpargatas e Molinos Río de la Plata. O viajante inglês James Bryce não deixou de notar a atmosfera de oportunidades que havia por ali. "A sociedade é algo como as cidades da América do Norte, linhas entre as classes não são bem defi-

---

Em 2010, pela primeira vez os alunos argentinos ficaram atrás dos brasileiros no exame internacional Pisa, que compara o desempenho de estudantes de diversos países nas áreas de matemática, ciências e leitura de textos.

O escocês Robert Fraser abriu uma filial da Alpargatas argentina no Brasil em 1907. Dois anos depois, uma fábrica na Mooca, em São Paulo, iniciou a produção de calçados. As sandálias mostraram-se perfeitas para colher café, porque não machucavam os grãos. Hoje a empresa é conhecida pela marca Havaianas, símbolo do Brasil no exterior.

nidas, e o espírito da igualdade foi além da França e, claro, mais que na Alemanha e na Espanha."[10]

O país entra na década de 1940 com tudo para decolar. Durante a guerra mundial, a Argentina vendeu alimentos para os países europeus devastados sob empréstimo e tornou-se um dos maiores credores do mundo. A ingestão de calorias pelo povo argentino era a mais adequada do mundo nos anos após a Segunda Guerra Mundial e maior que a dos Estados Unidos.[11] O país estava pronto, assim, para se destacar no ranking mundial das nações ricas do pós-guerra. Mas Perón não deixou.

AS CONSIDERAÇÕES DE PERÓN SOBRE O FASCISMO

É só Perón aparecer para que a Argentina comece a apontar para baixo. Antes, em 1930, como capitão do Colégio Militar, ele participara do golpe contra o presidente constitucionalmente eleito Hipólito Yrigoyen, que estava em seu segundo mandato. A política então passou a ser dominada pelos militares, que se consideravam os salvadores da pátria. Perón, aos 34 anos e casado com a professora Aurelia "Potota" Tizón (ela morreu em 1938, vítima de câncer no útero), foi chamado para ser o secretário privado do ministro da Guerra. Mas outro militar, o tenente-general José Félix Uriburu, assumiu o governo e imediatamente dissolveu o Parlamento. Perón foi removido e enviado para patrulhar a fronteira com a Bolívia.[12] Depois seguiu para ser agregado militar no Chile e virou adido na Europa, quando a Segunda Guerra Mundial estava começando. A missão dada a ele pelo general Carlos Márquez se constituía em estudar a situação. "Queremos saber quem vai ganhar a guerra e qual você acha que deve ser a atitude da Argentina", disse o chefe.[13]

Ao retornar, em 1940, de sua viagem europeia, Perón trouxe uma impressão poderosa sobre o fascismo. Seu relatório não deixava dúvidas sobre que país a Argentina deveria apoiar. Do país de Benito Mussolini, disse:

> O fascismo italiano conquistou uma efetiva participação das organizações populares na vida do país: uma coisa que sempre foi negada ao povo. Até Mussolini chegar ao poder, a nação estava de um lado, e o povo do outro. O último não tinha participação no primeiro.[14] [...]
>
> Manipular homens é uma técnica, a técnica do líder. Uma técnica, uma arte de precisão *militar*. Aprendi-a na Itália em 1940.[15]

Bandeiras nazistas enfeitam a fachada do Banco Germânico, em Buenos Aires, 1943.

Da Alemanha de Adolf Hitler, trouxe a seguinte consideração:

> **❝** Um Estado organizado, dedicado a uma comunidade perfeitamente organizada e também um povo perfeitamente organizado: uma comunidade em que o Estado era um instrumento do povo e onde a sua representação era, no meu julgamento, efetiva. Eu pensei que essa poderia ser a fórmula política do futuro – em outras palavras, uma democracia realmente popular, uma democracia verdadeiramente social.[16]

Em sua terra natal, Perón se uniu a uma turma de jovens coronéis nacionalistas e admiradores do fascismo, o Grupo de Oficiais Unidos (GOU). Em 1943, esse grupo deu um golpe de Estado (o segundo de que ele participou). Perón então ganhou um posto como secretário do Trabalho e colocou em prática suas ideias inspiradas no fascismo italiano.

No entanto, os países do Eixo (Alemanha, Itália e Japão) perderam a guerra para os Aliados em 1945. Como integrante do governo, Perón mostrou-se solidário aos derrotados, e a Argentina se tornou um porto seguro para nazistas. Em julho desse ano, os primeiros fugitivos nazistas chegaram a Buenos Aires dentro de um submarino, o *U-530*. Às 7h30 da manhã do dia 10 de julho, duas lanchas de pescadores perto de Mar del Plata avistaram a torreta de um submarino. Em seguida, uma porção de loiros que "falavam um idioma complicado" saiu da

---

Entre 1945 e 1950, chegaram ao país entre 6 mil e 8 mil criminosos de guerra nazistas, fascistas e membros da Ustasha, partido croata fascista que colaborou com os nazistas. Outras fontes falam que, em 1947, 90 mil alemães gozavam de bons dias na Argentina. Entre eles estavam membros da Luftwaffe, aos quais Perón chamava de "os justicialistas do ar". Eles receberam passaportes e cédulas de identidade em branco para preencher como achassem melhor.[17]

água. O comandante, então, colocou em formação no convés os 53 tripulantes e os entregou às autoridades argentinas.[18] Um mês mais tarde, apareceu o *U-977*. Provavelmente, ao menos outros três atracaram nas costas do país sem se anunciar, tendo sido dois deles avistados com binóculos por pelo menos duas dúzias de moradores no balneário San Clemente del Tuyú.[19] Como os ingleses e os americanos chiaram, uma comissão governamental foi nomeada para analisar o caso. Quem a presidiu foi o próprio Perón. Ele recomendou que o submarino *U-530* fosse colocado "à disposição dos Estados Unidos e da Inglaterra", mas sugeriu que a tripulação e as perícias fossem providenciadas pelas Forças Navais argentinas.[20]

No caminho que o levou às praias portenhas, o submarino *U-977* pode ter realizado outras missões. Segundo um estudo de dois jornalistas argentinos, Juan Salinas e Carlos de Nápoli, o *U-977* é o culpado pelo afundamento do cruzador brasileiro *Bahia*, que estava perto dos rochedos de São Pedro e São Paulo no dia 4 de julho de 1945. Dos 357 tripulantes (incluindo quatro americanos) do barco brasileiro, apenas 36 sobreviveram. A maioria morreu de sede e desidratação após enfrentar quatro dias de sol forte em pleno oceano. Os autores argentinos acreditam que a causa do desastre foi um torpedo lançado pelos alemães. Mas a tese está longe de ter consenso, pois contrasta com o relato dos náufragos brasileiros e com as investigações da Marinha do Brasil, para os quais o motivo do acidente foi o disparo de um canhão automático do próprio navio, que atingiu cargas na popa e provocou uma explosão.[21]

Perón sempre odiou o Brasil, até mais do que a Inglaterra: "sempre fui contra ao que fosse britânico e, depois do Brasil, a ninguém nem a nada tenho tanta repulsão", disse.[22]

Um dos líderes nazistas que chegaram à Argentina nessa época foi Josef Mengele. Era conhecido como o "anjo da morte", pois acabou com a vida de 400 mil judeus, gays e ciganos, enviados para os campos de concentração de Auschwitz, na atual Polônia. Também realizou experimentos genéticos em que dissecava pessoas vivas, amputava membros, jogava homens em caldeiras de água fervente e fazia trocas de sangue para ver o que acontecia. Mengele chegou a Buenos Aires em 1949 com um passaporte emitido pela Cruz Vermelha, usando o nome Helmut Gregor. Conheceu Perón pessoalmente. O argentino relatou assim o encontro com um "especialista em genética":

> O homem veio se despedir porque um pecuarista paraguaio o havia contratado para que melhorasse seu gado. Iam pagar uma fortuna a ele. Me mostrou as fotos de um estábulo que tinha por ali, perto de Olivos, onde todas as vacas pariam gêmeos.[23]

O ENCONTRO DE PERÓN COM MENGELE

Mengele viajou para o Brasil no final da década de 1960 e passou a viver em um sítio nos arredores de São Paulo, onde era conhecido como "Seu Pedro".[24] Morreu afogado em uma praia de Bertioga, São Paulo, em 1979.

Ao mesmo tempo em que acariciava os nazistas alemães, Perón presenteava os trabalhadores com diversos direitos. Construiu com eles uma relação de dependência e adoração. Como Getúlio Vargas e outros líderes latino-americanos da época, incorporou o 13º salário, estabeleceu as folgas semanais, aperfeiçoou o sistema de assistência social, aumentou salários e reduziu as jornadas de trabalho. Eram propostas que já vinham sendo defendidas por socialistas e comunistas, mas que empacaram e depois retornaram com o carimbo do novo líder.

Por que Perón fez tudo isso? Seria porque tinha como objetivo legítimo o bem do povo? Era um socialista sonhador, sensibilizado com a exploração capitalista do homem pelo homem, como acreditam ainda hoje muitos argentinos? Foi assim que ele justificou sua ajuda aos trabalhadores em um discurso proferido em agosto de 1944, em frente à Bolsa de Valores de Buenos Aires:

> Essas classes trabalhadoras que estão melhor organizadas são, sem dúvida, as que são mais facilmente lideradas.
>
> É bom ter essas forças orgânicas que se pode controlar e dirigir, em vez das inorgânicas que escapam à direção e ao controle.
>
> Meus queridos capitalistas! Não se assustem com o movimento trabalhista! O capitalismo nunca esteve tão seguro, porque eu também sou capitalista. Eu tenho um rancho, e há trabalhadores nele. O que eu quero é organizar os trabalhadores para que o Estado possa controlá-los e determinar regras para eles, neutralizando em seus corações as paixões ideológicas e revolucionárias que podem colocar em perigo nossa sociedade capitalista pós-guerra. Mas os trabalhadores só serão facilmente manipulados se nós dermos a eles alguns benefícios.[25]

Em 1945, quando também assumiu a vice-presidência e o Ministério da Guerra, Perón criou uma lei semelhante ao código do trabalho de Mussolini, estabelecendo que nenhum sindicato que não tivesse o reconhecimento oficial poderia existir. Cada ramo industrial só poderia ter um sindicato. O governo passou então a reconhecer uma única organização, peronista, por setor. Greves e paralisações foram proibidas. Se um sindicalista se desviasse no meio do caminho, perderia o reconhecimento do governo e teria as finanças cortadas. Nesse mesmo ano, o embaixador americano Spruille Braden, revoltado com o namoro da Argentina com os nazistas, iniciou uma campanha contra Perón, unindo liberais, comunistas, conservadores, socialistas, fazendeiros e empresários.[26] No dia 19 de setembro, centenas de milhares de pessoas foram às ruas para exigir o fim do governo militar, que tomara o poder com um golpe, e pedir novas eleições. No dia 10 de outubro, Perón renunciou a todos os cargos e foi detido pelos militares, que também estavam temerosos de sua alta popularidade. Líderes sindicalistas se mobilizaram para exigir a sua libertação e planejaram uma greve geral. Aconteceu então o episódio que marcaria a história argentina do século 20. No dia 17, Perón foi levado a um hospital. Ao saber da notícia, entre 300 mil e 1 milhão de pessoas cercaram a Casa Rosada para pedir a volta do líder. Após negociar com os militares, Perón conseguiu sua libertação e apareceu na sacada da Casa Rosada para pronunciar o discurso que o eternizou:

> **"** Dou também meu primeiro abraço a essa massa grandiosa, que representa a síntese de um sentimento que havia

---

A Revolução Francesa patenteou o termo *sans-culotte* (sem calção). Os argentinos criaram os descamisados. Em 1945, diante da Casa Rosada, onde Perón era mantido preso, os homens, suados, tiraram suas camisas. Surgiram, assim, os "descamisados", palavra que depois se tornaria sinônimo dos peronistas. O ex-presidente brasileiro Fernando Collor aproveitou a ideia em 1989, quando se declarou o candidato dos descamisados.

> morrido na República: a verdadeira civilidade do povo argentino. Isto é o povo. Este é o povo sofredor que representa a dor da terra mãe, que vamos reivindicar. É o povo da Pátria. É o mesmo povo que nesta histórica praça pediu em frente ao Congresso que se respeitasse sua vontade e seu direito. É o mesmo povo que há de ser imortal.

O dia 17 de outubro passou, assim, a ser a data oficial do peronismo. O "irmão mais velho" do povo, como ele se autoproclamava, foi logo reconduzido ao cargo de vice-presidente e, dias depois, casou-se com Eva Duarte, até então uma atriz desprovida de fama. O magnetismo que Perón estabeleceu com as massas o levou a ganhar as eleições de 1946, com 52,4% dos votos. Empossado presidente, ele começou a aplicar seu plano econômico, desenvolvido com o conceito de "nação em armas". Em resumo, um país deveria estar sempre preparado para uma guerra no limite de sua capacidade, o que requeria a mobilização de toda a população e dos recursos nacionais.

Tudo deveria girar em torno dos militares e da preparação para a guerra iminente. A participação dos gastos bélicos no orçamento subiu de 27,8% em 1942 para 50,7% em 1946. A Constituição foi alterada para que a propriedade não fosse mais inviolável. A posse agora teria obrigações sociais, e a falha em cumpri-las poderia provocar sua perda. Na visão dos militares, toda companhia deveria servir à economia nacional. Perón começou assim a tomar as atitudes infalíveis para acabar com o desenvolvimento de seu país. O Estado poderia "intervir na economia e monopolizar qualquer atividade particular" pelo interesse geral. Também podia estatizar qualquer empresa que tentasse "dominar o mercado nacional, eliminar a competição ou obter lucros excessivos". Estatais passaram a ser administradas por militares. O Banco Central, que tinha a participação de bancos privados, foi nacionalizado em março de 1946.

Eva Duarte era uma atriz desconhecida que atuou no rádio e no teatro. Em 1938, não estava nem entre as 38 candidatas a Miss Rádio, título dado durante o Grande Concurso de Popularidade de Sintonia.[27] Quando conheceu Perón durante um ato em Buenos Aires para ajudar as vítimas de um terremoto em San Juan, em janeiro de 1944, sua vida mudou completamente. Casou-se com o general logo que ele foi libertado pelos militares e tornou-se parte indissolúvel do peronismo.

A MADONA DOS

Evita criou uma fundação com seu nome, por meio da qual construía escolas, hospitais, orfanatos e moradias para mulheres que chegavam em busca de emprego nas cidades. Atendia aos pobres em um escritório, presenteando-os com bens diversos. Em alguns encontros, distribuía notas de dinheiro. O culto à sua personalidade tinha patrocínio governamental. Em uma escola de enfermagem fundada por ela, as moças tinham de desfilar todos os anos no dia 17 de outubro com uniforme azul, que trazia o nome e o rosto de Evita bordados.[28] Nos campeonatos de futebol entre estudantes, os ganhadores levavam uma medalha de ouro com seu sorriso.[29]

O dinheiro que ela usava para essas aventuras vinha do governo e de companhias que eram extorquidas. Aquelas que se recusavam a ajudar a instituição filantrópica de Eva Perón corriam o risco de ser estatizadas. Foi o que aconteceu com a Massone Química e a Chocolates Mu-Mu. Suspeita-se ainda de que, entre seus bens, havia peças do tesouro nazista, oriundas de famílias judias ricas assassinadas em campos de concentração.[30] O próprio Perón chegou a falar de bens de "origem alemã e japonesa" de que o governo argentino teria se apropriado.[31]

DESCAMISADOS

Evita morreu aos 33 anos, de câncer no colo do útero (assim como a primeira mulher de Perón), deixando uma fortuna superior a 8,5 milhões de dólares. Era também proprietária de uma casa na Rua Teodoro García, que lhe fora presenteada pelo milionário Ludwing Freud, o testa de ferro dos capitais nazistas que Perón conhecera na Itália. O monumento a ela, que não chegou a ser construído, tinha três vezes o tamanho do Cristo Redentor e a imagem de um homem com a camisa aberta, um "descamisado" – com a face de Perón.[32]

FRACASSO NA INDÚSTRIA E NO CAMPO

Ao juntar o controle da economia com benefícios desmedidos para os trabalhadores, Perón deixou os empresários sem saída. Entre 1946 e 1950, o salário mínimo subiu 33%.[33] Levando em conta outros benefícios, foi um aumento de 70%. Perón também alterou a lei trabalhista e dificultou as demissões. Sentindo-se imunes à perda do emprego, os empregados começaram a faltar como nunca. Muitos arrumaram um segundo emprego, que desempenhavam no mesmo horário do primeiro. Com apoio do governo, sindicatos de vários setores começaram a criar suas próprias folgas "em celebração à contribuição daquela indústria para a nação". Nesses dias, realizavam diversos atos públicos. Mas não foi suficiente. Também passaram a declarar o dia seguinte às folgas como feriado, para que os funcionários pudessem descansar. Em 1951, o argentino médio descansava um dia para cada dois trabalhados.[34]

Tentativas do governo de disciplinar funcionários e manter a produção levaram a greves e a conflitos violentos. Como a Polícia e a Justiça ficavam sempre do lado do empregado, diretores e donos de empresas viviam com medo. Tito Casera, diretor de pessoal da Siam, foi preso acusado de atividades "antiperonistas". Seu erro foi tentar impedir funcionários de colocar bustos de Eva Perón dentro da fábrica. Como resultado das disputas com empregados, empresários reduziram atividades e procuravam, ao máximo, mecanizar as linhas de produção. Funcionário passou a ser visto como problema. Em 1950 havia menos 14.500 operários do que em 1946. O total de fábricas foi reduzido em 3.316. Sem conseguir produzir o suficiente para abastecer o mercado consumidor, a inflação aumentou. Em 1949, o custo de vida cresceu 68% em um único ano.[35] Um ano depois, a economia do Brasil, cada vez mais industrializada, ultrapassaria pela primeira vez o tamanho da economia argentina e nunca mais perderia a superioridade.[36]

Quem também sofreu nas mãos de Perón foram os fazendeiros e os pecuaristas. Em 1946 o governo criou o Iapi, uma empresa para monopolizar todas as compras de produtos agrícolas para exportação. Os negociadores privados foram isolados do processo, e o governo tornou-se o único mediador. Mas o Iapi pagava pouco para donos de terras e arrendatários. Enquanto o preço de cada cem quilos do trigo estava em 18,2 pesos no mercado internacional, o governo pagava apenas quinze pesos. A linhaça, que custava entre noventa e cem pesos, era avaliada na Argentina por 35 pesos em 1946. Com custos e salários aumentando, fazendeiros cancelaram investimentos e reduziram a produção.

Compradores internacionais também tinham de se submeter aos preços do Iapi e, por isso, se sentiram desencorajados. O Iapi vendia um quintal de trigo por 45 pesos, mas o produto era cotado a 28 pesos em Chicago. Cobrava 23,5 pesos pelo milho, sendo que o preço internacional era de 17,5 pesos. No início, como não havia concorrência com os produtos argentinos, países como a Inglaterra foram obrigados a comprar da Argentina mesmo assim. Mas foi por pouco tempo. O país que estava prestes a saciar a fome do mundo viu sua participação no comércio mundial despencar. Entre 1946 e 1954, as exportações de carne caíram de 296.440 toneladas para 167.635. Quedas semelhantes ocorreram entre os grãos, como o trigo. A fatia argentina sobre o comércio de carne caiu de 40% para 19%. Em trigo, caiu de 19% para 9%. Linhaça, de 68% para 44%.

Os discursos da primeira-dama peronista eram extremamente simples. Ela se limitava a enaltecer o marido e atacar inimigos imaginários, como neste discurso de 1948:

> O capitalismo estrangeiro, o capitalismo estrangeiro e seus serventes oligárquicos e entreguistas comprovaram que não há força capaz de submeter o povo que tem consciência de seus direitos. Uma vez mais, meus queridos descamisados, unindo-nos ao líder e condutor, reafirmamos que na vida argentina já não há lugar para o colonialismo econômico, para a injustiça social, nem para os traficantes de nossa soberania e nosso futuro.

O GUARDA-ROUPA DE EVITA

Contudo, ao escolher as peças de seu armário, a raiva xenófoba se esvaía. Evita era fã dos vestidos do francês Christian Dior e dos sapatos do também francês Perugia. Ao morrer, os bens de Evita contavam "756 objetos de prataria e ourivesaria, 144 peças de marfim, colares e broches de platina, diamantes e pedras preciosas avaliadas em 19 milhões de pesos".[37]

As ações benevolentes de Perón para com os trabalhadores foram um tiro no pé. Ao aumentar o salário mínimo, o presidente estimulou as compras. Contudo, não se preocupou em expandir os investimentos nas áreas de indústria pesada, de energia e mecanização do campo.[38] O país, então, foi forçado a importar bens de capital, necessários para que a produção conseguisse abastecer o mercado interno. Contudo, como as exportações agrícolas caíram vertiginosamente, não havia dinheiro para tanto. E os investidores estrangeiros não ousavam se aventurar no país com uma retórica nacionalista, estatizante e sem respeito pela propriedade privada. O capital estrangeiro, que antes da Primeira Guerra Mundial representava metade dos investimentos no país, passou para 5% em 1949. Com Perón, aquele dinheiro que estava guardado no Banco Central, que poderia ser usado para a indústria pesada, foi todo usado na nacionalização de companhias já existentes que possuíam donos estrangeiros. Pagou caro, até o triplo, por companhias de transporte e comunicação. Algumas, como as ferrovias, estavam bastante deterioradas e necessitavam de reparos urgentes.

Sem conseguir exportar produtos agrícolas e com a indústria em decadência, a balança comercial argentina foi para o vermelho. Em 1945, o país importava 1,8 bilhão de pesos e exportava 6,7 bilhões, resultando num saldo positivo de 4,9 bilhões. As reservas de ouro eram de 1,6 bilhão de dólares. Dez anos depois, importava 5,3 bilhões de pesos e exportava 4,4 bilhões, o que deixava o país com saldo negativo de 900 milhões de pesos. As reservas encolheram para 402 milhões de dólares. Os argentinos gostaram e pediram mais.[39]

Perón alterou a Constituição em 1949 para permitir a reeleição, prática conhecida entre políticos latino-americanos. Em 1952, obteve a maioria dos votos e mais cinco anos de governo. Lançou então seu segundo plano quinquenal. Nada mudou de importante. O governo continuou empregando mais gente do que devia. Entre 1945 e 1955, o número de empregados na administração central do governo federal subiu de 203.300 para 394.900.⁴⁰ Os preços seguiram aumentando, com os salários agora congelados. Os erros provocaram um declínio de 32% no valor dos salários reais entre 1949 e 1953. Em maio de 1954, trabalhadores metalúrgicos revoltaram-se contra seus líderes peronistas e iniciaram greves que afetaram ainda mais a produção.

Com trabalhadores criticando o governo e a economia no limbo, o governo assumiu uma nova posição. Em 1951, tropas de choque leais a Perón recrutadas para reprimir greves entraram em ação. Perón nessa época fez vários discursos contra grevistas e mandou demiti-los aos milhares. Também ordenou a prisão de centenas de comunistas ou socialistas que o incomodavam. Era também uma batalha ideológica. Preocupado em moldar a mente da população, o peronismo também alterou os livros didáticos. Após a morte de Evita, o país de Borges, que se orgulhava de ter uma população bem-educada e com baixíssima taxa de analfabetismo, passou a aprender a ler com a seguinte cartilha:

> Perón. Pe rón. Eva. E vi ta.
> Evita olha o nenê. O nenê olha Evita.
> Eu vi Eva. Ave. Uva. Viva. Vivo. Vejo. Via. Eva. E va.
> Evita. Perón. Pe rón. Sara e seu marido são peronistas. Votaram em Perón. Essa mulher é Evita [desenho]. Era terna

---

Em 1928, a União Soviética tinha lançado a moda de planos quinquenais, de cinco anos, que inspiram governantes latino-americanos até hoje.

Nessa época, Evita convocou a cúpula da CGT e pediu a compra de 5 mil pistolas automáticas e 1.500 metralhadoras para formar milícias de trabalhadores. Todos os gastos correriam por conta da Fundação Eva Perón, segundo o historiador argentino Felipe Pigna.⁴¹

> e dadivosa. Ajudou a todos. Ninguém a esquecerá. Perón nos deu muitas coisas e nos dará ainda mais. O Libertador General San Martín [desenho]. O Libertador General Perón [desenho].
>
> Perón nos ama. Ama a todos. Por isso, o amamos. Viva Perón! Esta é Evita [desenho]. Amou-nos tanto![42]

Em 1948, o Congresso, de maioria peronista, aprovou a lei do desacato, tornando crime para qualquer cidadão, mesmo um congressista, falar mal de uma autoridade. Todas as rádios passaram a ser controladas pelo governo. A maior parte dos jornais de oposição foi fechada. Em 1951, Perón expropriou o jornal *La Prensa*. No ano seguinte, todos os jornais, com exceção do *La Nación*, estavam em mãos peronistas. Jorge Luis Borges, o maior escritor argentino, para quem Evita não passava de uma prostituta, perdeu seu emprego como bibliotecário. A mando de Mussolini, ops! de Perón, as autoridades nomearam o escritor para o cargo de inspetor de aves e ovos nos mercados da capital.

Os argentinos insistem que as ilhas Malvinas são deles. Tudo bem, não fosse o fato de serem habitadas pelos *kelpers*, descendentes de ingleses que há mais de sete gerações vivem por lá. Em 1982, os militares argentinos invadiram a ilha com poucas armas e jovens soldados inexperientes recrutados compulsoriamente. A reação inglesa foi brutal e encerrou a desavença em apenas 74 dias.

EM DEFESA DO

O principal argumento dos argentinos para justificar o direito sobre as Falklands (o nome correto desse arquipélago no oceano Atlântico) é que as ilhas estão muito próximas de seu país. Se o argumento valesse, o Brasil poderia invadir o Uruguai, e os Estados Unidos entrariam em Cuba amanhã. A reação inglesa foi melhor fundamentada. Eles usaram princípios básicos, como a autodeterminação dos *kelpers* e o direito de eles se defenderem. Uma resolução do Conselho de Segurança das Nações Unidas, com dez votos a favor e apenas um contra (do Panamá), ordenou a imediata retirada argentina. A favor da Inglaterra estavam Estados Unidos, França, Alemanha Ocidental, Japão, Canadá, Austrália e Nova Zelândia, sendo que esta última até ofereceu uma fragata para ajudar os ingleses.[43]

O curioso é que as recordações da "Falklands War" seguem o mesmo padrão de outros dois confrontos regionais, a Guerra do Pacífico, entre Chile, Bolívia e Peru (1879 a 1883), e a Guerra do Paraguai, entre Paraguai, Brasil, Argentina e Uruguai (1864-1870). Em todos os casos, a opinião se inclina para a defesa dos mais fracos e derrotados: Paraguai, Bolívia e Peru. Mesmo tendo sido eles a iniciar os conflitos com alegações vagas ou improcedentes.

S VENCEDORES

Brasil e Argentina foram obrigados a revidar o Paraguai, cujas tropas do ditador Francisco Solano López invadiram seus territórios. Na Guerra do Pacífico, o governo boliviano abusou da boa vontade do vizinho ao sobretaxar as empresas chilenas que exploravam minerais no Atacama – uma medida que tinha combinado não fazer após uma guerra em que Chile e Peru expulsaram tropas espanholas, em 1864. Essa região, que tinha uma população majoritariamente chilena e ficava distante do centro de poder em La Paz, era o litoral boliviano.[44, 45] Quando o governo de La Paz rasgou o acordo já assinado sobre as taxas, o chileno saiu em defesa de sua população. Como punição ao vizinho, pegou para si aquele naco de praia e de deserto.

ENQUANTO O PAÍS QUEBRAVA, PERÓN SE DIVERTIA COM ESTUDANTES

A esculhambação geral da nação veio logo após a morte de Evita, em 1952. Assim que ela faleceu, o ministro da Educação, Armando Méndez San Martín, foi incumbido de encontrar uma forma de entreter o melancólico presidente.[46] Sua ideia brilhante foi criar uma organização estudantil "para proporcionar interesse ao presidente, que acabava de perder sua esposa". Criou-se, assim, a União de Estudantes Secundaristas (UES), com duas alas, a feminina e a masculina. Informado da ideia, Perón rapidamente saiu com uma piadinha. "Até que se construam as sedes esportivas, a UES pode funcionar na quinta presidencial. A ala feminina, claro..." Que sacada! As jovens estudantes ficaram na residência presidencial de Olivos, enquanto os homens ficaram bem longe dali. Na inauguração das moradias femininas, com cinquenta camas, em julho de 1953, Perón fez um longo discurso. Deu um conselho maroto às animadas moças:

> Queremos uma juventude que comece a administrar a si própria, queremos uma juventude livre de preconceitos, porque geralmente a virtude não estriba em ignorar os vícios senão em conhecê-los e dominá-los. E, como sempre, as mulheres devem ir à frente. Decidiu-se habilitar essa residência presidencial que era demasiado grande para um homem só como eu.[47]

Perón sempre teve um gosto particular por meninas. Quando era jovem, ganhou de presente de um camponês de Mendoza sua filha, uma amante-criança carinhosamente apelidada de "Piranha". A menina viveu com ele até ser enxotada por Evita.

Recado dado? O prédio tinha garagem para motos e lambretas, sala de estar e ginásio de esportes. Governar tornou-se menos importante. Perón passava tardes inteiras conversando com as adolescentes. As más línguas diziam que o presidente escondia um bilhetinho no casaco de uma das moças. Aquela que o encontrava permanecia na casa presidencial à noite.

Perón passeia de lambreta ao lado de seguranças e estudantes secundaristas em Buenos Aires.

Uma das meninas, Nelly Rivas, chamou a atenção de Perón. Era a delegada de sua escola dentro da UES. Tinha 13 anos. Quando Perón foi repreendido por relacionar-se com uma menina tão nova, respondeu: "Ah é? Ela tinha 13 anos? Não faz mal, não sou supersticioso".[48] A jovem Nelly "era uma moreninha de grandes olhos negros e sobrancelhas pronunciadas", contou a jornalista Alicia Dujovne Ortiz. Divertia-se experimentando os vestidos de Evita sob o olhar enternecido do "velho general".[49]

O general na companhia da jovem Nelly Rivas, durante o Festival de Cinema de Mar del Plata, em 1955.

De início, o presidente marcou reuniões com Nelly para discutir grandes temas, mas aconteceu que, em uma delas, o papo se prolongou e ficou tarde demais para que ela voltasse para a casa de seus pais. O namoro foi narrado por ela mesma em artigos publicados em 1957 no jornal americano *New York Herald Tribune*, no uruguaio *El Diario* e no argentino Clarín. Conta Nelly:

> Existia o costume de que cada menina nova [da UES] almoçasse com Perón. Eu jamais havia sentado em uma mesa com um personagem tão importante como o Presidente da República, nem sonhava com algo parecido, quando se aproximou o senhor Renzi para me avisar que ao meio-dia eu comeria com o general. A princípio, minhas pernas tremeram, mas depois pensei que seria interessante estar sentada ali.[50]

A publicação dos artigos de Nelly Rivas no Clarín foi suspensa após o segundo artigo, por ordem de um juiz de menores.[51]

Nelly então é convidada para uma reunião na residência oficial da Avenida Alvear:

> **"** [Perón] me recebeu como sempre. Nós nos sentamos em uma sala ampla e cheia de luz, onde falamos longamente, primeiro sobre a União de Estudantes Secundaristas, depois sobre os meus problemas. Passei toda a tarde com ele até que anoiteceu, e, como eu era muito jovenzinha para voltar sozinha, não me deixou retornar para minha casa. 'Está bem', eu disse ao general aquela noite, 'por essa vez eu fico para dormir aqui'. E chamei por telefone os meus pais para avisá-los de que eu não regressaria, que não deviam se preocupar e que não era preciso me enviar uma camisola porque já tinham me oferecido uma.

Foi a primeira noite que passaram juntos. Ela então estava com 14 anos. Uma semana depois, Perón a convidou para assistir a uma luta no Luna Park, em Buenos Aires, quando os dois apareceram juntos em público. Depois...

> **"** Como tudo terminou muito tarde, voltei a dormir na casa do presidente. A terceira vez que fiquei foi por uma causa fortuita, a chuva, que me obrigou a reincidir. Mas essa foi a definitiva, pois não voltei a dormir na minha casa. Fiquei vivendo com o general até que ele me abandonou para se refugiar em uma canhoneira paraguaia (1955).

A festa com as secundaristas teve seu preço. Bem alto. Para agradar as jovens, Perón as presenteou com motos, bicicletas, lambretas e automóveis. Em três anos, a UES consumiu 10 milhões de dólares, segundo o historiador argentino Hugo Gambini.[52]

Com tanta fanfarronice e a economia indo para o buraco, as críticas a Perón aumentaram. Em 1955, o presidente declarou que "qualquer um, em qualquer lugar, que tente mudar o sistema contra as autoridades constituídas, ou contra as leis ou a Constituição, deverá ser morto por qualquer argentino". E continuou: "Qualquer peronista deve aplicar essa regra, não apenas contra aqueles que cometem esses atos, mas também contra aqueles que os inspiram e os incitam".

Perón prometeu que, para cada peronista que caísse pela causa, outros cinco inimigos deveriam morrer.[53] Era o desespero de um presidente que já não encontrava conserto para os problemas que ele mesmo tinha criado. Milícias de esquerda e de direita ganharam espaço e começaram a vitimar a população civil. Uma delas era baseada na CGT, a Confederação Geral do Trabalho, centro do peronismo ainda hoje. Logo após a morte de Evita, a entidade passou a usar o dinheiro dos fundos de ajuda social para comprar armas.

A situação ficou insustentável, e os militares deram um golpe, obrigando Perón a viajar para o Paraguai. Depois, foi para Panamá, Venezuela e, por fim, Espanha. Mas as ideias do presidente deposto seguiram fortes na Argentina. Quase vinte anos depois, nas eleições de 1973, o peronista Héctor Cámpora foi eleito com 49% dos votos e colocou em ação um plano para trazer de volta o general de forma definitiva. Nessa época, Perón vivia em Madri com uma dançarina de cabaré, María Estela Martínez de Perón, ou Isabelita. O corpo de Evita, embalsamado, dormia no sótão da casa, onde foi montado um pequeno altar. Dessa maneira, o casal absorvia as energias emanadas pela defunta. Tratava-se de uma invenção de José López Rega, guarda-costas de Isabelita. Após viajar a Madri, Rega tornou-se influente na vida dos dois e virou secretário pessoal de Perón. Conhecido como "el Brujo", Rega unia astrologia e umbanda com a maçonaria Rosa-

-Cruz. Contradizia o chefe em público, interrompia suas conversas e controlava o acesso ao general. Quando Perón retornou a seu país, López Rega preparou uma recepção nas proximidades do aeroporto de Ezeiza, para onde acudiram milhares de pessoas. Sob o comando do secretário de Perón, membros da Juventude Sindical Peronista (JSP) atiraram contra os *montoneros*, de esquerda. Treze morreram, baleados ou enforcados nas árvores. O conflito ficou conhecido como o Massacre de Ezeiza.

Quando Perón e sua trupe retornaram a Buenos Aires, novas eleições foram convocadas e – adivinhe? – os argentinos tornaram a votar em peso no homem. Ele ganhou, assim, outra chance para destruir seu país. Destilou a mesma receita já fracassada em seus dois mandatos anteriores: controle da indústria, congelamento de preços e salários, regulação das exportações agrícolas, centralização, inchaço do funcionalismo, estatizações e xenofobia. Uma lei de 1973 proibiu o investimento exterior em áreas como alumínio, química industrial, petróleo, bancos, seguros, agricultura, imprensa, publicidade e pesca. Diretores de empresas estrangeiras foram obrigados a se registrar como agentes estrangeiros. Claro, nenhum investimento de fora foi registrado no país nos três anos seguintes. O número de funcionários públicos subiu de 1,4 milhão para 1,7 milhão em apenas três anos. Um aumento de 339 mil. Com tanta gente, prefeituras se viram incapazes de pagar as folhas de pagamento e, assim, tiveram de cortar serviços como coleta de lixo, limpeza e iluminação das ruas. Mesmo assim, nenhum empregado público foi demitido.[54] Sindicalistas peronistas ganharam força, e uma lei passou a proibir que fossem acusados de crimes, a menos que pegos em flagrante. A insubordinação aumentou. O investimento na indústria caiu 30% em 1973 e mais 38% no ano seguinte.[55] O gasto público elevado obrigou à emissão de moeda, aumentando a inflação, que chegou a 74% anuais em 1974. Nos dois anos seguintes, chegaria a assustadores 954%.[56]

Em Madri, para onde viajou na companhia de Isabelita, o presidente deposto conviveu diariamente com López Rega. Afeito à maçonaria, à umbanda e à astrologia – e também à picaretagem –, ele passou a ser o cérebro por trás das decisões do chefe.

No livro *O Romance de Perón*, que une pesquisa com ficção, o jornalista Tomás Eloy Martínez narrou dois momentos curiosos na convivência de Rega com Perón. No primeiro, Rega solta um peido e coloca a culpa em Perón: "Eu não tenho nada a ver com isso. Esses gases são os que se infiltram por sua boca e depois usam meu corpo como válvula de escape", argumentou.[57] Em outro, Rega monta guarda sentado no braço da poltrona do avião em que Perón dorme. Faz isso para ajudá-lo a respirar, "empurrando o ar com sua força de vontade".[58] É melhor acreditar que tudo isso é ficção.

PERÓN E O MORDOMO ESOTÉRICO

López Rega escreveu livros sobre suas teses malucas. Em *Zodíaco Multicor*, publicado em português pela Livraria Freitas Bastos em 1965, ele apresenta uma curiosa teoria com o propósito de servir à humanidade. Faz relações entre as cores, suas vibrações, o corpo humano, planetas, países, signos do zodiaco e os sentimentos. A cor indigo está "compreendida entre 4.490 e 4.340 unidades angstrom. Atua sobre os corpúsculos do sangue, no fluido nervoso e no dinamismo que regula o movimento. Apazigua o ânimo, inspira ideia de nostalgia, modéstia, singeleza, dignidade, altura de visão e grandeza moral; é um poderoso estimulante das funções intelectuais".[59] Cento e vinte e duas páginas de puro besteirol.

A tragédia se assemelhava com a de vinte anos antes, mas com um diferencial: a guerrilha urbana estava muito mais atuante nos anos 1970. Grupos terroristas como os *montoneros*, com 250 mil homens, e o Exército Revolucionário do Povo (ERP), ambos de esquerda, e a Juventude Sindical Peronista (JSP, de direita) enfrentavam-se nas ruas, roubavam bancos, sequestravam empresários e atacavam policiais. O ERP, cansado de tentar convencer o proletariado a entrar na revolução, decidiu que a faria "com as massas, sem as massas ou contra as massas". O país mergulhou na desordem. "Ninguém vai me dizer que esses que assaltam bancos estão fazendo isso por um motivo ideológico superior: eles estão fazendo essas coisas para roubar", disse o presidente. O bruxo López Rega, nomeado ministro do Bem-Estar Social, distribuiu armas aos terroristas da direita, como a JSP e a Concentração Nacional Universitária. Outra que ganhou força foi a Aliança Anticomunista Argentina (AAA), criada por López Rega. Seus membros enviavam cartas para os esquerdistas ordenando que deixassem o país. Caso não o fizessem, eram geralmente assassinados dias depois.

No dia 1º de julho de 1974, Perón morreu, aos 78 anos. O "abacaxi" passou para as mãos de Isabelita, sua esposa e vice-presidente. Do dia em que ele morreu até setembro de 1975, 248 esquerdistas morreram nas mãos da AAA. Outros 131 foram mortos pela polícia e 132 corpos não identificados foram encontrados.[60] Isabelita iniciou um governo desastroso e deixou a Casa Rosada após um golpe militar em março de 1976, dando início à ditadura mais sangrenta da América Latina.

PAN CHO VILLA

O LATIFUNDIÁRIO MAIS FAMOSO DE HOLLYWOOD

O sombreiro, o taco, o molho de carne com chocolate e pimenta, o apreço por música ruim e o hábito de comer ovos crus no café da manhã são coisas que em nenhum lugar se vê tanto quanto no México. É um país singular. No Dia dos Mortos, 2 de novembro, seus habitantes montam altares dentro de casa, servem comida aos parentes falecidos e saem às ruas se divertindo com esqueletos (dica: para comprar um nas lojinhas, é só perguntar pelas *calaveras*). Eles fazem até pequenas caveiras de açúcar. Todas comestíveis, claro. E dá para colocar o próprio nome nelas também. Pitoresco. Exótico. Assim também foi a Revolução Mexicana, que derrubou o ditador Porfirio Díaz e sacudiu o país inteiro entre 1910 e 1920. O movimento lutou pela reforma agrária antes mesmo da Revolução Russa, de 1917. Sua marca registrada são os rebeldes de bigode pontudo, chapelão, cartucheira com balas no peito e muita maconha dentro do pulmão. Ao percorrer milhares de quilômetros para lutar contra as tropas federais, os revoltosos entoavam um hino curioso: *"La cucaracha, la cucaracha, ya no puede caminar. Porque no tiene, porque le falta, marijuana pa' fumar"*. Traduzindo: "A barata, a barata já não pode caminhar. Porque não tem, porque lhe falta maconha para fumar".

Viva México! Entre os protagonistas da revolução contra o ditador Porfirio Díaz estava Doroteo Arango, que adotou a alcunha de Francisco "Pancho" Villa. Nasceu em Durango, no norte do México – sua família morava na propriedade de um fazendeiro. Aos 16 anos, após discutir com o proprietário da terra onde morava, fugiu. Passou algum tempo escondido nas montanhas e depois foi para o estado vizinho, Chihuahua. Lá, tornou-se líder de bandidos armados, uma espécie de cangaceiro. Por essa época, não tinha nenhum discurso político ou ideológico. Quando a revolução contra Porfirio Díaz, que pedia o fim da ditadura e a reforma agrária, chegou ao seu estado, Pancho foi integrado ao exército rebelde, por razões ainda não bem compreendidas. Aos poucos, ganhou confiança dos líderes da revolução e dirigiu a Divisão do Norte, o maior exército revolucionário da América Latina da época, com 40 mil a 100 mil homens.[1] "É possível que, de todos os bandidos profissionais do mundo ocidental, tenha sido ele [Pancho] quem fez a melhor carreira revolucionária", escreveu o historiador marxista Eric Hobsbawm.[2] Pancho foi "o mais eminente de todos os bandidos transformados em revolucionários", segundo Hobsbawm.[3]

Na Divisão do Norte, Pancho recrutou milhares de homens que tinham perdido suas terras por causa de decretos de Porfirio Díaz. O presidente havia proibido que terrenos baldios e áreas do estado fossem usados pelos camponeses. Até então, eles cruzavam livremente esses espaços com seus pequenos rebanhos. A esses homens juntaram-se ex-prisioneiros, peões de fazenda, bandoleiros, mineiros, vaqueiros desempregados e jovens de 14 a 16 anos, os quais ainda não tinham formado a própria família e podiam ser facilmente convocados.[4] Todos queriam ganhar um pedaço de terra, seguindo a tradição medieval de dividir o território como recompensa aos vencedores. Aos muchachos juntaram-se também suas mulheres, amantes, prostitutas e seus filhos, que os acompanhavam pelo país, andando ou viajando de trem. Elas trabalhavam como enfermeiras e até mesmo entravam na luta com armas em punho. Eram as *soldaderas*.[5]

Desse estado mexicano veio o nome da raça dos menores cachorros do mundo. Não se sabe se a raça teve origem por ali, mas é certo que a região abrigou os criadores que durante o século 19 popularizaram o cãozinho nos Estados Unidos, país com o qual o estado de Chihuahua faz fronteira.

Não há provas de que Pancho Villa fumava a erva. Mas é certo que seus subordinados puxavam um. Essa era a forma preferida de relaxamento após as batalhas.[6] A planta desembarcou no México no século 16, levada pelos espanhóis. Depois, foi apelidada de *mariguana* ou Rosa Maria. Entre a população local, era comum que as substâncias alucinógenas ganhassem nomes com algo de sagrado (com "Maria" ou "Virgem"), para mascarar sua identidade e evitar represálias. Nos anos 1920, após a Revolução, a maconha foi considerada perigosa e foi proibida no México. Quando chegou aos Estados Unidos, já tinha má fama.

A MARCHA DA MACONHA HÁ CEM ANOS

A erva também era usada tradicionalmente pelos índios yaquis, que integraram a divisão de Pancho no estado de Sonora. Em uma noite de 1915, quando dançavam alegremente influenciados pela erva, foram atacados. Em fuga desesperada, depararam-se com cercas de arame farpado e foram seriamente feridos.[7] Soldados das tropas federais mexicanas que perseguiram Pancho também eram adeptos. Tanto que as autoridades acharam que deveriam acabar com a festa.[8] Jovens americanos do outro lado da fronteira também se interessavam pelos poderes da planta, e assim a polêmica começou.

Mas, acredite, Pancho mantinha sua divisão na mais perfeita ordem. Para controlar essa turba composta de ex-prisioneiros, bandoleiros, mulheres e adolescentes chapados, ele empregou uma estratégia infalível: vacilou, tomou bala. Qualquer um dos seus subordinados podia ir para o *paredón* sem nenhum direito a defesa. Bastava beber além da conta ou suscitar uma leve suspeita de que tinha passado informações ao inimigo.[9] As sentenças de morte também eram aplicadas aos que se recusavam voluntariamente a entrar na Divisão ou aos que desertavam e se juntavam às fileiras de outros revolucionários. O método deu tão certo que o mexicano ficou famoso pela disciplina que impôs à tropa.

Pancho vestido com o uniforme militar que usou nas gravações do filme feito pela Mutual Films.

Sua popularidade atingiu o auge nas telas dos cinemas americanos. O filme *The Life of General Villa* [A Vida do general Villa] contava a sua história, com várias mudanças para agradar ao público americano, acostumado a valorizar o empreendedorismo individual e a desconfiar de tudo que vem do governo. Assim, a família de Pancho, que vivia nas terras de um fazendeiro, foi retratada como a de um pequeno sitiante que entrava em disputas com oficiais federais. Na trama, os vilões do governo perseguem as irmãs de Pancho. Dois deles sequestram a menor, a violentam e a abandonam. Ao voltar para casa, o herói descobre o que aconteceu e segue no encalço deles até matar um dos responsáveis. É perseguido e foge para as montanhas, jurando pegar o segundo. Em uma batalha, ele o encontra e o mata. É o clímax do filme.[10] As cenas de Pancho quando jovem foram interpretadas por um ator famoso de Hollywood, Raoul Walsh. Aquelas em que Pancho já era adulto foram protagonizadas, acredite se quiser, pelo próprio herói. Ele interpretou a si mesmo e seguiu o roteiro adaptado sem reclamações. Pelo contrato assinado com a Mutual Film Company, Pancho ganhou 20% da arrecadação com as bilheterias, dinheiro que o ajudou a comprar armas nos Estados Unidos.[11] Quatro cinegrafistas da empresa o acompanhavam nas aventuras militares pelo México. Por insistência deles, Pancho realizou diversas manobras com seu cavalo antes das batalhas. Para não espantar o público, ainda aceitou trocar o sombreiro flácido por um uniforme militar. Gostou tanto do personagem que adotou a nova vestimenta em definitivo. Aconteceu assim um estranho fenômeno. Pancho Villa se tornou um personagem real baseado em fatos ficcionais.[12]

Pancho morreu vítima de uma emboscada em 1923, quando seu carro foi alvejado por quarenta tiros. Desde então, sua fama só cresceu, até que se tornou o mexicano mais conhecido nos Estados Unidos. Seu nome está em restaurantes de tacos, nachos e burritos no mundo todo: em Glasgow, Ottawa, Moscou, Tóquio, Anchorage (Alasca) e Cascavel, no Paraná (com direito a bandinha de mariachis cantando "La Bamba").

O sombreiro foi adotado por vaqueiros americanos, no Texas, ainda em meados do século 19. Como caía muito para a frente e atrapalhava a visão, foi adaptado e se transformou no chapéu do caubói americano.[13]

Pancho Villa costumava explicar sua rebeldia contando uma história sofrida de sua adolescência. Aos 16 anos, voltava para casa em Durango quando encontrou o dono da fazenda onde morava, Don Agustín López, discutindo com sua mãe. "Vá embora da minha casa! Por que quer levar minha filha?", gritava ela. Pancho pegou um rifle e atirou contra Don Agustín, sem o ferir gravemente. Na fuga, matou alguns de seus perseguidores. Desde então, só lhe restou a vida louca de banditismo.[14] Porém, enquanto não há como saber se o relato de violação de sua irmã é verdadeiro, o disparo contra o fazendeiro e seus empregados mais parece uma farsa. Pancho só foi preso por roubar mulas e um rifle. Foi solto em seguida.

OS FALSOS

Alterar a própria história para fazer-se de coitado é uma obsessão entre muitos heróis da América Latina. Segundo diplomatas americanos que viviam no México, os pais de Pancho "tinham um rancho e desfrutavam certa abundância. Sua educação se limitou à escola primária, mas ao menos chegou até aí, não é o analfabeto que descrevem os jornais; suas cartas estão bem redigidas".[15]

Fenômeno parecido ocorreu com o brasileiro Virgulino Ferreira da Silva, o Lampião. O famoso bandido dizia ter entrado no cangaço para vingar o assassinato do pai, morto em 1920 por um policial, o tenente Lucena. Essa é só meia verdade. Lampião não contava a ninguém que o pai morreu justamente por causa dos roubos e dos saques que ele já praticava. Quando o tenente Lucena invadiu a casa da família, estava à procura do filho — Lampião e uns amigos tinham matado um rapaz de 15 anos e cometido assaltos em Alagoas. O tenente entrou na casa atirando e matou o pacato pai do cangaceiro.[16]

Outro caso semelhante é o da índia guatemalteca Rigoberta Menchú. Sua biografia causou impacto em 1983 e rendeu a ela o Prêmio Nobel da Paz. O livro, escrito por Elisabeth Burgos, esposa de Régis Debray, contava a triste história de Rigoberta, que fora proibida de frequentar a escola, cresceu em miseráveis vilas maias e conviveu com esquadrões da morte patrocinados pelos Estados Unidos contra os índios e o movimento de guerrilha que resistia ao governo.

OITADINHOS

Rigoberta foi uma unanimidade até 1999, quando o antropólogo americano David Stoll revelou os exageros e as mentiras da obra. Stoll descobriu que a família de Rigoberta não era tão pobre quanto ela dizia, nem precisava se sujeitar a trabalhos de semiescravidão. Seu pai era dono de terras que foram distribuídas pelo governo, e ela havia estudado até o oitavo ano em instituições católicas privadas. O antropólogo provou também que os conflitos entre os índios e o governo foram deflagrados pelo movimento de guerrilha do qual Rigoberta fazia parte, e não por grupos de extermínio.[17]

O fôlego dessa adoração prolongada se deve a duas crenças principais. A primeira é a ideia de que Pancho era um antiamericano. Em 1916 ele comandou um ataque com quatro centenas de homens armados à cidade fronteiriça de Columbus, nos Estados Unidos. Morreram dez americanos – a maioria civis – e mais de cem "villistas", como eram chamados seus seguidores. "Os salteadores [de Pancho Villa] produziram um caudilho em potencial e uma lenda – a do único líder mexicano que tentou invadir a terra dos gringos neste século 20", escreveu Hobsbawm ainda no século passado.[18] A segunda crença é a de que ele foi o Robin Hood latino-americano: roubava dos ricos para dar aos pobres. Criou escolas, cuidou dos órfãos, confiscou latifúndios e defendeu a reforma agrária.

As duas crenças, porém, são mitos. Pancho amava os Estados Unidos. Queria que um de seus filhos estudasse lá.[19] Se é verdade que profetizou a reforma agrária, ele a adiou o quanto pôde. Depois, esqueceu completamente o assunto e viveu seus últimos anos como um latifundiário conservador. Por fim, atacava os ricos tanto quanto os pobres. Fuzilou a todos indistintamente.

PANCHO VILLA ADORAVA OS ESTADOS UNIDOS

A crença de que Pancho era um antiamericano esbarra nos elogios desmesurados que ele fez na década de 1910 aos Estados

---

Leis promulgadas por Díaz em 1893 e 1894 expropriaram 50 milhões de hectares e deixaram milhares de pessoas repentinamente sem ter com o que viver. A demanda por redistribuição de terras, portanto, era legítima.[20]

Unidos, na época em que o país era governado por Woodrow Wilson. A um jornalista americano, disse:

> O que eu quero é a paz do México. Não o tipo de paz que tínhamos com Díaz, quando uns poucos tinham tudo e os muitos outros eram escravos, mas a paz que têm vocês nos Estados Unidos, onde todos os homens são iguais perante a lei e onde qualquer um que deseje trabalhar pode conseguir para ele e para a sua família meios de vida que só os muito ricos podem desfrutar no México.[21]

Sobre Woodrow Wilson, o presidente americano, Pancho afirmou: "[Wilson] era o homem mais justo do mundo. Todos os mexicanos o adoram. Nós consideraremos os Estados Unidos como nosso amigo".[22]

O entusiasmo de Pancho com os vizinhos do Norte se explica pela estreita relação que manteve com eles em sua vida, desde cedo. Às vésperas da revolução, os estados de Durango e Chihuahua estavam repletos de fazendas de gado e minas de prata, as quais tinham proprietários estrangeiros, principalmente americanos. Muitos deles contrataram os serviços de Pancho, que também atuava como segurança na época. Um de seus chefes foi um empresário inglês chamado Furber, que comprou minas de prata em Durango. Para ele, Pancho trabalhava como capataz e segurança. Fazia a escolta contra quadrilhas de bandoleiros que apareciam pelo caminho para assaltar os vagões de trem ou os comboios de mula que levavam o pagamento dos funcionários da firma de Furber.[23]

Em retribuição, Pancho manteve praticamente intactas as propriedades de estrangeiros depois que teve início a revolução. Preferia armar briga com fazendeiros mexicanos e espanhóis, nunca com seus ex-patrões e seus conterrâneos. A imunidade dos estrangeiros era tão evidente que muitos proprietários mexicanos venderam suas terras a preço de banana aos de fora, os quais podiam usá-las como pasto para gado ou cultivá-las sem dores de cabeça.[24]

Com os donos de minas de prata americanos, a relação também era de cordialidade. Uma vez que o país, convulsionado pela guerra, e o mundo estavam sofrendo uma redução na demanda de minerais, muitos estrangeiros desistiram de investir no país e interromperam a produção. Pancho conversou com eles para que reatassem os trabalhos. Como garantia, deu sua palavra de que não teriam as minas confiscadas se atendessem a seus pedidos. Também lhes assegurou que os trens, fundamentais para o transporte das tropas revolucionárias, estariam sempre à disposição dos mineradores para levar seus produtos aos Estados Unidos. Pancho ainda prometeu que permitiria a presença de sindicalistas americanos, principalmente de membros da IWW, a Industrial Workers of the World (Trabalhadores Industriais do Mundo), sindicato americano com sede em Chicago e ligado a partidos socialistas. Seus integrantes não conseguiriam agitar os trabalhadores nem fariam greves.[25] Confiando nesse autêntico socialista, muitos donos dos meios de produção retornaram às suas atividades.

Para os empresários industriais, a mão firme de Pancho, que manteve a disciplina mesmo entre seus chapados comandados da Divisão do Norte e impediu greves nas minas e nas fábricas, era a chave que poderia abrir um futuro ordeiro para o México.[26] O presidente americano Woodrow Wilson gostava disso. Certa vez, ao falar de Pancho em uma conversa com um militar francês, o presidente americano:

Os Estados Unidos mandaram até um cônsul especial para funcionar como representante diplomático acompanhando Pancho Villa. Seu nome era George Carothers.

> [...] expressou a admiração que lhe causava que este bandido de caminhos tivesse conseguido gradualmente instilar em suas tropas disciplina suficiente para convertê-las em um exército. Talvez, disse, este homem represente hoje o único instrumento de civilização que existe no México. Sua firme autoridade permite colocar ordem e educar a turbulenta massa de peões, tão inclinada à pilhagem.[27]

Em 1914, quando virou estrela de Hollywood, Pancho também se tornou um dos personagens preferidos de revistas e jornais americanos. Para um jornalista ianque, era só cruzar a fronteira para a tentadora aventura de entrevistar um exótico revolucionário. O assédio a Pancho pelos gringos imperialistas era intenso, e ele chegou até mesmo a sair na capa de revistas. Era *hype*. A propaganda de um dos filmes sobre ele dizia que se publicava sobre Pancho o triplo do que sobre qualquer outro ser vivo.[28]

Cinematografistas que foram ao México fazer filme sobre Pancho.

O jornalista que mais adulou Pancho foi John Reed, o mesmo que depois se mandou para a Europa para escrever o livro *Dez Dias Que Abalaram o Mundo*, sobre a Revolução Russa. Reed tinha 26 anos quando entrou no México, e suas matérias para a revista *Metropolitan* tiveram grande repercussão nos Estados Unidos, a ponto de ter sido convidado para um encontro com o presidente Woodrow Wilson na Casa Branca. Para Reed, o México estava experimentando a alvorada de uma sociedade socialista. Pancho era "um peão ignorante. Nunca foi para a escola. Nunca teve a mais leve noção da complexidade da civilização".[29] O Pancho de Reed, nas épocas de fome, "alimentou distritos inteiros, e tomou conta de vilas inteiras que foram expulsas pela ultrajante lei de terra de Porfirio Díaz. Em todo lugar ele era conhecido como o amigo dos pobres, o Robin Hood Mexicano". Tanta bajulação era recompensada, segundo o próprio Reed, por uma calorosa acolhida em terras estranhas. Para se locomover com conforto e não perder uma batalha, correspondentes e fotógrafos ocupavam um vagão exclusivo no trem revolucionário de Pancho, totalmente adaptado. "Tínhamos nossas camas, cobertores e Fong, nosso querido cozinheiro chinês", escreveu Reed.[30] Os cinegrafistas da Mutual Film iam no mesmo vagão. Pancho sabia muito bem da importância de cultivar uma boa imagem no mundo. Garantir uma imprensa dócil e favorável era o primeiro passo.

Outros correspondentes foram mais longe que Reed e até mesmo tentaram justificar as execuções sumárias do patrono. Foi

---

Um dos méritos do ditador Porfirio Díaz foi integrar o território mexicano com ferrovias e ligá-las aos mercados consumidores nos Estados Unidos. Díaz fez a economia crescer a uma taxa de 8% ao ano e atraiu investimentos estrangeiros. Durante a revolução, os rebeldes fizeram intenso e inteligente uso dos trens, com os quais recebiam suprimentos e deslocavam as tropas.

o caso de Walter Durborough, que cobriu a campanha militar do mexicano para o jornal *Santa Fe New American*. Ele escreveu:

> Não creio que [Pancho Villa] jamais tenha condenado à morte um homem que não merecia. Penso que sempre que ordenou uma execução o fez com a crença patriótica de que estava se desfazendo de um traidor para este país.
>
> Devemos lembrar que há uma verdadeira guerra sendo levada a cabo no México e que os julgamentos marciais são parte do inferno da guerra.[31]

Os vínculos entre Pancho e os Estados Unidos se inverteriam ainda em 1914. Em fevereiro desse ano, o mexicano matou um fazendeiro inglês, William Benton. A imprensa internacional e os americanos, então, viraram-se contra ele, em solidariedade às vítimas inocentes que começaram a se acumular. Entre outubro de 1914 e abril de 1915, quando o país passou a ser disputado por forças rebeldes, a Cidade do México permaneceu sob domínio de Pancho. Nesse ínterim, ele e seus comandados instauraram o pânico na cidade. Promoveram fuzilamentos, sequestros e extorsões. A campanha de terror villista resultou em 150 mortos,[32] principalmente entre partidários do governo deposto e generais do Exército federal, que lutaram contra os rebeldes.

Preocupado em encerrar o conflito mexicano e assim se concentrar melhor na Primeira Guerra Mundial, Woodrow Wilson tomou partido na Revolução Mexicana e apoiou o revolucionário Venustiano Carranza para a presidência do país, em maio de 1915. Pancho ficou furioso como um garoto mimado preterido pelos pais. Imediatamente, voltou-se contra seus antigos protetores: os americanos. Começou a acusá-los de querer transformar o México em uma colônia e a percorrer seu país como um louco enfurecido. "Seu caminho é o de um cão raivoso, um mulá enlouquecido", escreveu o vice-cônsul inglês Patrick O'Hea.[33] Nesse mesmo ano, moradores do povoado de San Pedro de Cuevas tiveram o azar de estar no caminho de Pancho. Ao se aproximarem do povoado, os comandados de Pancho foram recebidos a bala por uma milícia de moradores, que estavam fartos dos ataques de bandoleiros. Os habitantes da cidade, ao perceber o engano, pediram perdão ao comandante de Pancho, Macario Bracamontes, que se mostrou compreensivo. Mas o chefe não aceitou as desculpas e ordenou que todos os homens adultos fossem presos. No dia seguinte, mandou fuzilar todos. O padre da cidade pediu clemência e conseguiu que alguns fossem perdoados. Pancho pediu que o padre não insistisse mais. Como ele não o obedeceu, o revolucionário sacou a pistola e o matou ali mesmo. No total, foram 69 mortos.[34]

No ano seguinte, Pancho tentou sua medida mais desesperada. Na tentativa de reconquistar adeptos e sabotar o apoio americano ao presidente Carranza, recém-empossado, planejou uma ofensiva aos Estados Unidos. Para isso, escolheu uma cidade pouco guarnecida, Columbus. Em março de 1916, comandou de longe a invasão do município com 485 homens, de madrugada. Seus subordinados atacaram um posto policial, incendiaram um armazém, e as chamas se espalharam pelo hotel vizinho. Dez civis morreram. Quatro deles estavam no hotel. O proprietário do estabelecimento foi retirado de seu quarto e assassinado. Um hóspede que estava com sua noiva foi levado para baixo das escadas e morto. Um veterinário foi assassinado na rua.[35] Ao retornar na mesma manhã em debandada, o grupo não obtivera nenhum resultado prático. Não levou consigo nem dinheiro nem armas. Foi um fracasso. Do grupo de Pancho, 105 padeceram no ataque, o que representava 22% dos invasores.[36] Três anos depois, ao reconhecer que a estratégia de arrumar um inimigo externo não surtira qualquer efeito, Pancho fez voluntariamente as pazes com os Estados Unidos.[37]

O herói da Revolução Mexicana tem diversas afinidades com os criminosos que atuam perto da fronteira com os Estados Unidos atualmente. A mais óbvia é o uso da violência e dos sequestros para financiar suas atividades. Outra semelhança é que todos eles adquiriam armas nos Estados Unidos, onde a venda é liberada e portar uma pistola é considerado um direito do cidadão. Um dos motivos para que Pancho não entrasse em atrito com os americanos, aliás, era o temor de que pudessem proibir a importação de munições.

PANCHO VILLA E OS TRAFICANTES DE DROGAS

A mais cruel semelhança, contudo, é o recrutamento forçado de jovens. Sem apoio popular, Pancho obrigava adolescentes a entrar para seu grupo. Caso se recusassem, eram fuzilados. Por esse motivo, quando chegava a notícia em um povoado de que Pancho estava se aproximando, os homens jovens fugiam em desespero para se esconder. No México de hoje, o recrutamento forçado leva o nome de *levantones*, que é o sequestro simultâneo de um grupo de garotos para obrigá-los a trabalhar para o narcotráfico. Intimidados pelo poderoso arsenal exibido pelos colegas e pelos mais velhos, a maioria aceita compulsoriamente a tarefa. A minoria que se recusa morre.

NÃO ULTRAPASSE A CERCA. LATIFUNDIÁRIO RAIVOSO

Pancho não fez a reforma agrária porque não quis. Durante os dez anos de revolução, ele confiscou muitas terras, mas não deu nada aos mais necessitados. Quando assumiu provisoriamente o governo do estado de Chihuahua, até baixou um decreto para redistribuir a terra. Contudo, não citou como beneficiários de suas medidas os trabalhadores que perderam seus sítios ou os peões das fazendas – os pobres e explorados que o apoiavam. Na reforma agrária de Pancho, quem se beneficiava eram apenas os soldados de alta patente de seu Exército. Seu objetivo era colocar o Exército para trabalhar no campo, criando regimes de três dias de trabalho na lavoura e três de instrução militar. O projeto atendia ainda a um desejo antigo do revolucionário. "Minha ambição é viver a vida em uma dessas colônias militares entre meus companheiros de que eu gosto, que sofreram tanto tempo e tão profundamente comigo", disse Pancho para o jornalista John Reed.[38]

Algumas das fazendas confiscadas por Pancho nessa época ficaram sob controle estatal. Outras tantas passaram a ser administradas por militares. Um general de armas administrava cinco fazendas. Sete ficaram sob responsabilidade de generais da Divisão do Norte. Duas com o próprio Pancho. O que eles faziam com o lucro da produção? Em uma dessas fazendas, sabe-se que metade era entregue ao Estado. A outra, ninguém sabe.[39]

Seus subordinados no Exército também tomaram casas elegantes que a oligarquia tinha abandonado na região.

Ao entregar as terras confiscadas a seus amigos militares, Pancho Villa não fez nada muito estranho. Foi assim também com a Revolução Cubana e com as terras tomadas dos espanhóis pelo venezuelano Simón Bolívar.

Existe uma única notícia de uma propriedade que foi dada a camponeses pobres que haviam perdido suas terras. A fazenda chamava-se *El Rancho de Matachines*.[40] De resto, os trabalhadores rurais não eram sequer citados nos dois jornais publicados em Chihuahua pelo governo de Pancho, o *Vida Nueva* e o *Periódico Oficial*.[41] Quando, em 1915, Pancho finalmente publicou uma lei agrária, já estava enfraquecido e sem nenhum meio para executá-la. Um ano depois, o herói já esquecera completamente o assunto.

Pancho em sua fazenda em Canutillo, como latifundiário.

Após a morte de Carranza – o líder revolucionário que se tornou presidente com o apoio dos Estados Unidos –, Pancho fez um acordo com o recém-instalado governo mexicano. Prometeu não mais se intrometer nos interesses nacionais e, em troca, ganhou uma fazenda para cuidar: *Canutillo*. Tratava-se de uma rica propriedade no estado de Durango, com 64 mil hectares. Nesse espaço enorme, era possível pastar 24 mil ovelhas, 3 mil cabeças de gado e 4 mil cavalos. A casa-grande tinha quinhentos pés de lado, cerca de 150 metros – a largura de um quarteirão.[42]

Ao tomar posse da propriedade, Pancho encontrou empregados vivendo e trabalhando na fazenda. Não pensou em aplicar alguma utopia socialista ou coisa que o valha. Manteve todos os funcionários em suas antigas posições e ainda os submeteu a sua velha amiga, a disciplina militar. Todos tinham que começar a labuta às quatro horas da manhã. Como sempre fora muito rígido com seus subordinados, é bem provável que tenha perdido a paciência e executado alguns. Ao contratar professores para a escola que montou na fazenda, tentou acalmá-los dizendo: "Olha, aqui não se perde nada, porque ao que rouba alguma coisa eu fuzilo".[43] Definitivamente, não era um patrão camarada. Depois da morte de Pancho, em 1923, alguns trabalhadores disseram que o antigo chefe pagava muito pouco e ameaçava matá-los se reclamassem.[44]

No auge de sua maturidade intelectual, Pancho deu discursos à altura de um conservador esclarecido:

> **"** Os líderes bolcheviques, no México como no estrangeiro, perseguem uma igualdade de classes impossível de conseguir. A igualdade não existe, nem pode existir. É mentira que todos podemos ser iguais. A sociedade, para mim, é uma grande escada, na qual há gente para baixo, outros no meio, subindo, e outros muito altos... É uma escada perfeitamente bem mais marcada pela natureza, e contra a natureza não se pode lutar, amigo... O que seria

Se fosse submetida a uma reforma agrária seguindo os critérios do chileno Salvador Allende, Canutillo poderia gerar oitocentos lotes. Caso se considere o limite de vinte hectares, usado pelo Movimento dos Trabalhadores (Rurais) Sem Terra (MST), o latifúndio de Villa renderia 3.200 lotes.

> do mundo se todos fôssemos generais, ou todos fôssemos capitalistas, ou todos fôssemos pobres? Tem que ter gente de todas as qualidades. O mundo, amigo, é uma loja de comércio, onde há proprietários, dependentes, consumidores e fabricantes. Eu nunca lutaria pela igualdade de classes sociais.[45]

Para completar, o homem ainda impediu que uma reforma agrária ocorresse nas terras em torno de sua fazenda. Em 1921, a comissão agrária de Chihuahua deu alguns terrenos para 240 moradores do povo de Vila Coronado. No ano seguinte, quando chegaram para tomar posse das terras, foram recebidos por homens armados que não os deixaram entrar. Disseram que seguiam ordens de Pancho Villa. Um Robin Hood assim só mesmo o México seria capaz de produzir.

SALVA DOR ALLEN DE

JOGOS, TRAPAÇAS E CANOS FUMEGANTES

Às sete horas da manhã do dia 11 de setembro de 1973, a Marinha chilena tomou o porto de Valparaíso e prendeu 3 mil pessoas, o equivalente a 1% de toda a população da cidade.[1] Os detidos, que ficaram em navios ancorados, eram simpatizantes do governo de Salvador Allende. Quinze minutos depois, o presidente, avisado do golpe em andamento por um telefonema, correu para o Palácio de La Moneda, a sede do Poder Executivo, no centro da capital, Santiago. O prédio logo foi cercado por tropas e tanques, que começaram a disparar. Perto do meio-dia, aviões da Força Aérea chilena deram rasantes no prédio e bombardearam as torres, criando labaredas de fogo nas janelas. Dentro do edifício, Allende proferiu discursos pelo rádio, usando os três telefones de seu escritório que tinham conexão direta com estações que apoiavam o governo. "Neste momento definitivo, o último em que eu posso me dirigir a vocês, quero que aproveitem a lição: o capital estrangeiro, o imperialismo, unidos aos reacionários, criaram um clima para que as Forças Armadas rompessem a tradição", disse ele. Ladeado por um pequeno grupo de militantes e agentes cubanos, o presidente suicidou-se às duas horas da tarde com um tiro de fuzil AK-47 na cabeça. "Foi com propósito e premonição que nós lhe oferecemos esse fuzil automático. Nunca um fuzil foi empunhado por mãos tão heroicas", diria mais tarde o ditador cubano Fidel Castro, que dera a arma de presente para Allende.

A atitude extrema de Allende, eleito presidente do Chile em 1970 pela coligação de partidos Unidade Popular, celebrizou-o como um mártir da esquerda na América Latina e no mundo. O fato de ter sido substituído pela cruel ditadura de Augusto Pinochet, que durou dezessete anos, fez com que ganhasse a aura de defensor heroico da democracia, dos menos favorecidos, da liberdade de expressão.

Mas o primeiro presidente marxista eleito democraticamente em todo o mundo (Rússia, China, Cuba e os demais se tornaram socialistas pelas armas) foi também o pioneiro em destruir a democracia de dentro dela mesma. Eleito com apenas um terço dos votos para se tornar o líder máximo da sua nação, Allende atropelou o Congresso, a Suprema Corte, a Controladoria-Geral e a Constituição, que naquela época já vigorava havia 45 anos. Na sua proposta de abrir uma "via chilena ao socialismo" – segundo ele "irmã mais nova da Revolução Soviética" –, apoiou grupos paramilitares que recebiam ajuda de Cuba. Nacionalizou fazendas e indústrias, promovendo desabastecimento e inflação. Allende também reprimiu a imprensa e fez um projeto de doutrinação socialista nas escolas. Quando o caos não deixava mais saída para o seu país, planejou com seus companheiros políticos um autogolpe, que instalaria a ditadura do proletariado e sepultaria de vez a oposição democrática. O desfecho só não foi esse porque, uma semana antes da data, os militares se anteciparam e bombardearam o Palácio de La Moneda.

Nossa percepção equivocada de Allende – que faz o parágrafo acima soar tão estranho – deve-se em grande parte aos relatos e às vivências dos políticos e intelectuais que fugiram da ditadura militar de outros países na mesma época e encontra-

---

Só entre os políticos e intelectuais brasileiros que foram para o Chile, estavam o então futuro presidente Fernando Henrique Cardoso, José Serra, Plínio de Arruda Sampaio, Francisco Weffort, Darcy Ribeiro, Betinho, Fernando Gabeira e Alfredo Sirkis.

ram um paraíso socialista em gestação no Chile. Entre 10 mil e 15 mil extremistas estrangeiros viajaram ao país com a ideia de defender o governo de Allende, deixando para trás o Brasil, a Argentina, o Peru, a União Soviética, a Alemanha Oriental, a Checoslováquia, Cuba e o Uruguai.[2] De modo geral, esses jovens idealistas ignoraram as atitudes antidemocráticas do presidente chileno e supervalorizaram a maldade de seus opositores, entre eles políticos, juízes e jornalistas, muitos deles simpatizantes da própria esquerda.

O antropólogo brasileiro Darcy Ribeiro tornou-se assessor especial de Allende e redigiu algumas de suas falas. No discurso que o presidente proferiu em 5 de maio de 1971, escrito pelo brasileiro, havia citações explícitas a clássicos do marxismo e se enfatizava que o caminho chileno seria percorrido "dentro dos marcos do sufrágio, em democracia, pluralismo e liberdade".[3,4] Era assim que os demais brasileiros também interpretavam o que ocorria no país. Allende, ninguém duvidava, era um democrata que poderia enviar uma mensagem poderosa ao seu extremo oposto: a ditadura militar brasileira. O Chile era, assim, a terra prometida.

No livro *Roleta Chilena*, no qual narrou sua experiência nessa época, Alfredo Sirkis, que foi um dos fundadores do Partido Verde, escreveu que o Chile era "o país onde a esquerda tinha povo". Sirkis assumiu como seus inimigos todos aqueles que criticavam o governo de Allende. Mulheres protestavam nas ruas batendo panelas contra a escassez de comida? Eram dondocas de direita. "Há um importante componente popular, atrasado, nestas marchas de panelas vazias", escreveu.[5] Os jornais impressos chilenos ele considerava como "pasquins fascistas".[6] Sirkis chamou os eleitores da Democracia Cristã, o partido que governava o Chile até Allende assumir o poder, de *momios*, gíria que ele traduziu como "múmias, reacionários". Logo após o golpe, ele se deparou com uma família comemorando a destituição de Allende. Escreveu ele: "Nas portas de alguns edifícios aparecem grupos eufóricos, de rádio e bandeira chilena na mão, como se fosse decisão de campeonato. É a classe média marchadeira que vibra e torce, lembranças [do golpe militar] de 1º de abril de 1964".[7]

Para evidenciar as armadilhas em que muitos já caíram e ainda caem, nós faremos aqui um pequeno teste, com perguntas espalhadas ao longo deste capítulo. Marque a alternativa que achar correta e confira o resultado no final do capítulo.

QUESTÃO 1

Quem derrubou Salvador Allende?

a) A CIA

b) Os Estados Unidos

c) O presidente americano Richard Nixon

d) Nenhuma das alternativas anteriores

Salvador Allende Gossens, filho de uma abastada família de Valparaíso, inclinou-se para o socialismo por influência de um sapateiro anarquista de origem italiana. Declarava-se marxista-leninista e chamava às próprias filhas "companheira" Carmen, "companheira" Isabel, "companheira" Beatriz.[8] Na Faculdade de Medicina, em que ingressou em 1926, participou de um grupo de estudos marxistas. Em 1932, com 24 anos, integrou

---

Apesar do discurso radical, Allende vivia como riquinho. Praticava equitação, natação, tiro ao alvo e comprou um pequeno veleiro, no qual levava as filhas para passear. Nos anos 1960, Allende foi diretor-geral e acionista da Sociedade Anônima e Comercial Pelegrino Carioca, uma firma de exportação e importação com sedes em Valparaíso e Santiago.[9]

um grupo comandado pelo brigadeiro Marmaduke Grove, que deu um golpe militar e criou a Junta da República Socialista do Chile. A empreitada durou apenas duas semanas, e Allende chegou a ser preso por fazer um discurso na Faculdade de Direito. No ano seguinte, tornou-se um dos fundadores do Partido Socialista de Valparaíso. Como parte de uma coalizão chamada Frente Popular, os socialistas conquistaram a presidência em 1938, e Allende, com seus óculos de aros grossos, foi empossado ministro da Saúde. Ficou no cargo até 1942.

Em seguida, Allende foi senador por 25 anos e tentou três vezes a presidência, sem sucesso. Em 1970, concorreu pela quarta vez pela Unidade Popular, que incluía o Partido Comunista, fiel a Moscou, o Partido Socialista, o Partido Radical e outros grupos, que pensavam de maneira mais radical que o Partido da Democracia Cristã (PDC), no poder até então. A missão expressa nos documentos do Partido Socialista deixava clara sua intenção: "estabelecer um Estado revolucionário que possa libertar o Chile da dependência e do atraso econômico e cultural e iniciar um processo de socialismo. A violência revolucionária é inevitável e legítima [...]. A revolução socialista só pode ser consolidada pela destruição da estrutura burocrática e militar do Estado burguês".[10]

O brigadeiro Marmaduke Grove, sabe-se hoje, foi pago regularmente pelo Ministério de Assuntos Exteriores nazista. "Mesmo os ministros socialistas da Frente Popular de Pedro Aguirre Cerda (1938 a 1941) foram subornados diretamente pela embaixada nazista em Santiago." [11]

Ainda em 1926, ao mesmo tempo que entrou na universidade também ingressou na maçonaria, seguindo o exemplo de seu pai e de seu avô paterno, que portava o título de Gran Mestre da Maçonaria.[12]

O poeta chileno Pablo Neruda, Nobel de Literatura, era membro do Partido Comunista do Chile. Quando Josef Stálin, um dos piores ditadores do século 20, morreu, em 1953, Neruda publicou uma *Ode a Stálin* na revista francesa *L'Espresso*:

NERUDA AMAVA STÁLIN

[...]
Junto a Lênin
Stálin avançava
e assim, com blusa branca,
com gorro cinzento de operário,
Stálin,
com seu passo tranquilo,
entrou na História acompanhado
de Lênin e do vento.
Stálin desde então
foi construindo. Tudo
fazia falta. Lênin

recebeu dos czares
teias de aranha e farrapos.
Lênin deixou uma herança
de pátria livre e vasta.
Stálin a povoou
com escolas e farinha,
imprensas e maçãs. [...]
Sua simplicidade e sua sabedoria,
sua estrutura
de bondoso coração e de aço inflexível
nos ajuda a ser homens cada dia,
diariamente nos ajuda a ser homens.

Allende ganhou o pleito com 36% dos votos. Como a maioria da população chilena não optara pelo candidato, foi preciso validar o resultado no Congresso. Cientes das credenciais radicais de Allende, os parlamentares o obrigaram a assinar um documento, o Estatuto das Garantias Democráticas. Nesse juramento, Allende prometeu respeitar o Estado de Direito, o profissionalismo das Forças Armadas, a liberdade de opinião, a pluralidade sindical, a autonomia das universidades e a obrigação de indenizar as expropriações previstas no programa de governo.[13]

Foi um ato de puro cinismo, pois mais tarde Allende debochou do acordo e ignorou todas as promessas. Em entrevista ao jornalista francês Régis Debray, em 1971, Allende disse que só assinou o documento por "necessidade tática". Segundo ele, "o importante era tomar o poder".[14] Na entrevista, disse ainda:

> Quanto ao Estado burguês do momento presente, nós estamos buscando superá-lo. Derrotá-lo. Nós devemos expropriar os meios de produção que ainda estão em mãos privadas.
>
> Camarada, o presidente da República é um socialista... Eu alcancei esse posto para trazer a transformação econômica e social do Chile, o que abrirá o caminho para o socialismo. Nosso objetivo é o total, científico, socialismo marxista.[15]

Poucos franceses fizeram tanto estrago na América Latina quanto Régis Debray. No livro *Revolução na Revolução*, ele desenvolveu a teoria do foco, segundo a qual pequenos grupos armados poderiam vencer grandes exércitos. Essa ideia levou milhares de jovens a perder a vida organizando guerrilhas no meio do mato. Debray foi preso com Che Guevara na Bolívia em 1967. Solto em 1970, mudou-se para o Chile e virou conselheiro de Allende.

As políticas adotadas por Allende foram drásticas desde o princípio. Seus seguidores, armados, começaram a realizar impunemente uma série de apropriações de fazendas e fábricas, as quais eram chamadas de *tomas*. A queda na produção de alimentos e outros bens, decorrente disso, provocou escassez, inflação e fez o governo lançar, uma década depois de Cuba, um cartão de racionamento. Grupos irregulares de direita começaram a contra-atacar os de esquerda, gerando conflitos violentos. A média era de uma morte por semana em confrontos políticos.[16]

O presidente também criou uma guarda pessoal para cuidar de sua segurança. Era o Grupo de Amigos Pessoais, GAP, montado logo no início do mandato. Muitos dos seus participantes também estavam no Movimiento de Izquierda Revolucionária (MIR), grupo de militantes radicais que tinha como um dos seus líderes Andrés Pascal Allende, sobrinho do presidente. Eram cerca de duzentos homens pesadamente armados – tinham pistolas com silenciadores e dirigiam carros potentes para a época, como o Fiat 125.[17] Corriam pelas ruas de Santiago exibindo metralhadoras do lado de fora das janelas. "Eu estava atravessando a rua com uma amiga em Santiago, e quase fomos atropeladas por eles. Com armas do lado de fora da janela, nunca paravam os carros", diz Celia de las Mercedes Morales Ruiz, que morava no Chile na época e depois se mudou para o Brasil. Entre os seguranças que protegiam as residências de Allende, havia cubanos, argentinos radicais membros do grupo dos *montoneros* e uruguaios do grupo tupamaro, todos terro-

---

Os terroristas chilenos também aprontaram no Brasil. Com o pretexto de ajudar a guerrilha em El Salvador, integrantes do MIR sequestraram o empresário Abilio Diniz, então dono do Grupo Pão de Açúcar, em 1989. O sequestro do publicitário Washington Olivetto, que ocorreu em 2002, também envolveu chilenos. Um deles, Marco Rodolfo Rodríguez Ortega, é filho de dois integrantes do MIR.

ristas. Os treinamentos do GAP ocorriam nas propriedades do presidente com instrutores cubanos.

Allende acena para a multidão a caminho de parada militar em Santiago, em novembro de 1970. Os guarda-costas que o acompanham são integrantes do GAP.

Allende ainda tentou controlar o ensino nas escolas. Bem ao estilo de Che Guevara, seu plano era criar uma Escola Nacional Unificada (ENU), para criar o "homem novo... livre para se desenvolver integralmente em uma sociedade não capitalista, e que vai se expressar como uma personalidade... consciente e solidária com o processo revolucionário, que é... tecnicamente e cientificamente capaz de desenvolver a economia, a sociedade em transição para o socialismo".[18] Lautaro Videla, coautor do projeto, disse que a Escola Nacional Unificada era a "entrada definitiva da luta de classes na educação". O projeto revoltou pais de alunos, militares, políticos de oposição, professores, mulheres e estudantes. Até mesmo padres da Igreja Católica deram declarações indignadas contra a proposta de doutrinação.

Allende também investiu contra veículos de comunicação que não compactuavam com suas ideias. Jornais e rádios foram atacados e passaram a ter problemas para importar antenas de transmissão, tinta e óleo para as impressoras, cujas vendas passaram a ser controladas pelo governo. Diversas estações de rádio foram compradas. As que se negaram a negociar com o governo ganharam concorrentes na mesma cidade. Dez delas foram invadidas por socialistas e comunistas, que expulsavam os donos e mudavam a programação na marra.[19] Canais de televisão também foram tomados. O diretor do Canal 5 e seus funcionários foram feitos prisioneiros e até mesmo chicoteados.[20] O Canal 6, criado pela Universidade do Chile, foi palco de violência. Dois dias depois de entrar no ar, em 19 de junho de 1973, um grupo de policiais civis entrou com armas nas mãos, sem autorização judicial, destruiu os equipamentos e prendeu 31 estudantes e jornalistas. A ordem foi dada pelo governador de Santiago, o socialista Julio Stuardo.[21]

O governo ainda fez uma campanha contra o único fornecedor de papel de imprensa no Chile, a empresa La Papelera. Tentou comprar as ações da empresa por um preço quatro vezes maior, mas nenhum acionista aceitou a proposta. O jornal *El Mercurio* sofreu boicote das estatais, que deixaram de comprar anúncios. Três meses após a posse de Allende, a receita tinha caído 40%. Os bancos, que passaram para as mãos do governo, recusaram-se a dar crédito ao periódico. Por duas vezes, militantes pró-Allende tentaram incendiar as instalações.

O cinema também sofreu censura. A estatal Chile Films que ditava os filmes que deveriam ser exibidos nas salas. Mais da metade deles passou a ser de soviéticos. As salas, claro, ficaram vazias.

Funcionários e colaboradores recebiam cartas e chamadas telefônicas de desconhecidos dizendo que iriam colocar fogo em seus carros e prendê-los. O diretor Agustín Edwards também foi ameaçado de morte. Segundo a cientista política socialista francesa Suzanne Labin, que reconstruiu os fatos da época a partir de depoimentos de chilenos, o *El Mercurio* só sobreviveu graças ao apoio de seus trabalhadores, que aceitaram uma redução de salários de 20%.[22]

Liberdade de imprensa não era uma bandeira do presidente. Em um congresso de jornalistas no dia 18 de abril 1971, Allende deu sua opinião sobre como deveria ser o trabalho desses profissionais: "Não deve haver lugar para objetividade no jornalismo. O dever supremo dos jornalistas de esquerda não é servir à verdade, mas à revolução".[23]

Em agosto de 1973, um mês antes do suicídio do presidente, o Congresso listou dez flagrantes de desrespeito à ordem constitucional e legal do país. Entre as denúncias, afirmava-se ser "um fato que o atual governo da república, desde seu início, se empenhou em conquistar o poder total, com o evidente propósito de submeter todas as pessoas ao mais estrito controle econômico por parte do Estado e conseguir desse modo a instalação de um sistema totalitário, absolutamente oposto ao sistema democrático representativo, que a Constituição estabelece". O texto ainda acusava o governo de burlar a ação da Justiça nos casos de delinquentes que pertenciam a partidos ou grupos do governo, atentar contra a liberdade de expressão, impedir grupos de adversários de fazer reuniões, tentar tornar obrigatória a conscientização marxista na escola, violar o direito de propriedade, reprimir sindicatos com meios ilegais e apoiar a formação e o desenvolvimento de grupos armados, destinados a enfrentar as Forças Armadas do país. A Câmara dos Deputados passou uma resolução, com 87 votos a favor e 47 contra, declarando o governo de Allende ilegal.[24] Muito pouco disso foi considerado pelos intelectuais e políticos estrangeiros que estavam refugiados no Chile.

Por essa época, Allende estava longe de ter a população chilena a seu favor. Com a economia em frangalhos, grupos terroristas promovendo atentados, um projeto de doutrinação ideológica nas escolas em andamento e jornais sob ataque, o descontentamento cresceu. Mulheres protestaram nas ruas batendo panelas. Motoristas de caminhão organizaram uma greve nacional, inviabilizando que mercadorias e matérias-primas chegassem a seus destinos. Ao protesto dos motoristas juntaram-se estudantes universitários, donas de casa, lojistas, pilotos de companhias aéreas, donos de ônibus da capital, bancários, engenheiros civis, médicos e dentistas.[25] Seus pedidos não davam em nada. Allende, eleito por uma minoria, nunca se preocupou em conquistar o coração e a confiança do restante da população. O próprio presidente assumiu: "Eu não sou presidente de todos os chilenos, mas apenas dos que apoiam a Unidade Popular".[26] O país ficou ingovernável, e as pessoas começaram a se preparar para enfrentar uma guerra civil.

O relato do chileno Ricardo García Valdés, engenheiro elétrico aposentado, ilustra bem a situação. Em Santiago, ele trabalhava na Standard Electric, de capital americano, e simpatizava com o Partido da Democracia Cristã, o PDC:

Em maio de 1973, um tribunal da cidade de Rancagua determinou que uma fazenda ocupada ilegalmente fosse devolvida a seu dono. O governo, então, deu uma ordem ao chefe de polícia local para que não tirasse os invasores e mandasse embora o proprietário verdadeiro, se ele ousasse aparecer. Indignada, a Corte Suprema divulgou uma nota pública a Allende, reclamando que era a "enésima vez que ele interferia em um ato de Justiça". Não apenas tinha impedido que uma sentença fosse cumprida como tinha ordenado o oposto.[27]

> Um dia veio um cara do sindicato e disse: 'Você é um filho da puta vendido aos americanos!'. E cuspiu na minha mesa. Eu fui então conversar com o presidente da companhia, diretamente. Contei o que aconteceu, e ele respondeu: 'Ricardo, eu não mando mais na empresa. Quem comanda aqui é o sindicato, não posso fazer nada. Não tenho mais autoridade'.
>
> Outro dia, os funcionários socialistas tomaram a companhia. Colocaram tábuas de madeira em formato de cruz nas janelas e organizaram um corredor polonês, com pessoas dos dois lados, que ia afunilando até o portão da empresa. Quem não era do partido socialista teve de sair por esse caminho, sob o olhar amedrontador dos demais. Era como se dissessem: 'esse vai ser o nosso forte, vamos usá-lo na revolução'.
>
> No bairro onde eu morava, todos nós que não éramos do partido socialista de Allende nos juntamos na casa de um colega para decidir o que fazer para nos defender quando viesse a revolução socialista. Sabíamos que vizinhos do outro lado estavam se preparando para um enfrentamento iminente. Também nos unimos. Um vizinho do nosso grupo trabalhava numa gráfica, outro em uma companhia telefônica. Éramos todos de classe média. Um de nós ficaria encarregado de armazenar água. Outro, remédios. Um terceiro tentaria comprar armas, revólveres. Ninguém sabia disparar ou tinha qualquer noção de guerrilha. Eram pessoas como eu, que até então viviam tranquilamente com a família e de repente entraram sem querer em uma situação absurda. Vivíamos uma neurose coletiva. Se realmente eclodisse uma guerra civil, estaríamos todos mortos.

Antes que o pior acontecesse, e em sintonia com os órgãos máximos do Poder Legislativo e Judiciário, o Exército, a Marinha e a Aeronáutica deram o golpe.

QUESTÃO 2

Qual era a ideologia dos soldados do Exército chileno no tempo de Allende?

a) Esquerda
b) Direita
c) Centro
d) Nenhuma das anteriores

Como o general Augusto Pinochet iniciou uma longa ditadura após o golpe contra Allende, muitos passaram a acreditar que o Exército chileno sempre foi de direita. Mas não era essa a realidade nos tempos do governo da Unidade Popular, a coligação que sustentou Allende. Na época, o Exército espelhava o pensamento do restante da população chilena e se inclinava à esquerda. Soldados e generais só mudaram de posição depois de assistir à destruição da democracia e da economia do país.

Em 1969, um ano antes de Allende assumir, o embaixador brasileiro Câmara Canto, que estava em Santiago, enviou um ofício ao Itamaraty. Com base em fontes nas Forças Armadas, escreveu que entre 65% e 80% dos soldados abaixo da patente de major eram de esquerda. Era uma "notória infiltração esquerdista", que incluía militantes do Movimiento de Izquierda Revolucionária (MIR), comunistas e socialistas.[28] O general Carlos Prats, que se tornou comandante-chefe do Exército em 1970, tinha estatísticas parecidas. Para ele, 80% dos militares eram de centro-esquerda, embora nem todos fossem marxistas.[29] O próprio Prats era a favor da reforma agrária e da nacionalização dos recursos naturais, ainda que afirmasse que não queria a ditadura do proletariado.[30]

Por dois momentos, militares de alta patente foram integrados ao gabinete do presidente Allende. No primeiro, em novembro de 1972, Prats assumiu o Ministério do Interior e a vice-presidência da República. Milicos também ocuparam as pastas do Ministério das Minas e do Ministério das Obras Públicas e Transportes. Todos renunciaram com a piora da crise econômica e depois de ouvir seguidas declarações radicais de aliados do governo. Em agosto de 1973, militares voltaram aos principais postos da nação a convite de Allende. Ocuparam o Ministério dos Transportes, o Ministério da Fazenda e o Ministério de Terras e Colonização. Prats foi para o Ministério da Defesa Nacional. Renunciou no dia 23 do mesmo mês – dezenove dias antes do golpe de Estado.

À medida que Allende avançava em seu projeto socialista, a população reclamava e pedia alguma ação das Forças Armadas. A passividade que demonstraram incomodou muita gente. Mulheres protestavam no pátio da Escola Militar, lançando grãos de milho no chão, "insinuando que os militares eram covardes, frouxos, porque não agiam contra o governo", como relata Luiz Alberto Moniz Bandeira, historiador que foi filiado ao Partido Socialista Brasileiro.[31] Em outras palavras, as chilenas chamavam os soldados de galinhas.

A mudança de postura dos militares – da esquerda para a direita – ocorreu por vários fatores. O principal é que eles e seus familiares também foram afetados por greves, tomadas de empresas, escassez de comida, inflação, violência. Até as padarias pararam de fabricar pão.[32] Também temiam a doutrinação ideológica nas escolas de seus filhos.

Ainda que tímida e vagarosamente, as galinhas das Forças Armadas começaram a resistir às investiduras antidemocráticas de Allende. Em 1972, o presidente acusou os empresários de estocar produtos. Na visão do presidente, seriam eles os responsáveis pela inflação e pela escassez. Então, mandou prender os 63 dirigentes das principais organizações empresariais do país. O Exército não deixou que o absurdo fosse adiante. Quem o estava liderando na época era um militar que, depois de reprimir com sucesso uma greve geral contra o governo, foi promovido por Allende e se tornou um dos homens de confiança do presidente. Seu nome era Augusto Pinochet.[33]

QUESTÃO 3

Quem estava louco para dar um golpe no Chile?

a) A CIA
b) Os militares
c) Os soviéticos
d) Os terroristas cubanos e chilenos

A CIA é considerada por muitos como a grande culpada pela derrocada de Salvador Allende no golpe militar do dia 11 de setembro de 1973. Mas nessa época a agência de inteligência americana já não estava fazendo suas típicas trapalhadas no país. A CIA atuou, sim, no Chile. Mas a maior parte de suas ações aconteceu entre 1962 e 1970, bem antes do golpe. Nesses oito anos, seus integrantes cometeram uma sucessão de besteiras. Erraram feio no diagnóstico do país e, quando atuaram, produziram efeitos inversos.

Em um primeiro momento, entre 1962 e 1969, o principal objetivo da CIA no Chile era evitar que o país se transformasse em uma nova Cuba, aliando-se à União Soviética. O mundo estava em plena Guerra Fria, quando as duas superpotências dividiam entre si o tabuleiro mundial. A primeira ajuda financeira da agência para o país foi durante o governo estadunidense de Dwight Eisenhower, que aprovou o envio de milhares de dólares para financiar o Partido da Democracia Cristã (PDC).[34] Com o PDC, a CIA pretendia impedir que Salvador Allende, do Partido Socialista, se tornasse o presidente e "cubanizasse" o país. Aí estava o primeiro engano.

O PDC propunha uma sociedade "comunitária", um passo além do capitalismo e do socialismo. Mas claramente inclinava-se para a segunda opção. A visão de mundo da democracia cristã, segundo o próprio Eduardo Frei, seu candidato nas eleições de 1964, foi explicada em uma conferência que deu na Universidade de Dayton, nos Estados Unidos:

> **"** O regime capitalista tem aprofundado as desigualdades entre os homens e concentrado o poder em poucas mãos, então se configurou um sistema político profundamente opressivo, em que uma classe social estabelece sua dominação sobre todo o resto da sociedade.[35]
>
> É evidente que está em crise a organização da empresa privada industrial de tipo capitalista clássico. Cedo ou tarde cada uma de nossas sociedades colocará o problema da organização da empresa sobre a base, não na relação capital-trabalho subordinado, mas de uma nova forma de empresa em que os trabalhadores tenham participação na direção.[36]

Frei era claramente favorável à reforma agrária:

> **"** Acreditamos que onde não se esteja disposto a incorporar as massas camponesas ao processo político, cultural e social, se correrá o risco de desvios totalitários. Em algumas partes do continente, precisamos reconhecer, a hora dessas mudanças está passando. É urgente, pois, encará-la.[37]

Vitorioso nas eleições de 1964 e fiel às promessas que fizera durante a campanha, Frei tomou uma série de medidas que ia no sentido oposto ao dos interesses americanos. Promoveu a chamada chilenização da indústria de cobre, com a aquisição de 51% das ações das empresas americanas que atuavam no país. Também aprofundou a reforma agrária, já em vigor. Queria dar terra àqueles que nela trabalhavam.[38] Mais de 1.300 propriedades com mais de oitenta hectares foram expropriadas. Entre um quinto e um quarto das fazendas chilenas já tinham mudado de mãos.[39] O presidente hesitou em apoiar as sanções americanas contra Cuba.[40] Foi do PDC que nasceram duas facções paramilitares de extrema esquerda, o Mapu e a Izquierda Cristiana. Da direita mesmo era o Partido Conservador, do ex-presidente Jorge Alessandri, e alguns grupos radicais, como o Pátria e Liberdade, os quais entraram em seguidos confrontos com os comunistas e os socialistas. Se a ideia dos americanos era evitar uma nova Cuba, o apoio da CIA ao PDC saiu pela culatra.

Com o valioso apoio americano, o PDC conseguiu 31% dos votos nas eleições legislativas de 1969, menos do que obtivera nas de 1965, quando ficou com 43%.[41] Na eleição presidencial de 1970, o candidato do PDC, Radomiro Tomic, apresentou-se abertamente como socialista-cristão lutando pela erradicação "do capitalismo e do neocapitalismo". Durante essa campanha, a CIA optou por não apoiar diretamente os candidatos, limitando-se a atacar o comunismo. A fraqueza dessa estratégia, segundo o diretor da CIA, Richard Helms, foi querer "bater em alguém com ninguém".[42] Cartazes mostravam tanques soviéticos entrando nas ruas de Santiago. Ninguém deu bola. "Eu disse duas semanas antes da eleição que nunca tinha visto uma propaganda tão terrível em lugar algum do mundo", escreveu o embaixador americano Edward Korry, que reprovou a ação. "Eu disse que os idiotas da CIA que tinham ajudado a criar aquela campanha de terror deveriam ser demitidos imediatamente por não entender o Chile ou os chilenos."

Após as eleições presidenciais que deram a vitória a Allende, em 1970, foi esse mesmo partido, o PDC (que tal chamá-lo de Partido da CIA?), que garantiu no Congresso as condições para que Allende assumisse o governo com a assinatura do Estatuto das Garantias.

Embora o PDC ainda tivesse se aproximado um pouco nos momentos iniciais do governo de Allende, o partido afastou-se quando percebeu que a democracia estava sendo destruída. Criticou a existência do GAP, de Allende. Também questionou a repressão às greves e aos sindicatos não afiliados à Unidade Popular e às mobilizações de mulheres. Nessa hora, contudo, a CIA já estava fora do jogo. Era a população chilena que pressionava Allende.

Antes de apontar o dedo para os Estados Unidos, é melhor olhar o que Cuba aprontou no Chile. Um detalhado levantamento sobre isso está no *Libro Blanco del Cambio de Gobierno en Chile*, publicado pela Secretaria-Geral do Governo do Chile em 1973, logo após o golpe de Estado de Pinochet, com diversos documentos e fotos da época. Na página seguinte, pode-se ver uma foto de Allende, de chapéu, sendo adestrado no uso de uma metralhadora de guerra por um cubano de boina, com o chão repleto de cartuchos vazios de bala. O local da foto é entre os montes de El Arrayán, onde se encontrava a residência presidencial, e o campo de treinamento de guerrilheiros El Cañaveral.[43] Entre os que davam aulas de tiro, defesa pessoal e manejo de explosivos estavam não apenas cubanos, mas também brasileiros e argentinos.[44] Há ainda fotos e registros dos arsenais encontrados no Palácio de La Moneda e na residência presidencial Tomás Moro, onde dormia Allende. A maior parte era de origem checoslovaca ou soviética.[45] Havia armas para equipar 5 mil homens.

Enquanto era senador, Allende ofereceu asilo na ilha de Páscoa aos seis sobreviventes do grupo de Che Guevara que lutaram na Bolívia e os acompanhou pessoalmente na viagem.[46] A filha de

---

O acompanhamento do treinamento dos milicianos era feito com notas.

Allende, Beatriz, casou-se com o cubano Luis Fernández de Oña, o comunista que organizou a expedição de Che Guevara à Bolívia antes de ter se tornado um dos chefes da polícia secreta cubana.[47] Ao longo de 25 dias, entre novembro e dezembro de 1971, o cubano Fidel Castro visitou o Chile e participou de diversas reuniões de governo, fazendo discursos inflamados. "Agora vejam: a questão que obviamente se coloca é se acaso se cumprirá ou não a lei histórica da resistência e da violência dos exploradores", disse Fidel em seu ato público de despedida. Não era uma pregação pacífica, muito menos neutra. "Temos dito que não existe na história nenhum caso em que os reacionários, os exploradores, os privilegiados de um sistema social se resignem à mudança, se resignem pacificamente às mudanças."[48]

Allende faz aula de tiro com um terrorista cubano em uma residência oficial.

Em 1971, Fidel Castro passou a enviar armas e dar treinamento para militantes chilenos na ilha. Os armamentos, encon-

---

▌ Para receber Fidel Castro, estudantes chilenos tiveram até de aprender o hino cubano.

trados após o golpe militar, incluíam 3 mil fuzis AK-47, 2 mil submetralhadoras e mais de 3 mil pistolas e armas capazes de furar blindagens, os quais nem sequer existiam entre os arsenais das Forças Armadas chilenas. O estoque bélico, que aparece em fotos no *Libro Blanco*, chegou por meio do contrabando de caixas que vinham de Cuba pela empresa aérea Lan Chile, com a conivência de simpatizantes socialistas que trabalhavam ali.[49]

SECRETARÍA GENERAL DE GOBIERNO DE CHILE, *LIBRO BLANCO DEL CAMBIO DE GOBIERNO EN CHILE*, LORD COCHRANE, 1973.

Boletim com notas de uma escola de guerrilheiro na casa do presidente. O aluno se chamava "Eduardo". Aulas como "Armas y Tiro" e "Companierismo" faziam parte da grade.

Na embaixada de Cuba, em Santiago, foi montado um depósito de armamentos no subterrâneo, de 120 metros quadrados, ao lado de uma sala de operações de guerra criada para "um combate, que todos consideravam inevitável".[50] As armas eram soviéticas e havia até um aparelho para interferir nas comunicações locais.[51]

Alvos em forma de figuras humanas usados em treinamentos de tiro, encontrados na residência presidencial da Rua Tomás Moro.

Quando veio o golpe de Pinochet, a reação dos chilenos treinados em Cuba foi aquém do esperado de um grupo com tanto poder bélico em mãos. Com o golpe, muitos de seus líderes se refugiaram em embaixadas, o que os impediu de coordenar uma reação armada. Mas os comandos mais fanáticos, que estavam sob ordens de cubanos, foram à luta. Nos dias que se seguiram à deposição de Allende, atacaram diversos policiais e militares no caminho de casa, indo ou voltando do trabalho, ou fazendo patrulhas de rotina. Até o suicídio de Allende, eles tinham matado seis pessoas. Depois do golpe e até o fim de 1973, foram mais 87 assassinatos.[52]

Meses antes da mudança de governo, a ideia na cabeça dos revolucionários era promover um autogolpe no país. Uma vez que a Constituição, as Forças Armadas, o Congresso e a Justiça chilena impediam o presidente Allende de ir adiante com seu projeto socialista, a solução seria acabar com todo tipo de oposição. A data para isso, segundo o que se descobriu nos planos resgatados após o golpe, seria entre os dias 18 e 19 de setembro, aproveitando as mobilizações pelas festas da independência. Nesses dias, os principais chefes das Forças Armadas, policiais, dirigentes políticos e sindicalistas seriam assassinados, e teria início, assim, uma ditadura do proletariado.[53] No "Plano Z", com data de 25 de agosto de 1973, falava-se na "detenção imediata de oficiais e elementos sediciosos de oposição pré-fichados e seu translado a lugares de retenção e eliminação", além da sabotagem de aeroportos, pontes, ferrovias, vias de comunicação e estradas de Santiago, Valparaíso, Concepción e Antofagasta para isolar as cidades e impedir um possível contragolpe.

O plano de autogolpe do Partido Comunista orientava que cada um de seus membros deveria conseguir uma arma de fogo e acumular em casa garrafas de vidro (para coquetéis Molotov), lanternas, parafinas e água potável. Este último item se deve ao fato de que sistemas de água e de luz seriam destruídos pelos terroristas. O texto também orienta que, "em caso de enfrentamento, jamais se deve atuar contra policiais uniformizados, sem se certificar antes de que possam ser militantes do PC com uniformes de policiais".

Outro plano do Partido Socialista afirmava que "no Chile se deverá produzir um enfrentamento armado entre as classes, que irá adquirir grandes proporções".[54] Em caso de emergência, os principais líderes do partido, como o próprio Allende, circulariam com outros nomes (o presidente passaria a se chamar Reinaldo Ángulo Aldunate). Todos deveriam se reunir em uma casa batizada de "Filadélfia" sempre que escutassem pelo rádio o tango "Mi Buenos Aires Querido", interpretado por Carlos Gardel. A música seria tocada a cada trinta minutos na Rádio Corporación, e os participantes deveriam chegar a pé ao local e dizer a senha: "Sou professor". Se o porteiro respondesse afirmativamente, é porque haveria reunião.[55] Outra estratégia encontrada pelos militares falava que "a aplicação do plano requer como condição a destruição ou pelo menos a neutralização das forças inimigas [burguesia e possivelmente policiais] no interior de nossas linhas".

Extremista brasileiro dirige uma empilhadeira transformada em tanque de guerra na fábrica estatizada Mademsa, no Chile. Os militares encontraram 24 veículos iguais a esses após o golpe.[56]

O antropólogo brasileiro Darcy Ribeiro explica a situação em seu livro *Confissões*. Ele deixa claro que um golpe de esquerda estava sendo preparado: "As esquerdas radicais entraram a conspirar, querendo elas próprias dar o golpe para cubanizar o processo chileno".[57]

Não se pode ter certeza de que esses grupos realmente tentariam colocar seus planos em prática. A história não deu espaço para que isso acontecesse. Mas, que eles estavam loucos para dar um golpe no Chile, não há como negar.

QUESTÃO 4

Qual foi o país que recusou um empréstimo de 500 milhões de dólares, solicitado por Allende?

a) Estados Unidos
b) Cuba
c) União Soviética
d) Brasil

No poder, Allende seguiu as três atitudes infalíveis da ruína econômica. Dentro dessa cartilha de destruição financeira, que funciona em todos os lugares onde é implantada, fez ataques a multinacionais que levaram à fuga de investidores estrangeiros. Nacionalizações resultaram na queda da capacidade empreendedora e da produção de bens. Com menos arrecadação e mais gastos, o governo teve de imprimir mais dinheiro e, assim, provocou inflação. Em três anos, suas conquistas foram:

- a produção industrial caiu 12%;
- a produção agrícola caiu 30%;
- a produção de carne bovina caiu 20%;
- os preços subiram 1.000%;
- as reservas internacionais caíram de 400 milhões de dólares para 0.[58]

Com a aceleração da reforma agrária, mesmo os fazendeiros que não foram expropriados passaram a temer a ação dos militantes armados e deixaram de plantar. Venderam as máquinas, abateram seus animais ou os enviaram para a Argentina. A área de terra cultivada diminuiu em um quinto. A colheita de trigo diminuiu em um terço, e a de arroz, em 20%.[59] Alimentos sumiram dos mercados, a inflação subiu, e o mercado negro prosperou.

Outra política desastrosa foi a nacionalização das minas de cobre. O metal que respondia por 70% das receitas externas do país era, na visão de Allende, o "salário do Chile". Para ele, a propriedade estrangeira das mineradoras era a "causa básica do nosso subdesenvolvimento... do nosso magro crescimento industrial, da nossa agricultura primitiva, do desemprego, dos baixos salários, do nosso baixo padrão de vida, da alta taxa de mortalidade infantil e... da pobreza, do atraso".[60] Se antes de Allende o Estado chileno tinha assumido participação de 51% nas mineradoras, o novo governo as tomou por completo. Com isso, muitos técnicos que entendiam do trabalho pediram demissão. Eles se recusaram a ganhar em moeda nacional (até então, recebiam em dólares, o que os protegia da inflação) e não aceitavam a contratação de psicólogos, profissionais de relações públicas e sociólogos sem conhecimento na área para diversos cargos. Nas minas estatizadas, o mais importante para conseguir um cargo era a filiação ideológica. As empresas viraram cabides de emprego para os amigos camaradas. O número de funcionários na companhia Chuquicamata, que atuava na maior mina do Chile, aumentou em um terço. A empresa ficou quase toda sob o comando do Partido Comunista.[61] Quanto mais gente incompetente era convocada, mais a produção despencava. Entre 1969 e 1973, o número de empregados nas diversas empresas de mineração aumentou em 45%, enquanto a produção por funcionário diminuiu 19%. Em Chuquicamata, caiu 29%.[62] Os salários também diminuíram, e o número de greves aumentou. Entre 1971 e 1972, foram 85 paralisações.[63] Insatisfeitas pelas compensações oferecidas arbitrariamente pelo governo de Allende, duas empresas americanas que foram expropriadas, a Anaconda e a Kenecott Copper, iniciaram um lobby para que companhias estrangeiras deixassem de comprar o cobre chileno. O esforço levou ao boicote americano que impediu a venda de peças de reposição para indústrias do país, embora os chilenos ainda estivessem livres para comprar tais materiais de outros países, como o Japão.

O embaixador americano no Chile, Edward Korry, tentou explicar regras básicas de economia para Allende quando viu que o país sob a sua tutela estava indo por um mau caminho, logo no início do mandato. Ficou impressionado ao ver o quanto o seu aluno não entendia do assunto:

UMA AULA DE ECONOMIA PARA ALLENDE

"Allende não entendia o problema. Do ponto de vista da economia moderna, era um analfabeto. Eu digo com muita seriedade, não faço brincadeira. Me dei conta de que não entendia o uso moderno da palavra 'capital'; não entendia quando eu me referia a 'acesso ao capital'... Havia duas, três, cinco gerações de diferença entre a minha linguagem e a sua. Assim, ao explicar a ele o acesso à tecnologia, o acesso ao capital, o acesso aos mercados, ele não tinha onde se apoiar. Mais do que isso, estava seguro de que tinha descoberto a pedra mágica e, na sua opinião, o Chile gozava em 1971 de uma grande prosperidade. Não podia entender do que eu estava falando. Não podia imaginar que a situação em 1971 se devia simplesmente à impressão de notas. Allende não tinha ideia de que essa prosperidade era falsa, de que os agricultores estavam descapitalizando o campo o mais rápido que podiam – quando eu tratei de lhe explicar isso, uhn! –, [...] e assim outras coisas."[64]

SALVADOR ALLENDE 255

Allende nacionalizou noventa grandes indústrias. Em 1973, o governo possuía 80% da produção industrial do país. Em todas elas, socialistas e comunistas assumiram os cargos de direção.[65] Contrataram amigos e inflaram as folhas de pagamento. Nas empresas que permaneceram privadas, o problema passou a ser o preço congelado de muitos produtos. Para vários empresários, produzir deixou de ser lucrativo, e muitos deixaram de investir na produção.[66] A única fábrica que funcionava bem no Chile era a de bandeiras. Sempre que havia uma invasão de terra ou de fábrica, fincavam uma do lado de fora.

A escassez de produtos básicos começou já em 1971, atingindo, sobretudo, os pobres. Primeiro, começou a faltar óleo. Depois, manteiga. E, por fim, tudo. No ápice da crise, faltava gás, cigarro, pasta de dente, pão, gasolina e óleo de cozinha. Para controlar o que cada pessoa podia comprar, o governo criou as Juntas de Abastecimento e Preço (JAP), para distribuir produtos à população a preços fixos. As Juntas eram formadas por pessoas afinadas com a ideologia socialista. Nas cidades pequenas, os integrantes das Juntas sabiam exatamente quantas pessoas havia em cada casa e distribuíam a comida em conformidade com isso. Em alguns casos, uma Junta cuidava de apenas quarenta famílias. Nas cidades ou nos bairros maiores, o controle passou a ser feito com cartões de racionamento. Um dos produtos que desapareceram foram os cigarros. Para comprar uma caixa, era preciso enfrentar filas de mais de cem pessoas em uma banca de jornal. "Só os comunistas e os socialistas, aliados ao governo, conseguiam cigarros. Estocavam vários pacotes de maços, os quais eles fumavam ou trocavam por comida ou detergente", diz a dona de casa chilena M. G., que mora na região de Valparaíso e pediu anonimato.[67]

A bióloga chilena Celia de las Mercedes Morales Ruiz emigrou para o Brasil em 1973, onde deu aulas de espanhol em São Paulo. Veja o que ela conta:

" Era preciso fazer fila para comprar tudo, papel higiênico, sabonete. Na padaria, não tinha pão. Meu sogro precisava fazer fila na banca de jornal para comprar cigarro. Quando eu casei, em junho de 1973, uma amiga minha me deu tamancos de madeira, porque não havia sapatos à venda. Uma conhecida de minha mãe fez para mim dois jogos de lençóis, porque não havia onde comprá-los. E fui eu que comprei a última geladeira da cidade. Tudo desapareceu das gôndolas.

Nós ganhamos um cartão de racionamento que regulava quanto cada pessoa podia comprar. Um dia, fui ao açougue e teve o maior problema. Como meu marido tinha direito a comprar 250 gramas de carne e eu, mais 250 gramas, eu poderia comprar meio quilo de carne. Na prateleira, vi um rim muito bonito, mas que pesava 750 gramas. Perguntei ao açougueiro se ele poderia vendê-lo inteiro para mim. Então, o pessoal da Junta de Abastecimento e Preços convocou uma reunião. Enquanto isso, do lado de fora, havia um monte de gente esperando na fila, com chuva e frio. Era um sábado à tarde. Foi muita humilhação. Ao final, consegui comprar, porque o açougueiro ficou muito bravo. Ele sabia que, se ficasse com apenas 250 gramas de rim, ninguém iria comprar dele.

Com tanta dificuldade, o jeito normalmente era comprar tudo no mercado negro, de forma escondida e pagando um preço bem elevado. Os funcionários das fábricas nacionalizadas, que passaram a ser donos das empresas onde trabalhavam, levavam peças e produtos para suas casas. Como não havia mais hierarquia nas indústrias, e todos eram companheiros, não havia mais quem pudesse censurar os desvios do outro. Então, eles anunciavam os seus produtos nos jornais. Quem queria comprar uma geladeira ou um aspirador, por exemplo, tinha de ir até a casa desses funcionários que estavam vendendo os produtos, em conjuntos habitacionais e favelas longe do centro.

O chileno Ricardo García Valdés, engenheiro elétrico da Standard Electric em Santiago na época, tinha um problema a mais, arranjar comida para os filhos pequenos:

> Eu trabalhava sempre com um rádio de pilha ligado em cima da minha mesa. Quando se anunciava que tinha chegado um carregamento de leite em pó Nan (eu tinha três bebês) em algum ponto da cidade, eu pedia licença para o meu chefe e ia fazer fila para comprar.
>
> Para comprar alimento, era preciso fazer fila nas JAPs. Cada um tinha o seu cartão de racionamento. Havia uma coluna com o nome dos produtos (carne, sal, óleo etc.) e outras nas quais as pessoas faziam um 'x'. De tempos em tempos, era preciso trocar o cartão. Isso era para pessoas como eu. A grande maioria dos socialistas tinha acesso especial à comida. Enquanto eu pegava fila para comprar um pedacinho de carne pequeno para fazer sopa para minhas crianças, meu vizinho do lado fazia churrasco. Ele era do governo, do partido.
>
> Meu chefe me ofereceu um emprego no Rio de Janeiro, e minha mulher aceitou a ideia na hora. Pegamos os três nenês e embarcamos para o Brasil em 1973. Quando chegamos, eu e minha mulher ficamos meia hora olhando aquele prédio da Sears, em Botafogo, com andares cheios de produtos. Tinha bateria de carro. No Chile, não tinha nada, e eu tinha ficado oito meses para conseguir comprar uma bateria pro meu carro pequenininho. E tinha mais um monte de coisas. Tinha pneu. Uma beleza. Geladeira. Máquina de lavar roupa. Ferro de passar. No Brasil tinha de tudo. No Chile não tinha nada.

No desespero de tentar salvar a casa, Allende viajou para Moscou e pediu um empréstimo de 500 milhões de dólares aos soviéticos. Imitou, assim, o mesmo trajeto que fez Che Guevara. Logo depois da revolução de 1959, o argentino foi para a União Soviética pedir ajuda financeira e a compra de açúcar subsidiado. Che conseguiu o que queria. Mas Allende não contava com o mesmo fator surpresa. Os soviéticos negaram a ajuda, pois não queriam arcar com os custos de uma segunda Cuba.[68] Já fazia uma década que, mesmo com todos os recursos enviados, a ilha caribenha não conseguia se desenvolver economicamente e continuava dependente da mesada soviética. Allende teve de voltar de mãos abanando.

QUESTÃO 5

A reforma agrária começou a ser implantada no Chile por pressão de qual país?
a) União Soviética
b) Cuba
c) Estados Unidos
d) Brasil

Allende não foi o pioneiro da reforma agrária no Chile. O confisco e a distribuição de terras foram iniciados no país logo após o terremoto de 1960. Foi uma iniciativa do presidente americano Dwight Eisenhower, um republicano, que condicionou a ajuda para a reconstrução à realização de uma reforma no campo. Eisenhower estava sob forte influência de seu irmão Milton, metido em assuntos sociais na América Latina. Quem não teve outra opção, senão promovê-la, foi o então presidente chileno, Jorge Alessandri, ligado aos americanos.[69]

Foi o maior tremor já medido por instrumentos na história. Na escala Richter, que vai de 0 a 9, o terremoto registrou 9,5. Com epicentro na cidade chilena de Valdivia, a setecentos quilômetros ao sul de Santiago, gerou um *tsunami* que chegou até o Havaí, onde ondas de dez metros mataram 61 pessoas.

Allende só aprofundou o que estava em curso, mas usando técnicas de terrorismo. Com ele, as invasões passaram a ser feitas por grupos de guerrilheiros armados, principalmente do Movimiento de Izquierda Revolucionaria (MIR). Os participantes desse movimento que estavam detidos por terem praticado atos de violência no governo anterior foram anistiados por Allende: o presidente os considerava "jovens idealistas". Livres de punições, praticavam as *tomas* de terras sem dar aos proprietários oportunidade de contestar a decisão na Justiça ou arranjar um novo lugar para viver. Homens armados entravam de surpresa nas propriedades rurais e ordenavam ao proprietário e à sua família que fizessem as malas e pegassem a estrada. A polícia nada fazia. O bando então colocava uma faixa nos portões dizendo: "Esta propriedade foi tomada pelo povo". Horas depois, chegava um interventor do governo, anunciando que a propriedade passara ao seu controle. Essa presença deixava evidente que os burocratas do governo quase sempre tinham prévio conhecimento da invasão.

Não raro, proprietários eram assassinados nas disputas. Outros cometeram suicídio ou morreram de ataque cardíaco.[70] Uma das mortes mais famosas foi a do fazendeiro Jorge Baraona Puelma, deputado do Partido Conservador. Puelma trabalhava havia quarenta anos em um rancho em Nilahue, com seus onze filhos. Dois deles eram deficientes. Ameaçada pela "justiça revolucionária", a família teve de deixar a casa principal e mudou-se para uma apertada cabana no rancho, onde ficou vivendo por meses. Mas os revolucionários não admitiram tal ousadia. Em uma manhã de fevereiro de 1971, Puelma e seus filhos foram expulsos por homens armados. Enquanto Puelma, de 68 anos, caminhava para longe, carregando alguns porta-retratos embaixo do braço, sofreu um infarto fulminante.[71]

Com Allende, quase todas as propriedades com mais de oitenta hectares foram expropriadas. Mas essa regra não era seguida sempre. Dependendo do ânimo dos invasores, até algumas de quinze hectares entraram na mira.[72] Entre novembro de 1970 e abril de 1972, 1.767 fazendas foram tomadas por bandos armados.[73]

QUESTÃO 6
Quando era estudante de medicina, Allende:
a) Criou avançadas propostas de reforma de saúde pública.
b) Formou sua visão de um mundo mais humano após tomar contato com pacientes pobres.
c) Propôs esterilizar doentes mentais e alcoólatras.
d) As alternativas A e B estão corretas.

Outro equívoco comum na biografia de Allende é quando se fala da contribuição de seu trabalho como médico para seus ideais socialistas. Historiadores disseminaram a ideia de que Allende, ao estudar na Universidade do Chile, "descobriu em primeira mão as condições estarrecedoras dos pobres, e em particular a sua situação médica – má nutrição, mortalidade infantil, doenças congênitas".[74] O contato com pacientes humildes, assim, seria uma das explicações para sua retórica em defesa dos desafortunados. O próprio Allende ajudou a construir esse mito: "Fiz 1.500 autópsias. Sei o que é o drama da vida e quais são as causas da morte", dizia.

É um ponto de vista frequente ainda hoje no Chile. O documentário *Grandes Chilenos de Nuestra Historia*, exibido pela televisão estatal TVN no Chile em 2008, dá um bom destaque à

Allende não foi um aluno brilhante na faculdade. Seu trabalho *Higiene Mental e Delinquência* foi aprovado com um singelo "distinção média". As páginas estão povoadas de erros de espanhol. Só na primeira, são oito. É um erro para cada três linhas. Um examinador criterioso mandaria reescrever a tese. Se a primeira página da introdução fosse considerada uma redação do Exame Nacional do Ensino Médio (Enem), ele não tiraria mais do que nota 6.

tese de conclusão de curso de Allende, *Higiene Mental e Delinquência*, apresentada no final de sua vida acadêmica, em 1933. Conforme o documentário, o estudo inclui "avançadas propostas de reforma de saúde pública e uma análise da desigualdade social". "Ele compartilhou da miséria e da amargura desses delinquentes", diz o historiador César Leyton no documentário. "De certa forma, para mim, essa é a plataforma que mais tarde será o Allende político, o Allende que pede pela solução da necessidade dos setores populares. A medicina social nesse sentido é fundamental para a formação ou para a visão que mais tarde ele terá sobre a sociedade e a miséria."

Uma avaliação do mesmo trabalho de Allende mostra uma conclusão completamente diferente. Para o filósofo chileno Víctor Farías, autor de *Salvador Allende, Antissemitismo e Eutanásia*, o estudante e, mais tarde, ministro da Saúde expôs ideias que nada têm de compaixão social, como a esterilização em massa e forçada de doentes mentais. Aos 25 anos, Allende enfatizava que muitos distúrbios estavam relacionados à herança biológica, e não à condição social. Na sua tese, faz uma tipificação das raças e descreve a propensão de cada uma delas ao crime. Cita, então, o polêmico médico italiano Cesare Lombroso (1835-1909), para quem um criminoso podia ser denunciado por seus traços físicos ou por sua origem étnica:

> **"** Entre os árabes há algumas tribos honradas e trabalhadoras, e outras aventureiras, imprevidentes, ociosas e com tendência ao furto.
>
> Os ciganos constituem habitualmente agrupações delituosas, onde impera o descuido, a ira e a vaidade.
>
> Os hebreus se caracterizam por determinadas formas de delito: fraude, falsidade, calúnia e, sobretudo, a usura.

Allende não aceita todas as ideias de Lombroso – nem as rejeita. "Esses dados nos fazem suspeitar que a raça influencia na delinquência. Não obstante, carecemos de dados precisos para demonstrar essa influência no mundo civilizado", afirma. O vínculo entre raça e comportamento reaparece na tese quatro páginas depois. Citando outros autores, divide os vagabundos (errantes) em três tipos. No primeiro deles, estariam os de origem étnica – "judeus, ciganos, alguns boêmios etc.".

Em uma palestra na Universidade Federal de Uberlândia, em 2015, o historiador Leandro Karnal, da Universidade Estadual de Campinas, afirmou que "Allende fez uma tese pioneira na década de 30 demonstrando que o racismo era uma imbecilidade e dialogou com todos os racistas da Europa e do Chile, e foi respondendo a eles como médico". Contudo, não há na tese de Allende qualquer ataque evidente ao racismo ou aos racialistas europeus ou chilenos.

E tem mais. Com suas próprias palavras, Allende afirma que "o homossexual orgânico é um enfermo que, em consequência, deve merecer a consideração de tal". Logo depois, descreve uma peculiar cirurgia de inversão sexual:

> **Por outra parte, os trabalhos de Steinach, Lipschutz, Pézard e outros nos fazem senão corroborar o que foi exposto antes. Além disso, os autores conseguiram curar um homossexual, em cuja família havia outros pederastas, que apresentava um grande número de características sexuais secundárias femininas, injetando pedaços de testículo no abdômen. Depois da operação, segundo os autores mencionados, se modificaram aquelas características femininas, que foram substituídas por outras masculinas, e o doente abandonou seus hábitos homossexuais.**

Em todo o restante da tese, Allende não faz nenhuma crítica, ponderação ou rejeição à ideia de curar gays com o bisturi.

O problema ficou maior quando Allende, já com 31 anos e no cargo de ministro da Saúde, passou a defender um programa de esterilização em massa para evitar que algumas características humanas não desejáveis fossem transmitidas às gerações seguintes. Em 1939, propôs o Projeto de Lei para Esterilização dos Alienados, sugerindo medidas "eugenésicas negativas": a esterilização em massa e forçada dos doentes mentais. Em seu primeiro artigo, o programa diz que: "Toda pessoa que sofra de uma enfermidade mental que, de acordo com conhecimentos médicos, possa transmitir a sua descendência poderá ser esterilizada, em conformidade com as disposições desta lei".[75]

"O único projeto comparável ao que emanara do Ministério da Saúde é o que se implementou em 1933, na Alemanha nazista", afirma o filósofo Víctor Farías. "Com a diferença de que ali a iniciativa foi levada até as últimas consequências criminais, afetando mais de 350 mil seres humanos e integrando-a diretamente aos programas de extermínio massivo, incluindo crianças de 'vida inservível'."[76] Na Alemanha, depois que os programas de esterilização começaram, os nazistas entenderam que muito mais prático era matar os ditos "doentes" em vez de impedir que se reproduzissem. "Logo, essas campanhas de limpeza étnica se estenderam aos adultos e, por fim, ao extermínio nas primeiras câmaras de gás [os caminhões de gás] e nos campos de extermínio."[77]

O projeto de lei de Allende, aliás, era cópia do alemão. Entre os candidatos à esterilização, listava:

> a) esquizofrenia (demência precoce);
> b) psicose maníaco-depressiva;
> c) epilepsia essencial;
> d) coreia de Huntington;

e) idiotice, imbecilidade e debilidade mental profunda;
f) loucura moral constitucional;
g) alcoolismo crônico.

A lei alemã, empregada até 1939, era quase idêntica:

a) imbecilidade congênita;
b) esquizofrenia;
c) folia circular (mania depressiva);
d) epilepsia hereditária;
e) coreia de Huntington (dança de são vito);
f) cegueira hereditária;
g) surdez hereditária;
h) graves deformidades físicas e hereditárias.

Nos sonhos de Allende por um mundo melhor, a escolha das pessoas que seriam submetidas ao tratamento seria feita por Tribunais de Esterilização, que funcionariam nas capitais das províncias e em Santiago, a capital. Após feita uma solicitação de esterilização, a sentença deveria ser dada em trinta dias. Sem possibilidade de recurso. Caso houvesse resistência, a decisão seria executada com o auxílio da polícia: "Artigo 23: Todas as resoluções ditadas pelos Tribunais de Esterilização serão obrigatórias para toda pessoa ou autoridade, e se levarão a efeito, em caso de resistência, com auxílio da força pública".[78]

Parece a Alemanha nazista? Era só o Chile segundo as ideias de Salvador Allende.

Por sorte, o projeto contou com a oposição de médicos de renome na época e foi abandonado mesmo antes de ter sido apresentado ao Parlamento sob a acusação de que poderia levar a medidas mais drásticas, como efetivamente já tinha ocorrido na Europa. A identificação do presidente marxista com ideias nazistas, contudo, retornaria décadas depois, quando Allende se negou, em 1972, a extraditar Walter Rauff, criador dos caminhões de gás que exterminaram meio milhão de seres humanos. O presidente alegou que as acusações contra Rauff já haviam expirado. Crimes contra a humanidade, porém, são imprescritíveis.

GABARITO

QUESTÃO 1 – D. Se alguém pode ser responsabilizado pelo golpe militar, é o próprio Salvador Allende, que deixou seu país ingovernável.

QUESTÃO 2 – A. O Exército chileno estava sintonizado com a esquerda.

QUESTÃO 3 – D. Quem queria dar um golpe no Chile eram os comparsas radicais do presidente Salvador Allende.

QUESTÃO 4 – C. Foi a União Soviética que negou empréstimos a Allende. Os soviéticos temiam que o Chile se transformasse em um poço de dinheiro sem fundo, como Cuba.

QUESTÃO 5 – C. Quem estimulou a execução de uma reforma agrária no Chile foram os Estados Unidos.

QUESTÃO 6 – C. Allende queria esterilizar doentes mentais e alcoólatras.

EPÍ LOGO

O FIM QUE NINGUÉM QUERIA

Todos os personagens que dão nome aos capítulos deste livro passaram por maus bocados após a morte. Foram embalsamados, decapitados, mutilados ou exumados com objetivos diversos: pedir resgates milionários, sustentar teses históricas absurdas, promover cultos personalistas ou realizar rituais de magia negra.

Os restos do libertador venezuelano Simón Bolívar foram transferidos para o Panteão Nacional, em Caracas, em 1876. Por lá permaneceram até 2010, quando o presidente Hugo Chávez ordenou a exumação do defunto. No dia 16 de julho daquele ano, um grupo vestido de branco, com toucas no cabelo, máscaras e marchando como soldados, abriu o sarcófago e retirou os vestígios para análise. Bolívar morreu de tuberculose, a mesma doença que afligira seu pai e sua mãe. Para Chávez (1954-2013), contudo, ele foi envenenado com arsênico ou baleado pela oligarquia colombiana. "Morreu chorando, morreu solitário", afirmou o presidente em cadeia de televisão.

Há quem acredite que o espetáculo com os restos do Bolívar não teve motivação científica e histórica, mas foi realizado para cumprir um ritual de bruxaria, ou santería, a religião de origem africana praticada em Cuba. Vestidos sempre de branco, os feiticeiros cubanos ("babalaôs") são presença recorrente no Palácio de Miraflores, a sede do Poder Executivo da Venezuela. O entra e sai desses religiosos no Congresso, em Caracas, também é comum. De acordo com a jornalista Angélica Mora, do *Diário de América*, os babalaôs estariam entre os cientistas vestidos de branco que profanaram o sarcófago. A data de 16 de julho foi escolhida porque é o dia da Virgem de Carmem, que, no sincretismo religioso, representa Oyá, a dona das chaves do cemitério. Antes de fuçar nos túmulos, é necessário sempre pedir a autorização de Oyá, na data certa. Por isso a cerimônia aconteceu às três horas da manhã, que é quando se praticam os atos de magia negra. Essa é considerada a hora oposta à de Jesus Cristo, três da tarde.[1]

Já o mexicano Pancho Villa, morto em uma emboscada em Parral, foi enterrado nessa mesma cidade, no México. Em 1926, o administrador do cemitério descobriu que a tumba tinha sido violada e a cabeça havia desaparecido.[2] Cinquenta anos depois, o cadáver foi transferido para o Monumento à Revolução, na Cidade do México. Entre as especulações que tentam explicar o mistério sobre a decapitação, uma fala que a caveira estaria com um instituto científico americano. Outra, em poder de uma sociedade secreta da Universidade Yale, a Skull and Bones Society (Sociedade Caveira e Ossos), que teria tido entre seus participantes o ex-presidente George W. Bush e o político americano democrata John Kerry.[3]

O corpo do general Juan Domingo Perón, morto em 1974, ficou por dois anos na residência oficial de Olivos, em Buenos Aires. Mais tarde, foi enterrado no Cemitério de La Chacarita. Nos anos 1980, vândalos amputaram e roubaram suas mãos. Também sumiram com o quepe e a espada. Pediram um resgate de 8 milhões de dólares, que nunca foi pago.[4] Em 2006, Perón foi transferido para um mausoléu em uma chácara na província de San Vicente, onde peronistas da esquerda e da direita se digladiaram com paus, pedras e tiros pelo direito de subir ao palanque.

Evita Perón rodou o mundo depois de morta. Tão logo a Madona dos Descamisados faleceu, em 1952, teve início seu embalsamamento. O encarregado foi o médico anatomista espanhol Pedro Ara, que desempenhou a tarefa em um laboratório improvisado dentro da Confederação Geral do Trabalho (CGT), a central sindical peronista. Quando os militares depuseram Perón, em 1955, o Exército, sob a liderança do tenente-coronel Carlos

Eugenio Moori Koenig, invadiu o prédio para pegar o corpo e escondê-lo, evitando que se tornasse um objeto de culto. A cena dos homens entrando no laboratório para levar Evita é relatada pelo escritor Rodolfo Walsh, no livro *Esa Mujer*:

> **Ela estava nua no caixão e parecia uma Virgem Santa. Sua pele tornara-se transparente. Podiam ser vistas as metástases do câncer, como pequenos desenhos sobre um vidro molhado. Nua. Éramos quatro ou cinco, incapazes de nos olharmos. Havia um capitão de navio, o galego [sinônimo de espanhol, para os argentinos], que a embalsamou, e não sei mais quem. E, quando a tiramos dali, aquele galego asqueroso atirou-se sobre ela. Estava apaixonado pelo cadáver, tocava-a, mexendo discretamente nos bicos dos seios.[5]**

Evita em seguida habitou diversos prédios militares até ser colocada dentro de uma caixa de madeira no gabinete do tenente-coronel Koenig.[6] Saiu de lá para uma cova anônima na Itália, onde permaneceu até ser devolvida a Perón, que então estava exilado na Espanha. Foram 21 anos de percalços até que Evita repousasse no Cemitério de La Recoleta, em Buenos Aires, a seis metros de profundidade. Seu túmulo foi construído por uma empresa especializada em caixas de banco, para evitar outro sequestro. Só a irmã de Evita ganhou uma chave.[7]

Também deram notícia os restos mortais de Salvador Allende. O presidente chileno cometeu suicídio em 1973 no Palácio de La Moneda, em Santiago, com uma AK-47 que Fidel Castro lhe dera de presente. Em diversas ocasiões, Allende admitiu a possibilidade de colocar sua vida em jogo em nome da causa que defendia. No discurso que proferiu pelo rádio dentro de La Moneda, cercado por militares, disse: "Colocado em um transe histórico, pagarei com minha vida a lealdade do povo".[8] Fidel Castro, que conhecera Allende e ficou três semanas no Chile fazendo discursos em todas as cidades por que passava, afirmou após a morte de Allende: "Ele tinha aquela disposição de ânimo, aquela disposição de defender o processo ao custo de sua própria vida". Ao antropólogo brasileiro Darcy Ribeiro, Allende disse: "Só sairei de La Moneda coberto de balas".[9] A tese do suicídio é aceita também pela família do ex-presidente.

O corpo de Allende foi exumado em maio de 2011 para testar outra hipótese, defendida por um grupo de legistas. Eles afirmavam que o presidente tinha recebido tiros de armas de calibres diferentes: uma pistola automática e um fuzil. A primeira explicação era a de que ele cometeu um suicídio assistido: depois de dar um tiro em si próprio, sem conseguir pôr fim à vida, recebeu outro, do militante de esquerda Enrique Huerta, que teria completado a execução para cumprir uma promessa feita ao presidente de não deixá-lo sair vivo de La Moneda.[10] A segunda explicação era a de que Allende foi assassinado pelos militares, que depois ocultaram o fato. Tudo besteira. A perícia, finalizada em julho de 2011, concluiu que o presidente se matou.

O argentino Che Guevara teve as mãos amputadas a pedido do Exército boliviano, logo depois de morto, em 1967, para que servisse como prova incontestável de sua morte.[11] Foi enterrado na cidade de Vallegrande, na Bolívia. Segundo a história oficial, divulgada pelo governo cubano, os restos do guerrilheiro foram desenterrados de uma cova na Bolívia em 1997 e levados para um mausoléu na cidade de Santa Clara, em Cuba, onde um museu foi construído em sua homenagem. O corpo de Che foi encontrado em uma cova com outros seis guerrilheiros e portava a sua jaqueta verde, o que ajudou na identificação.

Todavia, a probabilidade de que as autoridades cubanas tenham pegado o corpo de um guerrilheiro qualquer para fazê-lo de Che é enorme. Segundo os militares que estavam presentes na Bolívia em 1967, o argentino foi enterrado sozinho.[12] Para Félix Rodríguez, exilado cubano que ajudou na captura de Che, ele foi enterrado com três outros homens, não mais que isso. Gustavo Villoldo, um oficial americano de alta patente que estava em Vallegrande e participou da operação, conta:

> Eu enterrei Che Guevara. Ele não foi cremado; não o permiti, assim como me opus terminantemente à mutilação de seu corpo. Na madrugada do dia seguinte, transportei um cadáver numa caminhonete, junto com os de mais dois guerrilheiros. Eu estava acompanhado de um motorista boliviano e de um tenente chamado Barrientos, se não me engano. Fomos até o campo de pouso e ali enterramos os corpos.[13]

A cova com sete homens, onde os especialistas cubanos acreditam ter encontrado os restos de Che Guevara, é outra. Ele tampouco foi enterrado com sua jaqueta verde.

Depois de morto, seu corpo foi lavado, e a peça ficou com o correspondente do jornal *Presencia* Edwin Chacón, de acordo com os jornalistas Maite Rico e Bertrand de La Grange, que fizeram um extenso estudo sobre o caso e o publicaram na revista mexicana *Letras Libres*. As mãos de Che, conservadas em um pote com formol, foram levadas para Budapeste, depois Moscou e, em 1970, aterrissaram em Havana. Na ilha arrasada pelas mãos de Che, elas são o único resto genuíno do herói.

NOTAS
BIBLIOGRAFIA
E ÍNDICE

INTRODUÇÃO

1 John Charles Chasteen, *Born in Blood and Fire: A Concise History of Latin America*, W. W. Norton & Company, 2011, página 156.

CAPÍTULO 1 – CHE GUEVARA

1 "Filha de Che Guevara desfila em tanque de guerra de Carnaval", *Folha de S.Paulo*, 4 de março de 2011.

2 Peter Moruzzi, *Havana Before Castro*, Gibbs Smith, 2008, página10.

3 Eduardo Luis Rodríguez, *The Havana Guide: Modern Architecture*, 1925-1965, Princeton Architectural Press, 2000, página XVII.

4 Humberto Fontova, *O Verdadeiro Che Guevara*, Sentinel, 2007, localização 3038 (edição Kindle).

5 Alberto Bustamante, "Notas y estadísticas sobre los grupos étnicos en Cuba", revista *Herencia*, volume 10, 2004; e Carlos Tablada, *El Pensamiento Económico de Ernesto Che Guevara*, Casa de las Américas, 1987, página 66.

6 Eduardo Luis Rodríguez, página XXII.

7 Humberto Fontova, *O Verdadeiro Che Guevara*, Editora É, 2009, página 223.

8 Louis A. Pérez, *Cuba and the United States: Ties of Singular Intimacy*, University of Georgia Press, 2003, página 208.

9 Louis A. Pérez, página 219.

10 Deborah Pacini Hernandez, *Rockin' las Américas: The Global Politics of Rock in Latin America*, University of Pittsburgh Press, 2004, páginas 45 e 46.

11 Deborah Pacini Hernandez, página 46.

12 Rosa Lowinger e Ofelia Fox, *Tropicana Nights*, Harcourt, 2005, página 251.

13 Pedro Corzo, *Cuba: Perfiles del Poder*, Ediciones Memorias, 2007, página 198.

14 Hugh Thomas, *Cuba ou Os Caminhos da Liberdade*, Bertrand, 1971, página 241.

15 Hugh Thomas, página 239.

16 Tom Gjelten, *Bacardi and the Long Fight for Cuba*, Penguin Books, 2008, páginas 195 e 197.

17 Tom Gjelten, página 194.

18 Tom Gjelten, página 206.

19 Hugh Thomas, página 33.

20 Hugh Thomas, páginas 37 e 38.

21 Hugh Thomas, páginas 187 e 188.

22 Entrevista com Huber Matos realizada em 12 de maio de 2011.

23 Idem.

24 Anthony DePalma, *O Homem Que Inventou Fidel*, Companhia das Letras, página 190.

25 Pedro Corzo, página 31.

26 Deborah Pacini Hernandez, página 43.

27 Deborah Pacini Hernandez, página 47.

28 Deborah Pacini Hernandez, página 62.

29 Programa *Fantástico*, 15 de abril de 2008, disponível em http://fantastico.globo.com/Jornalismo/FANT/0,,MUL698091-15605,00.html.

30 Che Guevara, *Textos Políticos*, Global, 2009, página 60.

31 Che Guevara, página 36.

32 Che Guevara, página 34.

33 Jorge Castañeda, *Che Guevara: A Vida em Vermelho*, Companhia de Bolso, 2009, página 197.

34 Arquivo da Comissão Interamericana de Direitos Humanos (CIDH), disponível em www.cidh.org/countryrep/cuba67sp/cap.1a.htm#_ftnref4.

35 Emilio Bejel, *Gay Cuban Nation*, The University of Chicago Press, 2001, página 24.

36 Guillermo Cabrera Infante, *Mea Cuba*, Companhia das Letras, página 91.

37 Guillermo Cabrera Infante, página 341.

38 Che Guevara, página 82.

39 Jorge Castañeda, página 225.

40 Che Guevara, página 39.

41 Jorge Castañeda, página 302.

42 Ricardo Rojo, *Meu Amigo Che*, Civilização Brasileira, 1983, página 138.

43 Jorge Castañeda, página 305. O artigo foi publicado postumamente, em 1968, na revista *Verde Olivo*.

44 Jorge Castañeda, página 300.

45 Humberto Fontova, *Fidel: Hollywood's Favorite Tyrant*, Regnery Publishing, 2005, página 23.

46 Che Guevara, *Diários de Motocicleta*, versão digital, página 230.

47 Ernesto Guevara, *Mi primer gran viaje*, Planeta Pub Corporation, páginas 186 e 187.

48 John Lee Anderson, *Che Guevara*, Objetiva, 1997, página 293.

49 John Lee Anderson, página 288.

50 John Lee Anderson, página 289.

51 José Mitchell, *Segredos à Direita e à Esquerda na Ditadura Militar*, RBS Publicações, 2007, página 253.

52 Arquivo da Comissão Interamericana de Direitos Humanos (CIDH), disponível em www.cidh.org/countryrep/cuba67sp/cap.1a.htm#_ftnref4; e Humberto Fontova, *O Verdadeiro Che Guevara*, Editora É, página 134.

53 Arquivo de dados do Cuba Archive, caso 206, Ariel Lima Lago, disponível em www.cubaarchive.org/database/victim_case. php?id=306.

54 Carlos Tablada, página 271.

55 Jorge Castañeda, página 222.

56 Jorge Castañeda, página 219.

57 Jorge Castañeda, página 220.

58 Jorge Castañeda, página 534.

59 Humberto Fontova, *O Verdadeiro Che Guevara*, Editora É, página 217; e Tom Gjelten, página 286.

60 Antonio Pedro Tota, *Os Americanos*, Contexto, 2009, página 9.

61 Humberto Fontova, *O Verdadeiro Che Guevara*, Editora É, página 227.

62 Che Guevara, Textos Políticos, página 51.

63 Che Guevara, Textos Políticos, página 81.

64 Che Guevara, Textos Políticos, página 84.

65 Jorge Castañeda, página 284.

66 Jorge Castañeda, página 289.

67 Jorge Castañeda, página 306.

68 Kirby Smith e Hugo Lloren, "Renaissance and decay: a comparison of socioeconomic indicators in pre-Castro and current-day Cuba", em *Cuba in Transition*, volume 8, ASCE, 1998.

69 Foreign Agricultural Service (FAS), *Cuba's Food & Agriculture Situation Report*, março de 2008, disponível em www.fas.usda.gov/itp/cuba CubaSituation0308.pdf.

70 Ludwig von Mises, *As Seis Lições*, Instituto Ludwig von Mises Brasil, 1979, página 31.

CAPÍTULO 2 – ASTECAS, INCAS, MAIAS

1 Discurso presidencial de Evo Morales e revista *Zoom*, 11 de dezembro de 2009, disponível em http://revistazoom.com.ar/articulo3498.html.

2 William H. Prescott, *The History of the Conquest of Mexico*, Barnes & Noble, 2004, página 170.

3 Michael Wood, "The Story of the Conquistadors", BBC History, disponível em www.bbc.co.uk/history/british/tudors/conquistadors_01.shtml#four.

4 Bernal Díaz del Castillo, "Historia verdadera de la conquista de la Nueva España", Biblioteca Virtual Universal, página 52, disponível em www.biblioteca.org.ar/zip22.asp?texto=10011374.

5 Benjamin Keen, "The black legend revisited", em *The Hispanic American Historical Review*, novembro de 1969, página 714.

6 Manifesto de Tiwanaku, disponível em http://www.nativeweb.org/papers/statements/identity/tiwanaku.php.

7 Gonzalo Lamana, *Domination without Dominance*, Duke University Press, 2008, página 19.

8 Gonzalo Lamana, página 94.

9 Jorge Caldeira, *Mulheres no Caminho da Prata*, volume 1 de *O Banqueiro do Sertão*, Mameluco, 2006, página 47.

10 Padre Bernabe Cobo, *History of Inca Empire*, University of Texas Press, 1979, página 190.

11 Terence D'Altroy, *The Incas, Blackwell*, 2002, páginas 316 e 319.

12 María Rostworowski, *History of the Inca Realm*, Cambridge University Press, 1999, página 226.

13 Paul Steele, *Handbook of Inca Mythology*, ABC-Clio, 2004, página 96.

14 Terence D'Altroy, páginas 115 e 317.

15 Terence D'Altroy, página 248.

16 Terence D'Altroy, página 256.

17 Pedro Sarmiento de Gamboa, *History of the Incas*, Dover, 1999, página 121.

18 Padre Bernabe Cobo, página 190.

19 Dennis Edward Ogburn, *The Inca Occupation and Forced Resettlement in Saraguro*, dissertação apresentada na Universidade da Califórnia, em Santa Barbara, 2001, página 382.

20 Pedro Sarmiento de Gamboa, página 121.

21 Steve J. Stern, *Peru's Indian Peoples and the Challenge of Spanish Conquest: Huamanga to 1640*, The University of Wisconsin Press, 1993, página 30.

22 Veja outras imagens alteradas pelos censores de Stálin no site: www.newseum.org/berlinwall/commissar_vanishes/vanishes.htm.

23 Terence D'Altroy, página 5.

24 Mary E. Penny, "Can coca leaves contribute to improving the nutritional status of the Andean population?", *Food and Nutrition Bulletin*, volume 30, número 3, The United Nations University, 2009.

25 "Canciller propone sustituir leche por coca en desayuno escolar", disponível em www.bolpress.com.

26 Mary E. Penny, página 214.

27 Michael E. Smith, *The Aztecs*, Blackwell, 2003, localização 2469 (edição Kindle).

28 Michael E. Smith, localização 1953.

29 Carmen María Pijoan Aguadé e Josefina Mansilla Lory, em Guilhem Olivier e Leonardo López Luján (org.), *El Sacrificio Humano en la Tradición Religiosa Mesoamericana*, Instituto Nacional de Antropología e Historia/Universidad Nacional Autónoma de México – Instituto de Investigaciones Históricas, 2010, página 29.

30 Leonardo López Luján, Ximena Chávez Balderas, Norma Valentín e Aurora Montúfar, "Huitzilopochtli y el Sacrificio de Niños en el Templo Mayor de Tenochtitlán", disponível em www.mesoweb.com/about/articles/Huitzilopochtli.pdf.

31 "'Racist' Apocalypto accused of denigrating Mayan culture", *The Guardian*, 10 de janeiro de 2007, disponível em www.guardian.co.uk/film/2007/jan/10/news.melgibson.

32 Estella Weiss-Krejci, "Victims of human sacrifice in multiple tombs of the ancient Maya: a critical review", em Andrés Ciudad Ruíz (org.), *Antropología de la Eternidad: la Muerte en la Cultura Maya*, volume 1, parte 1, Sociedad Española de Estudios Mayas, 2005, página 356.

33 Vera Tiesler e Andrea Cucina, "El sacrificio humano por extracción de corazón: una evaluación osteotafonómica de violencia ritual entre los mayas del clasico", *Estudios de Cultura Maya*, volume 30, páginas 57-78, Universidad Autónoma de Yucatán, disponível em www.iifl.unam.mx/html-docs/cult-maya/vera-cucci.pdf.

34 Gonzalo Lamana, página 55.

35 Sabine MacCormack, *Religion in the Andes: Vision and Imagination in Early Colonial Peru*, Princeton University Press, 1991, páginas 198 a 201.

36 Terence D'Altroy, páginas 170 e 171.

37 Pedro de Cieza de León, *The Second Part of the Chronicle of Peru*, Adamant, 2005, páginas 87 e 88.

38 Michael E. Smith, localização 1881.

39 É possível baixar a sequência de pinturas da conquista no site: http://myloc.gov/Exhibitions/EarlyAmericas/ExplorationsandEncounters/ConquestPaintings/ExhibitObjects/EntranceofCort%C3%A9sLaConquistadeMexico.aspx.

40 Entrevista com a historiadora americana Laura Matthew, em 6 de maio de 2011.

41 Matthew Restall, *Sete Mitos da Conquista Espanhola*, Civilização Brasileira, 2006, página 75.

42 Eduardo Bueno, *Náufragos, Traficantes e Degredados*, Objetiva, 1998, página 114.

43 Jorge Caldeira, página 19.

44 Eduardo Bueno, página 124.

45 Robinson Herrera, "Concubines and wives", em Laura Matthew (org.), *Indian Conquistadors*, University of Oklahoma Press, 2007, página 130.

46 Gonzalo Lamana, página 150.

47 Matthew Restall, páginas 62 e 63.

48 Michel Oudijk e Matthew Restall, "Mesoamerican conquistadors in the 16th century", em Laura Matthew (org.), páginas 35 e 36.

49 Laura Matthew (org.), *Indian Conquistadors*, University of Oklahoma Press, 2007, página 117.

50 Maria do Carmo Andrade, "Jerônimo de Albuquerque", Fundação Joaquim Nabuco, disponível em www.fundaj.gov.br.

51 Michel Oudijk e Matthew Restall, página 45.

52 Ross Hassig, *Aztec Warfare*, University of Oklahoma Press, 1995, página 21, citado em Laura Matthew (org.), página 42.

53 Laura Matthew (org.), páginas 111 e 112.

54 Laura Matthew (org.), página 175.

55 Tomás Jalpa Flores, *La Sociedad Indígena en la Región de Chalco durante los Siglos 16 e 17*, Instituto Nacional de Antropología e Historia de México, 2009, página 371.

56 Tomás Jalpa Flores, página 292.

57 Charles Gibson, *Los Aztecas Bajo el Dominio Español (1519-1810)*, FCE, 2003, página 158.

58 Tomás Jalpa Flores, páginas 303 a 305.

59 David T. Garrett, *Shadows of Empire: The Indian Nobility of Cusco, 1750-1825*, Cambridge University Press, 2005, página 58.

60 David T. Garrett, página 59.

61 David T. Garrett, página 42.

62 Terence D'Altroy, página 104 e entrevista com o autor em 5 de maio de 2011.

CAPÍTULO 3 – SIMÓN BOLÍVAR

1 Leslie Bethell, *História da América Latina: da Independência até 1870*, Edusp, 2009, página 25.

2 Leslie Bethell, página 28.

3 Leslie Bethell, página 39.

4 Karl Marx, *Simón Bolívar por Karl Marx*, Martins Fontes, 2008.

5 Karl Marx, página 34.

6 Karl Marx, página 43.

7 Karl Marx, página 45.

8 Carta de Jamaica, disponível em www.analitica.com/bitbliotecarob/bitblioteca/bitblioteca/bolivar/jamaica.asp.

9 Karl Marx, página 53.

10 John Lynch, *Simón Bolívar, a Life*, Yale University Press, 2006, página 125.

11 John Lynch, página 91.

12 Ángel Rafael Lombardi Boscán, "1813: La 'guerra a muerte' – el horror se abate sobre Venezuela", *Revista de Artes y Humanidades UNICA*, volume 4, número 8, Universidad Católica Cecilio Acosta, 2003, páginas 57-75.

13 Karl Marx, página 37.

14 John Lynch, página 123.

15 Karl Marx, página 7.

16 John Lynch, página 30.

17 John Lynch, página 94.

18 Simón Bolívar, "Discurso de Angostura", disponível em www.analitica.com/bitblioteca/bolivar/angostura.asp. Publicado originalmente no *Correo del Orinoco*, em março de 1819.

19 Idem.

20 John Lynch, página 202.

21 John Lynch, página 217.

22 Elías Pino Iturrieta, *Simón Bolívar*, coleção Biblioteca Biográfica Venezolana, volume 100, El Nacional, 2009, página 163.

23 Elías Pino Iturrieta, página 163.

24 John Lynch, página 10.

25 John Lynch, página 9.

26 Leslie Bethell, página 50.

27 Idem.

28 Plinio Apuleyo Mendoza, Carlos Alberto Montaner, Álvaro Vargas Llosa, *A Volta do Idiota*, Odisseia Editorial, 2007, página 157.

29 John Lynch, "As origens da independência da América Espanhola", em Leslie Bethell, *História da América Latina*, Edusp, 2009, volume 3, página 71.

30 Leslie Bethell, página 53.

31 John Lynch, página 224.

32 Manuel Caballero, *Por Qué No Soy Bolivariano*, Editorial Alfa, 2006, página 148.

33 John Lynch, página 152.

34 John Lynch, página 218.

35 Leslie Bethell, página 506.

36 Idem.

37 John Lynch, página 128.

38 Leslie Bethell, página 508.

39 John Lynch, página 241.

40 Elías Pino Iturrieta, página 185.

41 John Lynch, página 276.

42 José Toro Hardy, "Revolucion Socialista del Siglo XXI?", *El Universal*, 10 de agosto de 2010, páginas 3-6.

43 Manuel Caballero, página 51.

44 Manuel Caballero, página 72.

45 Idem.

46 Elías Pino Iturrieta, *El Divino Bolívar*, Editorial Alfa, 2006, página 136.

47 Elías Pino Iturrieta, página 189.

48 John Lynch, página 122.

CAPÍTULO 4 – HAITI

1 Robert Darnton, *Os Best-Sellers Proibidos da França Pré-Revolucionária*, Companhia das Letras, 1995, páginas 131 a 140.

2 Laurent Dubois, *Avengers of the News World: The History of the Haitian Revolution*, Harvard University Press, 2004, localização 24 (edição Kindle).

3 Michel-Etienne Descourtilz, *Histoire des Désastres de Saint-Domingue*, versão em inglês disponível em http://thelouvertureproject.org/index.php?title=History_of_the_Disasters_in_Saint-Domingue.

4 Laurent Dubois, localização 24.

5 Laurent Dubois, localização 2640.

6 Laurent Dubois, localização 156.

7 Laurent Dubois e John D. Garrigus, *Slave Revolution in the Caribbean: 1789-1804*, Bedford, 2006, página 93.

8 Carolyn Fick, *The Making of Haiti: The Saint Domingue Revolution from Below*, The University of Tennessee Press, 1990, páginas 112 e 113.

9 Carolyn Fick, página 113.

10 Laurent Dubois e John D. Garrigus, página 101.

11 Entrevista por e-mail com o historiador americano David P. Geggus em 19 de junho de 2011.

12 Laurent Dubois, localização 2011.

13 C. L. R. James, *Os Jacobinos Negros*, Boitempo, 2010, página 131.

14 Pierre Pluchon, *Toussaint Louverture: Un Révolutionnaire Noir d'Ancien Régime*, Fayard, 1989, página 46.

15 John K. Thornton, "I am the subject of the king of Congo: African political ideology and the Haitian Revolution", Journal of World History, volume 4, número 2, 1993, página 209, disponível em www.jstor.org/stable/20078560.

16 John K. Thornton, páginas 181 a 214.

17 Laurent Dubois e John D. Garrigus, página 105.

18 David Patrick Geggus, *Haitian Revolutionary Studies*, Indiana University Press, 2002, páginas 18 e 129.

19 David Patrick Geggus, página 129.

20 David Patrick Geggus, página 197 a 199.

21 John D. Garrigus, "Blue and brown: contraband indigo and the rise of a free colored planter class in French Saint-Domingue", *The Americas*, volume 50, número 2, outubro de 1993, página 234.

22 John D. Garrigus, "Opportunist or patriot?", *Slavery and Abolition*, volume 28, número 1, abril de 2007, páginas 1 a 21.

23 John D. Garrigus, "Blue and brown: contraband indigo and the rise of a free colored planter class in French Saint-Domingue".

24 Robin Blackburn, *A Queda do Escravismo Colonial*, Record, 2002, página 187.

25 Laurent Dubois, localização 1172.

26 David Patrick Geggus, página 141.

27 David Patrick Geggus, página 137.

28 David Patrick Geggus, página 141.

29 Idem.

30 C. L. R. James, página 16.

31 Pierre Pluchon, página 61.

32 Laurent Dubois, localização 2274.

33 Pierre Pluchon, página 392.

34 Pierre Pluchon, página 59.

35 Laurent Dubois, localização 2549.

36 Laurent Dubois, localização 2288.

37 Laurent Dubois, localizações 3862-72.

38 Jeremy Popkin, *The Haitian Revolution (1791-1804): A Different Route to Emancipation*, Universidade de Kentucky, 2003, disponível em www.uky.edu/~popkin/Haitian%20Revolution%20Lecture.htm.

39 Carole Boyce Davies, *Encyclopedia of the African Diaspora*, volume 1, ABC-Clio, 2008, página 306.

40 Hubert Cole, *Christophe, King of Haiti*, Viking Press, 1970, página 241.

41 Alejo Carpentier, *O Reino Deste Mundo*, Martins Fontes, 2010, página 105.

CAPÍTULO 5 – PERÓN E EVITA

1 "Jorge Luis Borges (1889–1986)", revista *Veja*, Abril, edição 929, 25 de junho de 1986, página 97.

2 Paul H. Lewis, *The Crisis of Argentine Capitalism*, University of North Carolina Press, 1992, localizações 341-45 (edição Kindle).

3 Paul H. Lewis, localizações 277-85.

4 Paul H. Lewis, localizações 301-8.

5 Alicia Dujovne Ortiz, *Eva Perón, a Madona dos Descamisados*, Record, 1996, página 34.

6 Paul H. Lewis, localização 276.

7 Beatriz Sarlo, *Modernidade Periférica: Buenos Aires 1920 e 1930*, Cosac Naify, 2010, página 36.

8 Beatriz Sarlo, página 38.

9 Tomás Roberto Fillol, *Social Factors in Economic Development*, The MIT Press, 1961, página 28.

10 Paul H. Lewis, localização 321.

11 Tomás Roberto Fillol, página 77.

12 Felipe Pigna, *Los Mitos de la Historia Argentina*, volume 4, Planeta, 2008, página 25.

13 Felipe Pigna, página 27.

14 Paul H. Lewis, localização 1940.

15 Alicia Dujovne Ortiz, página 99.

16 Paul H. Lewis, localização 1944.

17 Felipe Pigna, página 234; e Alicia Dujovne Ortiz, página 132.

18 Juan Salinas e Carlo de Nápoli, *Ultramar Sul: A Última Operação Secreta do Terceiro Reich*, Civilização Brasileira, 2010, página 312.

19 Juan Salinas e Carlo de Nápoli, página 329.

20 Juan Salinas e Carlo de Nápoli, página 322.

21 Ricardo Bonalume Neto, "Livro retoma teoria conspiratória de que Hitler fugiu para a Patagônia", *Folha de S.Paulo*, 8 de maio de 2011.

22 Felipe Pigna, página 21.

23 Felipe Pigna, página 243.

24 Álvaro Oppermann, "Quem foi Josef Mengele?", revista *Superinteressante*, Abril, edição 223, fevereiro de 2006.

25 Paul Lewis, localização 2046.

26 Juan Salinas e Carlo de Nápoli, página 360.

27 Beatriz Sarlo, *A Paixão e a Exceção*, Companhia das Letras/UFMG, 2005, página 40.

28 Alicia Dujovne Ortiz, página 288.

29 Alicia Dujovne Ortiz, página 291.

30 Alicia Dujovne Ortiz, página 138.

31 Alicia Dujovne Ortiz, página 142.

32 Hugo Gambini, *Historia del Peronismo: La Obsecuencia (1952-1955)*, Vergara, 2007, página 81.

33 Paul H. Lewis, localizações 2532-35.

34 Paul H. Lewis, localizações 2548-52.

35 Paul H. Lewis, localizações 2552-56.

36 Angus Maddison, *Historical Statistics of the World Economy: 1-2008 AD*, disponível em www.ggdc.net/maddison/Historical_Statistics/horizontal-file_02-2010.xls.

37 Tomás Eloy Martínez, *Santa Evita*, Companhia das Letras, 1996, página 120.

38 Paul H. Lewis, localizações 2517-21.

39 Paul H. Lewis, localizações 2641-47.

40 Paul H. Lewis, localizações 2244-47.

41 Felipe Pigna, página 260.

42 Hugo Gambini, páginas 177 e 178.

43 Lawrence Freedman, "The Falklands conflict in History", em *The Falklands Conflict Twenty Years On: Lessons for the Future*, Frank Cass, 2005, localizações 754-65.

44 William F. Sater, *Andean Tragedy*, localizações 251-55 (edição Kindle).

45 William F. Sater, localizações 259-63.

46 Hugo Gambini, página 167.

47 Hugo Gambini, página 168.

48 Alicia Dujovne Ortiz, página 384.

49 Idem.

50 Hugo Gambini, página 175.

51 Hugo Gambini, página 174.

52 Hugo Gambini, página 173.

53 Paul H. Lewis, localizações 3021-25.

54 Paul H. Lewis, localizações 5778-82.

55 Paul H. Lewis, localizações 5852-56.

56 Paul H. Lewis, localizações 5869-73.

57 Tomás Eloy Martínez, *O Romance de Perón*, Companhia das Letras, 1998, página 61.

58 Tomás Eloy Martínez, página 13.

59 José López Rega, *Zodíaco Multicor*, Livraria Freitas Bastos, 1965, página 43.

60 Paul H. Lewis, localizações 5961-65.

CAPÍTULO 6 –
PANCHO VILLA

1 Friedrich Katz, *Pancho Villa*, tomo II, Ediciones Era, 1998, página 410.

2 Eric Hobsbawm, *Bandidos,* Paz e Terra, 2010, página 137.

3 Eric Hobsbawm, página 190.

4 Friedrich Katz, tomo I, página 334.

5 Friedrich Katz, tomo I, página 335.

6 Curtis Marez, *Drug Wars*, Minnesota, 2004, página 142.

7 James Hurst, *Pancho Villa and Black Jack Pershing*, Praeger Publishers, 2008, localização 175 (edição Kindle).

8 Dale H. Gieringer, "The origins of cannabis prohibition in California", *Contemporary Drug Problems*, volume 26, Federal Legal Publications, 1999, páginas 14 e 15.

9 John Reed, *Insurgent Mexico: with Pancho Villa in the Mexican Revolution*, Red and Black Publishers, 1914, localizações 1720 e 3283 (edição Kindle).

10 Friedrich Katz, tomo I, página 373.

11 Idem.

12 Idem.

13 "A heads-up on the history of cowboy headgear", *The American Cowboy*, volume 6, número 5, janeiro/fevereiro de 2000, página 55.

14 Friedrich Katz, tomo I, página 16.

15 Friedrich Katz, tomo I, página 358.

16 Frederico Pernambucano de Melo, *Quem Foi Lampião*, Stahli, página 68.

17 David Stoll, *Rigoberta Menchú and the Story of All Poor Guatemalans*, Westview Press, 1999.

18 Eric Hobsbawm, página 142.

19 John Reed, localizações 1715-26.

20 Marco Antonio Villa, *A Revolução Mexicana*, Ática, 1993, página 11.

21 Friedrich Katz, tomo I, página 357.

22 Friedrich Katz, tomo I, página 406.

23 Friedrich Katz, tomo I, página 91.

24 Friedrich Katz, tomo II, página 26.

25 Friedrich Katz, tomo I, páginas 471-472.

26 Friedrich Katz, tomo I, página 359.

27 Friedrich Katz, tomo I, página 358.

28 Miguel Ángel Berumen, *Pancho Villa: La Construcción del Mito*, Cuadro por Cuadro, Imagen y Palabra/Océano de México, 2009, página 29.

29 John Reed, localização 1590.

30 John Reed, localizações 3284-95.

31 Miguel Ángel Berumen, páginas 74 e 109.

32 Friedrich Katz, tomo II, página 34.

33 Friedrich Katz, tomo II, página 224.

34 Friedrich Katz, tomo II, página 117.

35 James Hurst, localização 536.

36 James Hurst, localização 569.

37 Friedrich Katz, tomo II, página 300.

38 Friedrich Katz, tomo I, página 292.

39 Friedrich Katz, tomo I, páginas 459-460.

40 Friedrich Katz, tomo I, página 460.

41 Friedrich Katz, tomo I, página 464.

42 Friedrich Katz, tomo II, página 331.

43 Friedrich Katz, tomo II, página 335.

44 Idem.

45 Friedrich Katz, tomo II, página 345.

CAPÍTULO 7 – SALVADOR ALLENDE

1 Les Evans, *Disaster in Chile, Allende's Strategy and Why It Failed*, Pathfinder Press, página 218.

2 *Libro Blanco del Cambio de Gobierno en Chile*, Secretaría General de Gobierno de Chile/Lord Cochrane, 1973, página 69.

3 Alberto Aggio, "A esquerda brasileira vai ao Chile", revista *História Viva*, Duetto, edição 42, abril de 2007.

4 Darcy Ribeiro, *Confissões*, Companhia das Letras, 1997, página 414.

5 Alfredo Sirkis, *Roleta Chilena*, Círculo do Livro, 1981, página 116.

6 Alfredo Sirkis, páginas 26 e 108.

7 Alfredo Sirkis, página 22.

8 "Os caminhos do Chile", revista *Veja*, Abril, 16 de setembro de 1970.

9 Víctor Farías, *Salvador Allende, Antissemitismo e Eutanásia*, Novo Século, 2005, página 26.

10 Robin Harris, *A Tale of Two Chileans*, Chileans Supporters Abroad, disponível em www.reocities.com/CapitolHill/Congress/1770/harris.pdf, página 9.

11 Víctor Farías, página 18.

12 Patricia Verdugo, *Como os EUA Derrubaram Allende*, Revan, 2003, página 9.

13 Luiz Alberto Moniz Bandeira, *Fórmula para o Caos*, Civilização Brasileira, 2008, página 176.

14 Luiz Alberto Moniz Bandeira, página 177.

15 Robin Harris, páginas 10 e 11.

16 *Libro Blanco del Cambio de Gobierno en Chile*, página 13.

17 *Libro Blanco del Cambio de Gobierno en Chile*, página 21.

18 Simon Collier e William F. Sater, *A History of Chile*, 1808-2002, Cambridge Latin American Studies, 2004, página 354.

19 Suzanne Labin, *Chile: The Crime of Resistance*, Richmond, 1982, página 52.

20 Suzanne Labin, página 53.

21 Suzanne Labin, página 54.

22 Suzanne Labin, página 59.

23 Suzanne Labin, página 180.

24 Suzanne Labin, página 162.

25 Simon Collier e William F. Sater, páginas 126-127.

26 Suzanne Labin, página 28.

27 Suzanne Labin, páginas 150-151.

28 Luiz Alberto Moniz Bandeira, página 132.

29 Luiz Alberto Moniz Bandeira, página 133.

30 Luiz Alberto Moniz Bandeira, página 369.

31 Luiz Alberto Moniz Bandeira, página 378.

32 Entrevista com M. G., dona de casa em Valparaíso, realizada em 8 de novembro de 2011.

33 Luiz Alberto Moniz Bandeira, página 446.; e Carlos Alberto Sardenberg, *Neoliberal, Não. Liberal*, Globo, 2009, página 86.

34 Luiz Alberto Moniz Bandeira, página 95.

35 Eduardo Frei, "A Resposta Política: Marxismo – Democracia Cristã", conferência dada na Universidade de Dayton em novembro de 1971, Archivo Chile, página 16.

36 Eduardo Frei, página 20.

37 Eduardo Frei, página 19.

38 Luiz Alberto Moniz Bandeira, página 111.

39 Simon Collier e William F. Sater, página 314.

40 Luiz Alberto Moniz Bandeira, página 113.

41 Luiz Alberto Moniz Bandeira, página 124.

42 Luiz Alberto Moniz Bandeira, página 143.

43 *Libro Blanco del Cambio de Gobierno en Chile*, página 8.

44 *Libro Blanco del Cambio de Gobierno en Chile*, página 21.

45 Idem.

46 Suzanne Labin, página 27.

47 Idem.

48 Luiz Alberto Moniz Bandeira, página 295.

49 *Libro Blanco del Cambio de Gobierno en Chile*, página 42.

50 Pero Varas Lonfat, *Chile: Objectivo del Terrorismo*, edição do autor, 1988, capítulo 5.

51 Luiz Alberto Moniz Bandeira, página 551.

52 Idem.

53 Libro Blanco del Cambio de Gobierno en Chile, página 47.

54 *Libro Blanco del Cambio de Gobierno en Chile*, página 49.

55 *Libro Blanco del Cambio de Gobierno en Chile*, página 182.

56 *Libro Blanco del Cambio de Gobierno en Chile*, página 26.

57 Darcy Ribeiro, página 415.

58 Suzanne Labin, página 104.

59 Simon Collier e William F. Sater, página 340.

60 Simon Collier e William F. Sater, página 334.

61 Robin Harris, página 14.

62 Simon Collier e William F. Sater, página 335.

63 Simon Collier e William F. Sater, páginas 335 e 336.

64 "El Embajador Edward M. Korry en el CEP", revista *Estudios Públicos*, número 72, 1998.

65 Simon Collier e William F. Sater, página 342.

66 Simon Collier e William F. Sater, página 340.

67 Entrevista com M.G., Limache, Chile.

68 Revista *Estudios Públicos*, página 107.

69 Revista *Estudios Públicos*, página 76.

70 Suzanne Labin, página 75.

71 Site da Biblioteca do Congresso Nacional do Chile, seção Biografias, disponível em http://biografias.bcn.cl/wiki/Jorge_Baraona_Puelma.

72 Suzanne Labin, página 73.

73 *Libro Blanco del Cambio de Gobierno en Chile*, página 92.

74 Simon Collier e William F. Sater, página 330.

75 Víctor Farías, página 110.

76 Víctor Farías, página 104.

77 Víctor Farías, página 29.

78 Víctor Farías, página 114.

EPÍLOGO

1 Angélica Mora, "Chávez, el Babalao", *Diário de América*, 21 de julho de 2010.

2 Friedrich Katz, *Pancho Villa*, tomo II, Ediciones Era, 1998, página 389.

3 Friedrich Katz, página 390.

4 Duda Teixeira, "Os três enterros de Perón", revista *Veja*, Abril, edição 1979, 25 de outubro de 2006, páginas 102-104.

5 Dujovne Ortiz, *Eva Perón, a Madona dos Descamisados*, Record, 1996, página 378.

6 Dujovne Ortiz, página 379.

7 Site Howstuffworks, "Why did it take more than 20 years to bury Eva Peron?", disponível em http://history.howstuffworks.com/south-american-history/eva-peron-body.htm.

8 Patricia Verdugo, *Como os EUA Derrubaram Allende*, Revan, 2003, página 132.

9 Darcy Ribeiro, *Confissões*, Companhia das Letras, 1997, página 417.

10 Blog El Mercurio, "Escritor asegura que médicos de Allende conspiraron para ocultar la verdad de su muerte", 1º de junho de 2011, disponível em http://www.emol.com/noticias/nacional/2011/05/31/484758/escritor-asegura-que-medicos-de-allende-conspiraron-para-ocultar-la-verdad-de-su-muerte.html.

11 Maite Rico e Bertrand de la Grange, "Operación Che: historia de uma mentira de Estado", revista *Letras Libres*, fevereiro de 2007.

12 Idem.

13 Jorge Castañeda, *Che Guevara: A Vida em Vermelho*, Companhia de Bolso, 2009, página 522.

BIBLIOGRAFIA

LIVROS E DISSERTAÇÕES

ANDERSON, John Lee, *Che Guevara*, Objetiva, 1997.

BANDEIRA, Luiz Alberto Moniz, *Fórmula para o Caos*, Civilização Brasileira, 2008.

BEJEL, Emilio, *Gay Cuban Nation*, The University of Chicago Press, 2001.

BERUMEN, Miguel Ángel, *Pancho Villa: La Construcción del Mito*, Cuadro por Cuadro, Imagen y Palabra/Océano de México, 2009.

BETHELL, Leslie, *História da América Latina: Da Independência a 1870*, Edusp, 2009.

BLACKBURN, Robin, *A Queda do Escravismo Colonial*, Record, 2002.

BUENO, Eduardo, *Náufragos, Traficantes e Degredados*, Objetiva, 1998.

CABALLERO, Manuel, *Por Qué No Soy Bolivariano*, Editorial Alfa, 2006.

CALDEIRA, Jorge, *Mulheres no Caminho da Prata*, Mameluco, 2006.

CARPENTIER, Alejo, *O Reino Deste Mundo*, Martins Fontes, 2010.

CASTAÑEDA, Jorge, *Che Guevara: A Vida em Vermelho*, Companhia de Bolso, 2009.

CHASTEEN, John Charles, *Born in Blood and Fire: A Concise History of Latin America*, W. W. Norton & Company, 2011.

CHILE, Secretaría General de Gobierno de, *Libro Blanco del Cambio de Gobierno en Chile*, Editora Lord Cochrane S.A., 1973.

COBO, Padre Bernabe, *History of Inca Empire*, University of Texas Press, 1979.

COLE, Hubert, *Christophe, King of Haiti*, Viking Press, 1970.

COLLIER, Simon; SATER, William F., *A History of Chile, 1808-2002*, Cambridge Latin American Studies, 2004.

CORZO, Pedro, *Cuba: Perfiles del Poder*, Ediciones Memorias, 2007.

D'ALTROY, Terence, *The Incas*, Blackwell, 2002.

DARNTON, Robert, *Os Best-Sellers Proibidos da França Pré-Revolucionária*, Companhia das Letras, 1995.

DAVIES, Carole Boyce, *Encyclopedia of the African Diaspora*, volume 1, ABC-Clio, 2008.

DEPALMA, Anthony, *O Homem Que Inventou Fidel: Cuba, Fidel e Herbert L. Matthews do New York Times*, Companhia das Letras, 2006.

DESCOURTILZ, Michel-Etienne, *Histoire des Desastres de Saint-Domingue*, publicado originalmente em 1795, versão em inglês disponível em http://thelouvertureproject.org/index.php?title=History_of_the_Disasters_in_Saint-Domingue.

DUBOIS, Laurent, *Avengers of the News World: The History of the Haitian Revolution*, Harvard University Press, 2004.

DUBOIS, Laurent; GARRIGUS, John D., *Slave Revolution in the Caribbean, 1789-1804*, Bedford, 2006.

EVANS, Les, *Disaster in Chile, Allende's Strategy and Why It Failed*, Pathfinder Press, 1974.

FARÍAS, Víctor, *Salvador Allende, Antissemitismo e Eutanásia*, Novo Século, 2005.

FICK, Carolyn E., *The Making of Haiti: The Saint Domingue Revolution from Below*, The University of Tennessee Press, 1990.

FILLOL, Tomás Roberto, *Social Factors in Economic Development: The Argentine Case*, The MIT Press, 1961.

FLORES, Tomás Jalpa, *La Sociedad Indígena en la Región de Chalco Durante los Siglos XVI y XVII*, Instituto Nacional de Antropología, 2009.

FONTOVA, Humberto, *Fidel: Hollywood's Favorite Tyrant*, Regnery Publishing, 2005.

_____, *O Verdadeiro Che Guevara*, Sentinel, 2007, localização 3038 (edição Kindle); Editora É, 2009.

FREEDMAN, Lawrence, "The Falklands Conflict in History", em *The Falklands Conflict Twenty Years On: Lessons for the Future*, Frank Cass, 2005.

GAMBINI, Hugo, *Historia del Peronismo: La Obsecuencia (1952-1955)*, Vergara, 2007.

_____, *Historia del Peronismo: La Violencia (1956-1983)*, Vergara, 2008.

GAMBOA, Pedro Sarmiento de, *History of the Incas*, Dover, 1999.

GARRETT, David T., *Shadows of Empire: The Indian Nobility of Cusco, 1750-1825*, Cambridge University Press, 2005.

GEGGUS, David Patrick, *Haitian Revolutionary Studies*, Indiana University Press, 2002.

GJELTEN, Tom, *Bacardi and the Long Fight for Cuba*, Penguin Books, 2008.

GOSSENS, Salvador Allende, *Higiene Mental e Delinquência*, Universidade do Chile – Faculdade de Medicina, 1933.

GUEVARA, Che, *Textos Políticos*, Global, 2009.

_____, *Diários de Motocicleta*, versão digital.

GIBSON, Charles, *Los Aztecas Bajo el Dominio Español (1519-1810)*, FCE, 2003.

HARRIS, Robin, *A Tale of Two Chileans: Pinochet and Allende*, Chileans Supporters Abroad, disponível em www.reocities.com/CapitolHill/Congress/1770/harris.pdf.

HASSIG, Ross, *Aztec Warfare*, University of Oklahoma Press, 1995.

HERNANDEZ, Deborah Pacini, *Rockin' las Américas: the Global Politics of Rock in Latin America*, University of Pittsburgh Press, 2004.

HOBSBAWM, Eric, *Bandidos*, Paz e Terra, 2010.

HOLLAND, Julie, *The Pot Book: A Complete Guide to Cannabis: Its Role in Medicine, Politics, Science, and Culture*, Park Street Press, 2010.

HURST, James W., *Pancho Villa and Black Jack Pershing*, Praeger Publishers, 2008.

INFANTE, Guillermo Cabrera, *Mea Cuba*, Companhia das Letras, 1996.

ITURRIETA, Elías Pino, *El Divino Bolívar*, Editorial Alfa, 2006.

_____, *Simón Bolívar*, coleção Biblioteca Biográfica Venezuelana, volume 100, El Nacional, 2009.

JAMES, C. L. R., *Os Jacobinos Negros*, Boitempo, 2010.

KATZ, Friedrich, *Pancho Villa*, tomos I e II, Ediciones Era, 1998.

LABIN, Suzanne, *Chile: The Crime of Resistance*, Foreign Affairs Publishing Co., 1982.

LAMANA, Gonzalo, *Domination without Dominance*, Duke University Press, 2008.

LEÓN, Pedro de Cieza de, *The Second Part of the Chronicle of Peru*, Adamant, 2005.

LEWIS, Paul H., *The Crisis of Argentine Capitalism*, University of North Carolina Press, 1992 (edição Kindle).

LONFAT, Pedro Varas, *Chile: Objectivo del Terrorismo*, edição do autor, 1988.

LOWINGER, Rosa; FOX, Ofelia, *Tropicana Nights*, Harcourt, 2005.

LYNCH, John, *Simón Bolívar, a Life*, Yale University Press, 2006.

MACCORMACK, Sabine, *Religion in the Andes: Vision and Imagination in Early Colonial Peru*, Princeton University Press, 1991.

MAREZ, Curtis, *Drug Wars*, University of Minnesota Press, 2004.

MARTÍNEZ, Tomás Eloy, *O Romance de Perón*, Companhia das Letras, 1996.

_____, *Santa Evita*, Companhia das Letras, 1996.

MARX, Karl, *Simón Bolívar por Karl Marx*, Martins Fontes, 2001.

MATTHEW, Laura (org.), *Indian Conquistadors*, University of Oklahoma Press, 2007.

MELO, Frederico Pernambucano de, *Quem Foi Lampião*, Stahli.

MENDOZA, Plinio; MONTANER, Carlos Alberto; LLOSA, Álvaro Vargas, *A Volta do Idiota*, Odisseia Editorial, 2007.

MISES, Ludwig von, *As Seis Lições*, Instituto Ludwig von Mises Brasil, 1979.

MITCHELL, José, *Segredos à Direita e à Esquerda na Ditadura Militar*, RBS Publicações, 2007.

MORUZZI, Peter, *Havana Before Castro*, Gibbs Smith, 2008.

OGBURN, Dennis Edward, *The Inca Occupation and Forced Resettlement in Saraguro*, dissertação apresentada na Universidade da Califórnia, em Santa Barbara, 2001.

OLIVIER, Guilhem; LUJÁN, Leonardo López, *El Sacrificio Humano en la Tradición Religiosa Mesoamericana*, Instituto Nacional de Antropología e Historia/Universidad Nacional Autónoma de México – Instituto de Investigaciones Históricas, 2010.

ORTIZ, Alicia Dujovne, *Eva Perón, a Madona dos Descamisados*, Record, 1996.

PIGNA, Felipe, *Los Mitos de la Historia Argentina*, volume 3, Planeta, 2006.

_____, *Los Mitos de la Historia Argentina*, volume 4, Planeta, 2008.

PÉREZ, Louis A., *Cuba and the United States: Ties of Singular Intimacy*, University of Georgia Press, 2003.

PLUCHON, Pierre, *Toussaint Louverture: Un Révolutionnaire Noir d'Ancien Régime*, Fayard, 1989.

PRESCOTT, William, *The History of the Conquest of Mexico*, Barnes & Noble, 2004.

REED, John, *Insurgent Mexico: With Pancho Villa in the Mexican Revolution*, Red and Black Publishers, primeira impressão em 1914.

REGA, José López, *Zodíaco Multicor*, Livraria Freitas Bastos, 1965.

RESTALL, Matthew, *Sete Mitos da Conquista Espanhola*, Civilização Brasileira, 2006.

RIBEIRO, Darcy, *Confissões*, Companhia das Letras, 1997.

RICO, Maite; DE LA GRANGE, Bertrand, "Operación Che: historia de uma mentira de Estado", revista *Letras Libres*, fevereiro de 2007.

RODRÍGUEZ, Eduardo Luis, *The Havana Guide: Modern Architecture*, 1925-1965, Princeton Architectural Press, 2000.

ROJO, Ricardo, *Meu Amigo Che*, Civilização Brasileira, 1983.

ROTWOROWSKI, María, *History of the Inca Realm*, Cambridge University Press, 1999.

RUÍZ, Andrés Ciudad (org.), *Antropología de la Eternidad: La Muerte en la Cultura Maya*, volume 1, Sociedad Española de Estudios Mayas, 2005.

SALINAS, Juan; NÁPOLI, Carlos de, *Ultramar Sul: A Última Operação Secreta do Terceiro Reich*, Civilização Brasileira, 2010.

SARDENBERG, Carlos, *Neoliberal, Não. Liberal*, Globo, 2009.

SARLO, Beatriz, *Modernidade Periférica: Buenos Aires 1920 e 1930*, Cosac Naify, 2010.

_____, *A Paixão e a Exceção: Borges, Eva Perón, Montoneros*, Companhia das Letras/UFMG, 2005.

SATER, William F. Andean, *Tragedy, Fighting the War of the Pacific (1979-1884)*, University of Nebraska Press, 2007.

SIRKIS, Alfredo, *Roleta Chilena*, Círculo do Livro, 1981.

SMITH, Michael E., *The Aztecs*, Blackwell, 2003 (edição Kindle).

STEELE, Paul, *Handbook of Inca Mythology*, ABC-Clio, 2004.

STERN, Steve J., *Peru's Indian Peoples and the Challenge of Spanish Conquest: Huamanga to 1640*, The University of Wisconsin Press, 1993.

STOLL, David, *Rigoberta Menchú and the Story of All Poor Guatemalans*, Westview Press, 1999.

STRAKA, Tomás Straka, *La Épica del Desencanto*, Editorial Alfa, 2009.

TABLADA, Carlos, *El Pensamiento Económico de Ernesto Che Guevara*, Casa de las Américas, 1987.

TAYLOR, J. M., *Eva Perón: The Myths of a Woman*, The University of Chicago Press, 1979.

THOMAS, Hugh, *Cuba ou Os Caminhos da Liberdade*, Bertrand, 1971.

TOTA, Antonio Pedro, *Os Americanos*, Contexto, 2009.

VERDUGO, Patricia, *Como os EUA Derrubaram Allende*, Revan, 2003.

VILLA, Marco Antonio, *A Revolução Mexicana*, Ática, 1993.

_____, *Francisco "Pancho" Villa: Uma Liderança da Vertente Campo-nesa na Revolução Mexicana*, Ícone, 1992.

WEINER, Tim, *Legado de Cinzas: Uma História da CIA*, Record, 2008.

ARTIGOS DE JORNAIS, REVISTAS E PUBLICAÇÕES CIENTÍFICAS

AGGIO, Alberto, "A esquerda brasileira vai ao Chile", revista *História Viva*, edição 42, abril de 2007.

"A heads-up on the history of cowboy headgear", *The American Cowboy*, volume 6, número 5, janeiro/fevereiro de 2000.

ANDRADE, Maria do Carmo, "Jerônimo de Albuquerque", site da Fundação Joaquim Nabuco, disponível em www.fundaj.gov.br.

BONALUME NETO, Ricardo, "Livro retoma teoria conspiratória de que Hitler fugiu para a Patagônia", *Folha de S.Paulo*, 8 de maio de 2011.

BOSCAN, Ángel Rafael Lombardi, "1813: La 'guerra a muerte' – el horror se abate sobre Venezuela", *Revista de Artes y Humanida-des UNICA*, volume 4, número 8, Universidad Católica Cecilio Acosta, 2003.

BUSTAMANTE, Alberto, "Notas y estadísticas sobre los grupos étni-cos en Cuba", revista *Herencia*, volume 10, 2004.

CALLONI, Stella, "Hace más de 500 años esperamos la verdadera libertad", entrevista com Evo Morales para a revista *Zoom*, 11 de dezembro de 2009, disponível em http://revista-zoom.com.ar/articulo3498.html.

"CANCILLER propone sustituir leche por coca en desayuno escolar", disponível em www.bolpress.com.

CASTILLO, Bernal Días de, "Historia verdadera de la conquista de la Nueva España", site da Biblioteca Virtual Universal, disponível em www.biblioteca.org.ar/zip22.asp?texto=10011374.

"EL EMBAJADOR Edward M. Korry en el CEP", revista *Estudios Públicos*, número 72, 1998.

"FILHA de Che Guevara desfila em tanque de guerra de Carnaval", *Folha de S.Paulo*, 4 de março de 2011.

GARRIGUS, John D., "Opportunist or patriot?", *Slavery and Abolition*, volume 28, número 1, abril de 2007.

_____, "Blue and brown: contraband indigo and the rise of a free colored planter class in French Saint-Domingue", *The Americas*, volume 50, número 2, outubro de 1993.

GIERINGER, Dale H, "The origins of cannabis prohibition in California", *Contemporary Drug Problems*, volume 26, Federal Legal Publications, 1999.

HARDY, José Toro, "Revolución socialista del siglo XXI?", *El Universal*, 10 de agosto de 2010.

IBARRA, Laura, "La moral en las antiguas sociedades chichimecas", revista *Estudios de Cultura Náhuatl*, volume 40, 2009.

"JORGE Luis Borges (1889-1986)", revista *Veja*, Abril, edição 929, 25 de junho de 1986.

KEEN, Benjamin, "The black legend revisited", *The Hispanic American Historical Review*, novembro de 1969, disponível em www.nativeweb.org/papers/statements/identity/tiwanaku.php.

LUJÁN, Leonardo López; BALDERAS, Ximena Chávez; VALENTÍN, Norma; MONTÚFAR, Aurora, "Huitzilopochtli y el sacrificio de niños en el Templo Mayor de Tenochtitlán", disponível em www.mesoweb.com/about/articles/Huitzilopochtli.pdf.

MORA, Angélica, "Chávez, el Babalao", *Diário de América*, 21 de julho de 2010.

OPPERMANN, Álvaro, "Quem foi Josef Mengele?", *Superinteressante*, Abril, edição 223, fevereiro de 2006.

_____,"Os caminhos do Chile", revista *Veja*, Abril, edição 106, 16 de setembro de 1970.

PENNY, Mary E. "Can coca leaves contribute to improving the nutritional status of the Andean population?", *Food and Nutrition Bulletin*, volume 30, número 3, The United Nations University, 2009.

POPKIN, Jeremy, *The Haitian Revolution (1791-1804): A Different Route to Emancipation*, Universidade de Kentucky, 2003, disponível em www.uky.edu/~popkin/Haitian%20Revolution%20Lecture.htm.

"'RACIST' Apocalypto accused of denigrating mayan culture", *The Guardian*, disponível em www.guardian.co.uk/film/2007/jan/10/news.melgibson.

SMITH, Kirby; LLOREN, Hugo, "Renaissance and decay: a comparison of socioeconomic indicators in pre-Castro and current-day Cuba", em *Cuba in Transition*, volume 8, Association for the Study of the Cuban Economy (ASCE), 1998.

TEIXEIRA, Duda, "Os três enterros de Perón", revista *Veja*, Abril, edição 1979, 25 de outubro de 2006.

TIESLER, Vera; CUCINA, Andrea, "El sacrificio humano por extracción de corazón: una evaluación osteotafonómica de violencia ritual entre los mayas del clásico", *Estudios de Cultura Maya*, Universidad Autónoma de Yucatán, volume 30, páginas 57-78, disponível em www.iifl.unam.mx/html-docs/cult-maya/vera-cucci.pdf.

THORNTON, John K., "'I am the subject of the king of Congo': African political ideology and the Haitian Revolution", *Journal of World History*, volume 4, número 2, 1993, disponível em www.jstor.org/stable/20078560.

WOOD, Michael, "The Story of the Conquistadors", site *BBC History*, disponível em www.bbc.co.uk/history/british/tudors/conquistadors_01.shtml#four?.

SITES

ARQUIVO DA COMISSÃO INTERAMERICANA DE DIREITOS HUMANOS (CIDH), disponível em www.cidh.org/countryrep/cuba67sp/cap.1a.htm#_ftnref4.

BIBLIOTECA DO CONGRESSO NACIONAL DO CHILE, seção Biografias, disponível em http://biografias.bcn.cl

BLOG El Mercurio, "Escritor asegura que médicos de Allende conspiraron para ocultar la verdad de su muerte", 1º de junho de 2011, disponível em http://www.emol.com/noticias/nacional/

2011/05/31/484758/escritor-asegura-que-medicos-de-allende-conspiraron-para-ocultar-la-verdad-de-su-muerte.html.

CUBA ARCHIVE, Arquivo de Dados, caso 206, Ariel Lima Lago, disponível em www.cubaarchive.org/database/victim_case.php?id=306.

El HISTORIADOR, disponível em www.elhistoriador.com.ar.

FOREIGN AGRICULTURAL SERVICE (FAS), "Cuba's Food & Agriculture Situation Report", março de 2008, disponível em www.fas.usda.gov/itp/cuba/CubaSituation0308.pdf.

HOWSTUFFWORKS, "Why did it take more than 20 years to bury Eva Peron?", disponível em http://history.howstuffworks.com/south-american-history/eva-peron-body.htm.

INDUSTRIAL WORKERS OF THE WORLD, disponível em www.iww.org.

PARTIDO JUSTICIALISTA DE BUENOS AIRES, disponível em www.pjbonaerense.org.ar.

TEATRO COLÓN, disponível em www.teatrocolon.org.ar.

CONTEÚDO AUDIOVISUAL

E Estrelando Pancho Villa, HBO Films, Warner Bros., 2003.

Grandes Chilenos de Nuestra Historia – Salvador Allende, documentário, TVN, Chile, 2008.

"Músicos cubanos querem ficar no Brasil", programa *Fantástico*, Rede Globo, 15 de abril de 2008, disponível em http://fantastico.globo.com/Jornalismo/FANT/0,,MUL698091-15605,00.html.

ÍNDICE

A

Albuquerque, Jerônimo de, 106
Aldunate, Reinaldo Ángulo, 251
Alessandri, Jorge, 246, 259
Alexandre, o Grande, 75
Alexeyev, Alexander, 41
Aliados, 180
Aliança Anticomunista (AAA), 203
Allende, Andrés Pascal, 236
Allende, Salvador, 13, 224, 229, 232, 244, 262, 265, 266, 271
Almagro, Diego de, 102
Alvarado, Jorge de, 97
Alvarado, Pedro de, 103
Amaral, Tarsila do, 173
Antigo Regime, 142
Apocalypto, 90-1
Arango, Doroteo, 207
Armando, Méndez, 196
Arnaz, Desi, 22
Arquivo Cuba, 42, 46, 48
Arroyo, Nicolás 21
Atahualpa, 68, 73-5, 77, 83-4, 93, 95, 103-5
Auschwitz, 182

B

Babalu, 20, 22
Bacardi, 24-5
Bahia, cruzador brasileiro, 181
Bandeira, Luiz Alberto Moniz, 243
Batista, Fulgencio, 19, 24-6, 28, 36, 43, 48, 50
Beatles, 31, 33
Beauvoir, Simone de, 38
Benton, William, 219
Bernal, Gael García, 43
Berry, Chuck, 23
Betancourt, Ernesto, 56
Biassou, Georges, 147, 149, 152, 161
Bolívar, Simón, 33, 115-23, 125-35, 153, 222, 269
Borges, Jorge Luis, 174, 177, 192-3
Borrego, Orlando, 48
Bottai, Giuseppe, 132
Boukman, 145-6
Bourbon, 115
Bracamonte, Francisco de, 109
Bracamontes, Macario, 220

C

Braden, Spruille, 184
Bryce, James, 176-7
Buena Vista Social Club, 32
Burgos, Elisabeth, 213, 235

Cajas, Ricardo, 190
Cámpora, Héctor, 200
Cano, Juan, 107
Canto, Câmara, 242
Cápac, Chunqui, 75
Cápac, Huayna, 74, 80, 111
Cardoso, Fernando Henrique, 38, 230
Carlos V, 70, 95, 104
Carpentier, Alejo, 169
Carranza, Venustiano, 219
Casas, Bartolomé de las, 70, 95
Castillo, Bernal Díaz del, 70
Castro, Fidel, 18, 23, 24-31, 33-4, 37-8, 40-1, 44-6, 48-51, 58-9, 62, 229, 248, 271-2
Castro, Raúl, 23, 27, 39, 41, 49
Celia Cruz, 31
Cerda, Pedro Aguirre, 233
Chávez, Hugo, 33, 57, 117, 126, 130-1, 133, 269
Choquehuanca, David, 85
Christophe, Henri, 166-70
CIA, 232, 244, 246-7
Ciutah, Angel, 35
Cobo, padre Barnabé, 80
Coca-Cola, 56-7
Cole, Nat King, 23
Collor, Fernando, 184
Colombo, Cristóvão, 141
Concentração Nacional Universitária, 203
Confederação Geral do Trabalho (CGT), 192, 200, 270
Confissões (Darcy Ribeiro), 252
Congresso de Educação e Cultura, 37
Cortés, Hernán, 68-9, 84, 96, 105, 107
Cosa, Juan de la, 101
"Cuando Salí de Cuba", 31
Cugat, Xavier, 22

D

Dalmas, Antoine, 146
Debray, Régis, 213, 235
Descourtilz, Michel, 140, 146
Dessalines, Jean-Jacques, 166
Diários de Motocicleta, 43
Diaz, Porfirio, 207-8, 218
Dior, Christian, 190

Dominguez, Frank, 31
Doña Marina, 103
Duarte, Eva, 174, 185-6
Durborough, Walter, 219

E

Edwards, Agustín, 239
Eisenhower, Dwight, 244, 259
Eixo, 180
Engels, Friedrich, 121
Escola Nacional Unificada (ENU), 237
Evita *ver* Perón, Eva
Exército Revolucionário do Povo (ERP), 203

F

Falklands, 194-5
Farias, Victor, 262, 264
Farrès, Osvaldo, 31
Feijóo, Samuel, 36
Felipillo, 104
Feltrinelli, Giangiacomo, 38
Flores, general, 131
Forte de La Cabaña, 43, 47-8, 50-1, 54
Fraser, Robert, 177
Frei, Eduardo, 245
Frente Popular, 233
Freud, Ludwing, 187
Furber, 215

G

Galicia, Juán de, 111
Gallego, Pedro, 107
Gamboa, Pedro Sarmiento, 81-82
Gandhi, 39
Gardel, Carlos, 252
Garibaldi, Ézio, 132
Gibson, Mel, 90-1
Gómara, Francisco López de, 70
Gómez, Juan Vicente, 132
Grado, Alonso de, 107
Granma, 44, 46
Gregor, Helmut, 182
Gros, 147
Grove, Marmaduke, 233
Grupo de Amigos Pessoais (GAP), 236-7, 247
Grupo de Oficiais Unidos (GOU), 180
Guanahacabibes, 35
Guerra, Eutimio, 44-5
Guerra do Pacífico, 195

Guerra do Paraguai, 195
Guerra Fria, 244
guerrilha, 43, 50, 203
guerrilheiros, 13, 18, 25, 27-8, 44, 46, 48, 247, 260, 272-3
Guevara, Aleida, 17
Guevara, Che, 17, 17-8, 20, 25-9, 31, 33-46, 48, 64, 232, 237, 247-8, 259, 272-3
Guillot, Olga, 23
Gusmán, Nuño de, 95

H

Hardy, José Toro, 132
Helms, Richard, 246
Herrera, Antonio de, 102
Hitler, Adolf, 132, 180
Hollywood, 144, 207, 211, 217
Hood, Robin, 214, 218, 225
Hot Rockers, 23
Huáscar, 74, 77, 104

I

Iapi, 189
Illan, José, 55
Industrial Workers of the World (IWW), 216
Infante, Guillermo Cabrera, 36
Isabelita *ver* Péron, Maria Estela Martínez de
Izquierda Cristiana, 246

J

Jean-François, 143, 146-9, 152, 161
Juderías, Julián, 71
Junta da República Socialista do Chile, 233
Juntas de Abastecimento e Preço (JAP), 256, 258
Juventude Sindical Peronista (JSP), 201, 203

K

Katari, Túpac, 71
katarismo, 71
Kennedy, John, 40
Kina, Jean, 158-60
Korry, Edward, 246, 255
Kruschev, Nikita, 40

L

Labin, Suzanne, 239
Lago, Ariel Lima, 50
Lampião (Virgulino Ferreira da Silva), 212
Lênin, 82, 234
Lennon, John, 33

Léon, Pedro de Cieza de, 93-4
Leyton, César, 262
Libro Blanco del Cambio de Gobierno en Chile, 247-50, 252
Llosa, Mario Vargas, 79, 82
Lobo, Julio, 24
Locke, John, 121
London Daily Worker, 40
López, Don Agustín, 212
López, Francisco Solano, 195
Los Armónicos, 23
Los Llópis, 23
L'Ouverture, Toussaint, 152, 157, 160-6

M

Machado, Gerardo, 26, 50
Madres de La Plaza de Mayo, 42, 52
Malvinas, 194
Manifesto de Tiwanaku, 72
Mariátegui, José Carlos, 78
marijuana, 207
Márquez, Carlos, 178
Martínez, Domingo Álvarez, 48
Marx, Karl, 117-8, 120-1, 125, 127
Massacre de Ezeiza, 201
Matos, Huber, 27-8
Matthews, Herbert, 29, 30
Matzatzin, 105
Menchú, Rigoberta, 213, 235
Mendoza, Pedro, 101
Mengele, Josef, 182
Mercier, Louis-Sébastien, 139, 140
"Mi Buenos Aires Querido", 252
Minchançaman, 75
Miranda, Carmen, 23
Miranda, Francisco de, 117-8,
Mises, Ludwig von, 63
Moctezuma, Don Joachin de San Francisco, 105
Moctezuma, Doña Isabel, 107
Montesquieu, 121
Montezuma, 68, 105, 107
montoneros, 201, 203, 236
Morales, Evo, 67, 72
Morán, José, 46
Moro, Tomás, 247, 250
Movimento 26 de Julho, 25, 28, 45
Movimento de Acción Popular Unitario (Mapu), 246
Movimento de Izquierda Revolucionaria (MIR), 236, 242
Mussolini, Benito, 131-3, 179, 184, 193

N

Napoleão I (Bonaparte), 142, 157, 161, 165-6
Napoleão III, 11
Neruda, Pablo, 234
Nixon, Richard, 232
Noite dos três P, 36
Norvins, 163

O

Ochoa, Ignacio, 90
O'Hea, Patrick, 220
Oña, Luis Fernández de, 248
O'Neil, Eugene, 169
Ortiz, Gonzalo, 108

P

Pachacútec, 75
Pachamama, 83
Páez, José Antonio, 120
Partido Comunista (Chile), 233-4, 251, 254
Partido Comunista (Cuba), 26, 27, 49
Partido Comunista Peruano, 78
Partido Conservador, 246, 260
Partido da Democracia Cristã (PDC), 233, 240, 244, 246-7
Partido Socialista, 233, 241, 251
    Brasileiro, 243
    do Chile, 233
Paz, Octavio, 71
pena de morte, 42, 45, 48-50, 52, 122, 163, 167
Perón, Eva, 174, 186-8, 190, 192-3, 196-7, 200, 270-1
Perón, Juan Domingo, 13, 173-4, 178-93, 196-201, 203, 270-1
Péron, María Estela Martínez de (Isabelita), 200, 202-3
peronismo, 185-6, 192, 200
Perugia, 190
Pétion, Alexandre, 166
Piñera, Virgilio, 36
Pinochet, Augusto, 230, 242, 244, 247, 250
Pizarro, Francisco, 68, 73, 95, 101-2, 104
Pizarro, Hernando, 102-3
Pizarro, Juan, 103
plano quinquenal, 192
Plano Z, 251
Plata, Molinos Río de la, 177
populismo, 174
Porro, Ricardo, 29
Potota (Aurelia Tizón), 178
Prats, Carlos, 242-3
Prescott, William H., 67

310   GUIA POLITICAMENTE INCORRETO DA AMÉRICA LATINA

Presley, Elvis, 23
Projeto Verdade e Memória, 42
Puelma, Jorge Baraona, 260

Q

Quesada, Gonzalo Jiménez de, 101
"Quizás, Quizás, Quizás", 31

R

Raimond, Julien, 153-5, 157
Rauff, Walter, 266
Reed, John, 218, 222
reforma agrária, 207-8, 214, 222, 224-5, 242, 245, 253, 259, 266
Rega, José López, 200-3
regime comunista, 19, 47
Revolta dos Sargentos, 26
Revolução Cubana, 25-6, 51, 222
Revolução do Haiti, 140, 142, 150, 160, 167, 169
Revolução Francesa, 126, 135, 139, 141-2, 149, 152, 154, 184
Revolução Industrial, 153
Ribeiro, Darcy, 230-1, 252, 272
Richard, Little, 23
Riquelme, Pedro, 104
Rivas, Nelly, 218, 220, 197-8
Rodriguez, Silvio, 31
Rojo, Ricardo, 40
Romañach, Mario, 21
Rosas, Juan Manuel de, 175
Rousseau, Jean-Jacques, 121
Ruiz, Celia de las Mercedes Morales, 236, 256

S

Sáenz, Manuela, 130
Salles, Walter, 43
San Martín, general, 193
San Martín, Pierre, 50
Santander, Francisco de Paula, 125, 128, 130
Santiago, Emílio, 31
Sartre, Jean-Paul, 38
Schmidl, Ulrich, 101
Sepúlveda, Juan, 95
Serna, Ernesto Guevara de la, 43
Sierra Maestra, 27-30, 44-6
Silva, Virgulino Ferreira da ver Lampião
Sinatra, Frank, 23
Sirkis, Alfredo, 230-1
Solis, João Diaz de, 102
Sosa, Mercedes, 37

Stálin, Joseph, 29, 82, 234
Stoll, David, 213
Stuardo, Julio, 238

T

Teresa de Calcutá, Madre, 39
Tizón, Aurelia ver Potota
Tomic, Radomiro, 246
Tortura Nunca Mais, 42, 52
Tribunais de Esterilização, 265
Tribunais Revolucionários, 48
Trótski, Léon, 50, 82
"Tú Me Acostumbraste", 31

U

União de Estudantes Secundaristas (UES), 196-9
Unidade Popular, 229, 233, 240, 242, 247
Unidades Militares de Ayuda a la Producción (Umaps), 35
Uriburu, José Félix, 178

V

Valdés, Ricardo García, 240, 258
Vargas, Getúlio, 183
Veloso, Caetano, 31
Verdade e Justiça, 42
Vespúcio, Américo, 102
Videla, Lautaro, 237
Vilasuso, Orlando, 49
Villa, Francisco "Pancho", 207-25, 270
vodu, 11, 144-5, 163, 165
Voltaire, 121

W

Walsh, Raoul, 211
Wanka, 77
Wilson, Woodrow, 215-6, 218-9

X

Xauxa, 77
Xerez, Francisco de, 70

Y

Yrigoyen, Hipólito, 178
Yupanqui, Túpac, 75

Este livro foi composto nas fontes Fairfield, Akzidenz Grotesk
e Cervo e impresso em papel pólen soft na Geográfica.
São Paulo, agosto de 2019.